论中国法的精神

THE SPIRIT OF
CHINESE LAWS

喻中 / 著

陕西新华出版传媒集团
陕 西 人 民 出 版 社

作者简介

喻中 首都经济贸易大学教授。著有《法学是什么》《法学方法论》《宪法社会学》《法家三期论》《法家的现代性》《中国法治观念》《在法律思想的密林里》《风与草：喻中读尚书》《法与术：喻中读韩非》《自由的孔子与不自由的苏格拉底》《乡土中国的司法图景》《权力制约的中国语境》《论授权规则》《法律文化视野中的权力》《社会主义法治理念概论》《西方法律经济学批判》《梁启超与中国现代法学的兴起》等。

序

孟德斯鸠在其传世名著《论法的精神》一书中，开宗明义地指出："从最广泛的意义来说，法是事物的性质产生出来的必然关系。在这个意义上，一切存在物都有它们的法。上帝有他的法，物质世界有它的法，高于人类的智灵们有他们的法，兽类有它们的法，人类有他们的法。"由此看来，此书旨在论述"一般法"或"一切法"的精神；无论什么法，都在其考察论述范围之内。本书退而求其次，只论"中国法的精神"。虽然范围缩小了许多，但是，要把"中国法的精神"讲清楚，依然是一个难以企及的学术目标。然而，"中国法的精神"又是一个必须直面的学术主题，不仅不容回避，而且魅力十足，颇能吸引研究者的心智。试想，作为法学研究的从业者，置身于当下的中国，对于此时、此情、此境下的"中国法的精神"，倘若不能给出一个说法，岂不是一件颇为遗憾的事情？因此，遵照"知其不可而为之"的古训，本书且以"论中国法的精神"为题，尝试着对“中国法的精神”做出自己的个性化解说。

要解说“中国法的精神”，其实就是要回答“中国法是什么”这样一个根本性的问题。在当下，“中国法”到底是什么呢？最直观的回答是：以宪法作为统领，由各种部门法组合而成的中国现行法律体系，就是现行的中国法。从法条主义的角度来看，以中国现行的法律体系解释中国法，当然也是可以的。只是，本书以“中国法的精神”作为论述的主题，目的并不在于列举中国现行的法律体系，而是在于勾画中国法的精神实质和精神轮廓，或者说是中国法的灵魂。本书试论“中国法的精神”，是把中国法作为一种精神文化现象来认知的。那么，何处寻找中国法的精神？回答是：作为一种精神现象、文化现象的中国法，主要体现在中国法的理论、法治、宪治、宪法诸方面。

先说中国法的理论。所谓“中国法的理论”，就是关于“中国法之理”的论述，旨在阐明中国法赖以生成、运行的理论基础。反复研究之后发现，“中国法的理论”可以从三个方面予以阐述。其一是和谐秩序原理。在当下的中国，“和谐”曾经流行一时，但是，以和谐为核心的文明秩序原理，却不是当代才有的。追根溯源，和谐秩序原理是中国固有的文明秩序原理，是在中国数千年历史演进的过程中逐渐形成的，具有深厚的历史积淀。其二是信托政治理论。顾名思义，信托政治就是因信任、托付而形成的政治，政治的核心理念是信托。从古至今，中国法都是信托政治的产物。借助于信托政治理论，也可以解释中国法的精神实质。其三是法的现代性批判。关于这一点，学界也许会有不同的看法。但是，我想指出的是，只有通过批判法的现代性理论，只有走出法的现代性理论的迷雾，才能理解中国法的精神；在法的现代性理论框架中，并不能真正理解中国法的精神。分而述之，和谐秩序原理旨在建构中国法的道统，信托政治理论旨在确立中国法的政统，法的现代性批判旨在寻求中国法的法统。

这些关于中国法的理论的思考，表面上看，是在中国法的边缘地带徘徊，是在探索中国法精神的路途上绕道而行。其实不然。因为这些关于中国法的理论的思考，其实是界定了中国法得以生长的时空方位，或者说是标出了中国法的语境：中国法是中国的法，它不是西方的法，当然更不是17、18世纪的西方法。中国法是一个在中国的历史背景中生长出来的精神文化现象，尽管它受到了外来文化的影响，但主要还是中国传统的产物。

可以通过“理论”解释中国法的精神，但是，“法治”是解释中国法精神的更直接的入口。自20世纪80年代以来，甚至追溯到20世纪初期，关于法治的学术文献已经颇为丰富。但是，对于中国的法治仍有进一步论述的必要。原因在于，已有的文献普遍着眼于“一般法治”，偏好描述法治的应然状态，较少着眼于“中国法治”，较少描述“中国法治”的本来面目。而且，相当多的汉语文献是对西方文献的复述，缺少与中国法治实践之间的对应关系。在这样的学术背景之下，为了从法治的角度阐明中国法的精神，有必要对法治的中国逻辑予以融贯性、整体性的论述。例如，法治在当代中国的现实处境是什么？中国的法治需要处理哪些关系？回答这些基本问题，既可以阐明法治的中国性，也可以从法治的角度阐明法的中国精神与中国风格。

如果说法治堪称中国法的时代精神，那么，进一步聚焦中国法治，则可以发现，中国法治的核心、重心其实是中国宪治，因此，宪治可谓中国法在这个时代的精神内核。中国的宪治作为一种精神文化现象，可以从多个不同的方面来透视。

一方面，中国宪法对于国家治理合法性基础具有支撑作用。宪法作为国家的根本法、最高法和国家治理的总章程，充当了支撑国家治理合法性基础的柱石。具体说来，中国现行宪法对国家治理合法性基础的支撑见于《中华人民共和国宪法》（以下简称《宪法》）之首尾：其一，《宪法》序言作为宪法文本的开端，主要是以历史叙事的方式，通过历史规律的建构、呈现，支撑了国家治理的合法性基础。其二，《宪法》第四章“国旗、国歌、国徽、首都”作为宪法文本的结尾，主要是以符号叙事的方式，通过强化民众的国家认同，通过强化国家对民众的精神感召、心理感召，支撑了国家治理的合法性基础。

另一方面，中国宪法可以作为一种国家治理的资源。自近现代以来，西方国家在运用宪法实现国家治理的实践中，既有成功的经验，也有深刻的教训。在当代中国，国家治理体系的完善和治理能力的提升应当关注两大核心要素：一是完善国家治理的制度体系，二是完善国家治理的组织结构。就国家治理的制度体系来看，宪法规定的基本政治制度、基本经济制度、基本文化制度、基本生态制度，构成了国家治理的制度体系。就国家治理的组织结构来看，宪法已经为国家治理搭建了二元化的组织结构：国家公民与国家机构。针对国家公民，宪法建构了以权利义务为核心的治理机制；针对国家机构，宪法建构了以权力责任为核心的治理机制；宪法规定的税收和选举则充当了国家公民与国家机构之间的沟通机制。应当立足于中国改革发展的整体背景，以创新的精神厘清国家治理与宪法之间的互动关系。中国宪治的精神实质，就体现在这样的互动关系中。

此外，还有与宪治相关联的宪政。前几年，“宪政”一词似乎成为一个敏感词，宪政也似乎被缩减成为需要排斥的“西方宪政”。在那种特定的语境下，一些学者为了行文的方便，纷纷以“宪制”代替“宪政”，宪制随之成为宪政的替代性概念。其实，宪政一词并无任何敏感之处，宪政只是一个平常的中性词。显而易见，宪政之“宪”是指宪法，宪政之“政”是指政治。所谓宪政，就是依据宪法的政治，或宪法约束之下的政治。在当代中国的语境下，宪政还可以理解为依宪执政。因此，关键的问题，并不在于“宪政”这个概念本身；关键问题在于宪政之“宪”是什么。按照法国宪法施行的政治，就是法国宪政；按照新加坡共和国宪法施行的政治，就是新加坡宪政；同理，按照中国宪法施行的政治，那就是中国宪政。那么，中国的宪政是什么？应该如何描述宪政的中国形态与中国精神？要解释中国法以及中国宪治的精神，这显然是一个绕不开的必由之路。

说到宪治，就必然涉及宪法。要论“中国法的精神”，有一个捷径就是论“中国宪法的精神”，因为宪法是一个国家、一个时代“法的精神”的集中体现。关于中国宪法的精神，本书提供了三个方面的解释，它们分别是：文本的解释、实践的解释、政治的解释。

从中国宪法文本中的“可以”一词解释中国宪法的精神，就是文本的解释。多年以前，我曾经在《论授权规则》一书中，专门论述法律文本中“可以”一词的法理意蕴。在法律文本中，“可以”是授权性规范的一个常用表达方式。在语言学上，“可以”是一个虚词，但在法理层面上，虚词并不“虚”。在中国宪法文本中，“可以”同样是一个意义很饱满、很“实”的“虚词”。研究中国宪法文本中的“可以”一词，可以折射出中国宪法固有的精神。

从人民代表大会筹备组的角度解释中国宪法的精神，就是实践的解释。宪法的实践，几乎涉及中国政治、经济、文化、社会的各个领域，相对于常规性的宪法实践，人民代表大会筹备组堪称中国宪法实践中滋生出来的一个新生事物，而且还是牵动国家神经与公众神经的一个新生事物。人民代表大会筹备组作为一种特殊的宪法现象，虽然不见于正式的宪法文本，但却提供了解释中国宪法精神的一个切入点。人民代表大会筹备组虽然是中国宪法实践过程中的一个特殊现象，但是，"特殊"往往是揭示"一般"的有效路径。

从人民法院独立行使审判权的角度解释中国宪法的精神，就是政治的解释。现行《宪法》第一百三十一条规定了"人民法院依照法律规定独立行使审判权"。表面上看，这是一个含义清晰的宪法原则，事实上，关于这个原则的理解也有分歧。有必要从政治的角度，对这个原则进行新的阐释，以揭示这个原则的政治意涵。

中国宪法的精神当然不止于以上数端。中国宪法的精神还可以在更加广阔的维度中体现出来。希望本书从以上几个较少有人关注的视角对中国宪法的精神做出的解释，有助于揭示中国宪法的精神实质。

关于中国法精神的认知，没有止境，没有终点。本书从理论、法治、宪治、宪法等几方面着眼，对中国法的时代精神进行了个性化的描绘，这是本书的选择，也是本书的边界。不过，正如“月映万川”这个词语所提示的，本书所论的中国法只不过是中国法在作者心镜中的某种投射。我所描绘的中国法的精神，只是我所看到、我能看到的中国法的精神。在其他作者的笔下，中国法的精神完全可能呈现出不同的样态，这是极其正常的，对此不必感到惊愕。而且，按照我的理解，本书旨在解说的中国法的精神，本身就是一种精神现象，它是流动的、变化的、有生命的，同时也是有前因后果的一种精神现象。

喻　中

2018 年 4 月

目 录

第一章

理 论

第一节 和谐秩序原理

没人知道会不会有一个老观念与旧理想的伟大再生。

——马克斯·韦伯

本书的理论基础或研究起点，是多元现代性或多重现代性理论，亦可称之为可替代的现代性理论。对此，南非学者沃尔夫认为："这种理论不能认同下述观点，即认为西方的现代性模式是所有社会的样板，是它们迟早必经的历史阶段，而是阐明并坚持认为现代化并不必然意味着西方化。"① 这种理论的主要代表之一，是以色列学者艾森斯塔特，他指出："多元现代性的观念假定，理解当代世界——实际上是解释现代性的历史——的最好的方法，是将它视为文化方案多样性不断建构和重构的一个故事。多元的制度模式和意识形态模式的这类与时俱进的重建，是由与社会、政治、知识的激进分子有着密切联系的特殊社会角色来推进的，也是由追求不同的现代性方案、在是什么使得社会变得现代方面持有不同观点的社会运动来推进的。……正在现代化的社会的实际发展，驳斥了

① ［南非］沃尔夫著：《人类化历史与人性化：一种技术社会学的视角》，韩炯译，《山东社会科学》2008 年第 11 期。

现代性的西方方案将走向趋同和称王称霸的假设。”[①] 按照这种日益被接受的多重现代性理论，现代性的方案就应当是复数的、多样化的、可替代的。每一种现代性的方案，都有它的正当性与合理性；因而，在各种不同的现代性方案之间，有必要建立起既相互理解、相互对话，同时也相互竞争的关系。按照这样的理论预设，我们就可以尝试着站在中国与汉语的立场上，阐述一种具有文化个性与法哲学意义的现代性话语：和谐秩序原理。与其说它是现代的但也是传统的，毋宁说，它恰好是马克斯·韦伯所说的“一个老观念与旧理想的伟大再生”[②]。然而，我们的目的，并不仅仅在于促使现代性的图式由“单数”变成“复数”，更在于向世界解释中国，让世界理解中国。

一、为什么要向世界解释中国

多元法哲学是多元现代性理论的必然产物。何谓法哲学？法哲学就是关于秩序原理的学问。有什么样的秩序原理，就有什么样的法哲学。反过来说大概也对：有什么样的法哲学，就有什么样的秩序原理。康德的法哲学以私权与公权之间的二元划分作为基本的秩序原理。[③] 黑格尔的法哲学以抽象法、道德、伦理之间的递进关系

---

① ［以色列］艾森斯塔特著：《反思现代性》，旷新年、王爱松译，三联书店 2006 年版，第 37 页。

② ［德］韦伯著：《新教伦理与资本主义精神》，于晓、陈维纲等译，三联书店 1987 年版，第 143 页。

③ ［德］康德著：《法的形而上学原理——权利的科学》，沈叔平译，商务印书馆 2001 年版。

为秩序奠基。[①] 在《论自由》一书中，密尔叙述的“社会所能合法施用于个人的权力的性质与限度”[②]，代表了英语世界所推崇的“群己权界论”。在后起的哈耶克的笔下，这样的“自由秩序原理”得到了更全面、更精致的阐述，堪称英语法哲学解释西方秩序（尤其是英美秩序）的经典理论模式。[③] 通过康德、黑格尔、密尔、哈耶克的法哲学，我们理解了西方世界的秩序原理，我们理解了这种秩序原理的逻辑起点、价值目标、实现途径。因此，在某种意义上，我们可以说，康德、黑格尔已经成功地向世界解释了德语传统中的秩序原理，密尔、哈耶克已经成功地向世界解释了英语传统中的秩序原理。以此为基础，与之相对照，我们就可以提出这样一些问题：用汉语表达的秩序原理在哪里？它的逻辑起点、价值目标、实现途径分别是什么？汉语法哲学是否成功地向世界解释了中国？汉语法哲学是否已经把中国的秩序原理有效地向世界做了全面而清晰的阐述？中国所置身于其中的这个世界，是否已经理解了中国的秩序原理？提出这样一组问题，绝非出自笔者的臆想，而是迫于现实的催促。

一方面，从空间维度上的政治格局来看，随着中国的复兴，“中国威胁论”此起彼伏，沸反盈天。[④] 面对中国的复兴，西方各国按照他们所理解的“弱肉强食”的社会达尔文主义的秩序原理，

① ［德］黑格尔著：《法哲学原理》，范扬、张企泰译，商务印书馆 1997 年版。

② ［英］密尔著：《论自由》，许宝骙译，商务印书馆 2005 年版，第 1 页。

③ ［英］哈耶克著：《自由秩序原理》，邓正来译，三联书店 1997 年版。

④ ［美］阿尔罗德汉著：《“中国威胁论”批判》，李冬梅编译，《当代世界与社会主义》2008 年第 3 期。

总是无法理解，更不能相信：一个大国复兴之后，世界怎么还能保持和平。他们习惯于认为，一个大国的复兴必然打破既有的均势，必然要求重新划分势力范围，因此，“中国威胁”是不可避免的，它是“中国复兴”的必然结果。正是在这种秩序逻辑的支配下，中国复兴的势态越明显，西方的焦虑感就越强烈。他们中的一些人对“藏独”势力的支持、在台湾问题上对中国内政的干涉、对中国形象的丑化、针对中国提出的各种各样的“制裁”动议等，诸如此类的言与行，固然有多方面的原因，而他们对于中国复兴的不安、敌意，显然是一个极其重要的心理因素。然而，中国的复兴又是不可避免的，甚至是中国坚定不移的目标。正是在这种微妙的情势下，我们发现，在中国复兴的同时，如何向世界有效地解释中国复兴这个事实及其后果，从而最大限度地消除因为中国的复兴而滋生出来的敌意，就成了一个极其重要的国家战略与文化战略问题。而这项国家战略与文化战略的主题，就是向世界解释中国，更具体地说，就是要以世界能够理解的法哲学方式，解释中国的秩序原理，阐述中国关于世界秩序、关于人类秩序的基本主张。

另一方面，从时间维度上的政治演进过程来看，19 世纪中叶以前的中国，并不缺乏向世界解释自己的能力。马嘎尔尼使华过程中凸显出来的中英礼仪之争，[①] 本质上就是一场关于秩序原理之争；在那个所谓“落日的辉煌”的时代，中国仍有自己可以依赖的秩序原理。然而，随着 19 世纪中叶以后的“天崩地裂”，中国固有的秩序原理全面塌陷。所谓“乾坤颠倒”，所谓“亡天下”，所谓“三

---

① ［美］何伟亚著：《怀柔远人：马嘎尔尼使华的中英礼仪冲突》，邓常春译，社会科学文献出版社 2015 年版。

千年未有之大变局”，其实就是指中国固有的秩序原理的破产——它无可奈何地失去了解释人类秩序、解释世界秩序的能力，失去了向世界解释中国的能力。尤其是在 19 世纪末期以后，我们可以发现，在新的世界格局、人类关系面前，以汉语为载体的法哲学基本上处于失语状态。它溃败之后留下来的巨大空白，被密尔、达尔文的法哲学迅速占领。密尔、达尔文对于人类秩序、世界秩序的解释框架，支配了中国人关于人类秩序、世界秩序的思维方式。20 世纪中叶以后，中国人曾经表达过“独立自主，自力更生”的愿望，这样的愿望及其实践，虽然给后来者留下了“闭关锁国”的印象，然而，在这种愿望及其实践的背后，其实也依稀体现了主权者重建自己的解释系统、秩序原理、法哲学的意图。在这里，尤其值得我们注意的是，自 1949 年以来，尤其是 1978 年以来，中国已经走出了一条属于自己的路。70 年的中国实践与中国经验，70 年间中国与世界的关系，70 年来国际关系与世界秩序的变迁，已经为中国的法哲学提供了这样的可能性和现实性：更加有效地向世界解释中国。如果说，中国人在 1949 年的“站起来”，主要是身体上的站起来，那么，70 年后的今天，中国人还需要在解释系统上“站起来”。用自己的法哲学向世界解释中国，用汉语表达自己的秩序原理，就是中国人的第二次“站起来”。

上述两个方面表明，中国复兴之后的国际关系，迫切地需要汉语法哲学有效地向世界解释中国；一百多年来的中国实践经验，又为一种有效的解释提供了现实的可能性。在外部需求与现实条件几乎同时具备的情况下，当代中国的法哲学是否阐述了自己的秩序原理？是否有效地向世界解释了中国？对于这样的追问，我们不得不遗憾地承认：还没有。

为什么没有？问题出在哪里？是哪些因素阻碍了中国的法哲学向世界解释中国？我能够找到的原因主要有两点。

第一个原因，在中国的某些思想者看来，密尔、达尔文、哈耶克所代表的法哲学、所阐述的秩序原理具有普适性，是普适真理。当代及未来的中国除了接受这种秩序原理、这种解释系统之外，没有别的路可走。因此，中国不需要向世界解释自己，密尔、达尔文、哈耶克已经解释了中国。或者说，我们只需要按照密尔、达尔文、哈耶克提供的解释框架，把中国放置于其中就行了。也因此，在密尔、达尔文、哈耶克之外另设解释系统，以中国自己的法哲学重新向世界解释中国，根本就是不可能的。我们认为，这样的观点不能成立。理由是：19 世纪以前的中国已有数千年的文明史，我们一直有独立的秩序原理和法哲学解释系统。这个秩序原理和解释系统已经成功地安顿了中国人所熟知的人类秩序——包括此岸世界的秩序与彼岸世界的秩序。但是，它们并不同于密尔、达尔文、哈耶克提供的秩序原理与解释系统。这一事实足以表明，密尔、达尔文、哈耶克所代表的解释系统并不具有超越时空的普适真理的性质。即使后退一步，不说历史事实，不向历史找依据，只说 13 亿活生生的当代中国人关于人类秩序的“做法”与“看法”，本身就足以支持一种兼具世界意义与文化个性的法哲学、秩序原理——多元现代性与多元法哲学中的“一元”。

第二个原因，也是更具体的原因在于，中国的思想界还没有普遍意识到向世界解释中国的重要性与迫切性。就当代中国处于主流地位的学术思想而言，一种倾向是向中国解释西方，这样的学术思想倾向被概括为西学，它当然不屑于向世界解释中国，它的目标是“拿来”。另一种倾向是面对中国的经验研究、实证研究，或曰社会科学研究，但在这种倾向中又隐藏着一种普遍性的思维方式：以中国的经验与事实来验证西方的某个原理、某条教义。由于解释中国经验的框架都是西方的，因此，生长于中国的实践经验经过学者们的选择、组合、排列，顺理成章地就成为证明西方秩序原理之正当性的素材。这样的研究，表面上看，是面向中国的实证研究，实质上也是在强化西方秩序原理及其法哲学的支配地位。在这两种思想倾向的背后，都表现了汉语学术思想界的不自信——似乎“不经别人的引导，就对运用自己的理智无能为力”①。

汉语学术思想界的自信心，来源于以汉语表达的解释系统与秩序原理。因此，即使是从提升汉语学术思想界的自信心、自定力的意义上说，也应当提炼自己的法哲学与秩序原理，以之向世界解释中国，解释我们自己。

二、中国缘何失去了解释自己的能力

如前所述，法哲学的主题是秩序原理，它近似于政治哲学，但又略有区别。就政治哲学这个概念而言，一方面是太宽泛，与公共事务、群体生活有关的基础理论，似乎都可以归属于政治哲学；另一方面又不够宽泛，似乎只与政治有关，似乎仅仅是关于政治的哲学。而我们选择的“法哲学”一词，则可以更集中地体现对于秩序的追求。因为，立法就是“立秩序”，立法者就是秩序的建构者，关于法的哲学就是关于秩序的哲学，所以，法哲学就是关于秩序的基础理论，就是关于秩序原理的学说，就是为人类的秩序找一

① ［德］康德著：《历史理性批判文集》，何兆武译，商务印书馆1990年版，第22页。

个根本。

只要有群体生活、公共事务，就有对于秩序的需求，就会形成某种特定的秩序；对某种秩序及其基本原理的阐述，就形成了法哲学。从这个意义上说，在19世纪中叶以前的中国文明史上，用汉语表达的法哲学源远流长，一直持续不断。

在《尚书》这部中国古老典籍的开端，我们可以读到这样的文字："曰若稽古帝尧，曰放勋，钦明文思安安。允恭克让，光被四表，格于上下。克明俊德，以亲九族。九族既睦，平章百姓。百姓昭明，协和万邦。黎民于变时雍。"①

仅仅从这几十个字中，就可以体会到中华文明形成初期的法哲学。中国人群体生活中最先值得记述的重大事件是圣王的出现。帝尧就是初期的圣王，他具有多种优良的品质与才能：在治理天下的时候，他恭谨节俭，明察四方，深思敏达，温和宽厚，既讲诚信，又能让贤。这些品质与才能，让帝尧闪耀着普照四海、兼及上下的光芒，圣王的魅力也由此而形成。他的品格、才能、魅力，让他能够表彰有才能的人，使他周围的九族相亲相爱、彼此团结，这还只是第一步。第二步，在九族和睦之后，他又考察、分辨百官众族。第三步，在百官众族的政事辨明之后，他又协调万邦诸侯，天下民众也因此受到教化而和睦起来。

这几个步骤，表达了中国先民们所理解的秩序原理：圣王的出现是形成良好秩序的起点；圣王善于任用才德之士，首先使他周围的群体（九族）形成良好的秩序；然后再从稍远一些的群体（百官众族）中选拔重用才德之士，使他们也能形成良好的秩序；按照

---

① 王世舜、王翠叶译注：《尚书》，中华书局2012年版，第5—6页。

同样的方法，最后延伸到万邦诸侯及天下所有的民众，使他们也能够形成良好的秩序。这样的人类秩序蕴含着这样几个特点：第一，秩序的源头与动力是圣王，他是先知先觉的人，其他人都是后知后觉的人。第二，秩序的目标是和睦、和谐、团结、友善的人际关系。第三，实现秩序的基本方式是圣王的德行感召，推己及人，由近及远，由亲到疏，由中心到四方再到天下，教化所有的人，一个政治共同体的公序良俗由此而得以建立起来。这，就是中国早期法哲学所描述的秩序图景。

《尚书》开篇描述的这幅秩序关系图，当然不能概括中国早期法哲学的全貌，譬如天人之间的秩序、身心之间的秩序，在这幅图景中都没有反映出来。但是，这段话基本上可以代表中国早期法哲学对于人类秩序与世界秩序的解释模式，具有隐喻与原型的意义。此外，著名社会学家费孝通所说的“差序格局”①，虽然是对乡土社会尤其是其中的亲属关系的概括，但也可以用来描述传统中国最基本的秩序关系：帝尧就相当于投向水面的那块石头，由此所发生的一圈圈波纹，就相当于由近及远地、逐渐地建立起来的秩序。大致说来，中国传统的政治哲学、法哲学、世界观，都是以这个“差序格局”为原型的；一切儒家伦理，都是以这个原型为基础的。瞿同祖在他的《中国法律与中国社会》一书中，已从一个历史学家的立场，从家族、婚姻、阶级等角度，对这样的秩序关系给予了全面而细致的描述。② 由此可知，在19世纪中叶以前，以“差序格局”为原型的秩序原理，基本上能够解释家、国、天下等诸多层面上的

---

① 费孝通：《乡土中国 生育制度》，北京大学出版社1998年版，第26页。
② 瞿同祖：《中国法律与中国社会》，中华书局1981年版。

秩序关系。然而，以马嘎尔尼使华过程中的中英礼仪之争为标志，中国传统的秩序原理及其法哲学解释系统已经面临着实质性的挑战。如前所述，在经历了19世纪下半叶的震荡之后，我们看到，中国思想界全面失去了以汉语法哲学解释中国、解释世界的信心。

问题的复杂性在于：中国思想界对于中国本土的秩序原理没有信心，全面皈依密尔、达尔文、哈耶克的法哲学及其自由秩序原理，并不意味着后者本身真正拥有全面地、永久性地解释中国、解释世界的能力。中国思想界对密尔、达尔文、哈耶克的皈依，更根本的原因与动因，绝非自由秩序原理本身的魅力，而是这种法哲学所附丽于其上的军事实力、科技实力。说得更直白一些，在相当程度上，是英国当时的坚船利炮提升了自由秩序原理的理论说服力；而自由秩序原理、社会达尔文主义反过来又为四面出击的坚船利炮披上了一层正当化的外衣。然而，在中国的思想界看来，社会达尔文主义、自由秩序原理是原因，坚船利炮是结果，在自由秩序原理与坚船利炮之间，存在着严格的因果关系。因此，中国要实现富国强兵，要拥有自己的坚船利炮，除了接受自由秩序原理、社会达尔文主义之外，没有别的法子可想。在某种意义上，中国思想界是无可奈何地跌进了自由秩序原理与社会达尔文主义的怀抱，他们认为，只有那个东西才是一条结实的救命绳子。

依我们的"大胆假设"，这恐怕是个误会。因为，自由秩序原理与英美诸国的强盛，也许根本就没有什么直接的因果关系。把两者之间的因果关系颠倒过来，也许更为准确："做法""活法"在先，"说法""立法"在后；换言之，是先准备了坚船利炮，先有了四处"发现新大陆"的行为与事实，然后才提炼出为这些行为、这些事实做辩护的自由秩序原理。不看到这种可能性，不看到

"物"对于"词"的支配性，我们对于"词"与"物"之间的复杂关系，就不可能给出一个全面的、更可靠的解释。

然而，时至今日，情势已经发生了巨大的变化。如果说，从19世纪下半叶到20世纪上半叶，中国的硬实力不如外来者，因此，我们也必须俯首接受外来者的秩序原理与法哲学，那么，百年之后，随着中国军事实力、科技实力、经济实力的全面提升，随着中国人民站立起来，尤其是随着中国的复兴与硬实力的增强，我们也需要形成自己的、有自主知识产权的、用汉语表达的解释系统，这就是我们自己的秩序原理与法哲学。

这不仅是13亿中国人站立起来之后的需要，也是中国智识界、思想界对于人类社会应当承担的一项道德义务。因为，就人类文明的协调发展、多元发展而言，形成多样化的秩序观、多元化的法哲学、多元化的现代性，乃是人类秩序走向生态化的必备条件。如果只有一种秩序原理，只有一种法哲学，无疑会助长某种单极化、专制化的倾向。

三、和谐秩序原理：一种向世界解释中国的法哲学

汉语法哲学要向世界解释中国，就需要提供中国自己的秩序原理。如果说，从密尔到哈耶克表达的法哲学主要是"自由秩序原理"，那么，我们可以从"差序结构"这个原型与隐喻出发，将中国的秩序原理归纳为"和谐秩序原理"。如果说，"差序结构"是一个原型、一个事实，反映了社会学家的洞见与卓识，那么我们所谓的"和谐秩序原理"则是对这个事实与原型的哲学化表达。因而，可以视之为一种以汉语表达的、用来向世界解释中国的法哲学。

2005年以来，中国在政治上提出了"和谐社会"理念，这与

其说是一个新提法，还不如说是向一个古老传统的回归。因为，中国传统的秩序观，就是以和谐为核心的自然秩序观。对此，李约瑟曾以一个旁观的研究者的身份指出："古代中国人在整个自然界寻求秩序与和谐，并将此视为一切人类关系的理想。"①

对于这种"理想的秩序"，梁治平在《寻求自然秩序中的和谐——中国传统法律文化研究》② 一书里，已经做出了详细的分析与论证，这里不再复述。在这里，值得我们思考的是，为什么古老的和谐观念会在经历了长期的沉寂以后，重新成为一个主流的观念？我想，最根本的原因，恐怕就在于：19 世纪中叶以降的一百多年里，和谐的秩序关系事实上无法维持，急迫的斗争形势驱散了和谐的现实与理想。在这样的现实面前，和谐秩序原理被时代的洪流湮没了。

但是，如前文所述，到了 21 世纪初叶，无论是世界形势还是国内关系的演变，都为和谐秩序原理的重新唤醒与破茧再生提供了现实的条件。因此，以和谐秩序原理作为汉语法哲学的核心，以之向世界解释中国，可以说是正得其时。

什么叫和谐秩序原理？对于这个根本性的问题，下文还将以对照与比较的方式予以进一步的阐明。这里只需要指出，中国人对于和谐秩序的追求，主要是通过天人关系的和谐、人我关系的和谐、身心关系的和谐来体现的。这三重关系，构成了和谐秩序原理的三大领域，也是和谐秩序原理的三大支柱。

---

① 潘吉星主编：《李约瑟文集》，辽宁科学技术出版社 1986 年版，第 338 页。

② 梁治平：《寻求自然秩序中的和谐——中国传统法律文化研究》，中国政法大学出版社 1997 年版。

在这三重关系中，天人关系的和谐是基础，具有本源性的地位。这一关系对于中国秩序原理与法哲学的意义，季羡林在《“天人合一”方能拯救人类》[①] 一文中，已有全面的解释。在这里，值得我们注意的是，天人关系中的“人”，显然是指人类全体，或作为整体的人。但是，这里的“天”，却可以根据汉语的丰富性、多义性，从两个层面加以解释：第一个层面，是指天道或天理。一些人在极度悲伤之时所哀叹的“天哪”，就是在这个意义上所说的“天”。第二个层面，是指自然界或大自然。人们说某物是“天然的”，其实就是说某物是“自然的”；天然食品，就是自然食品——这里所说的“天”，就是在第二种意义上讲的。可见，传统中国人所说的天人关系，在现代中国的语境下，实际上可以分为两个方面：天理与人事的关系；自然与人类的关系。

就天理与人事的关系而言，宋代理学家已有深入的论述。譬如朱熹认为：“有个天理便有个人欲，盖缘这个天理须有个安顿处，才安顿得不恰好，便有人欲出来。”“天理人欲分数有多少。天理本多，人欲便也是天理里面做出来。虽是，人欲之中亦自有天理。”[②] 朱子这话讲得极明白：天理与人欲是相通的，正当的人欲本身就是天理。但是，在其他人的解释与叙述中，尤其是在“五四”先驱反传统的潮流中，朱熹及其同道们所讲的天理人欲理论常常被缩减、简化为“存天理，灭人欲”。对这六个字更形象化的表达则是程颐所说的“饿死事极小，失节事极大”，由此传递出来的信息，只能

---

① 季羡林：《“天人合一”方能拯救人类》，《哲学动态》1994 年第 2 期。
② 〔宋〕黄士毅编，徐时仪、杨艳汇校：《朱子语类汇校》（壹），上海古籍出版社 2014 年版，第 241 页。

证明：天理学说不合情理，不具有合法性。这实际上是把天理学说妖魔化了。

实际上，朱熹的天理人欲理论要求人的行为准则必须符合一个更高的正当性依据，恰恰表达了传统中国人的一种相当成熟的秩序观念。它提醒我们，有必要在尊重传统的基础上，为当代中国人的生活秩序确立一个终极的正当性依据。如果说，程颐当年所讲的“饿死事极小，失节事极大”走向了一个极端——天理与人欲相互对立，要想“存天理”，就只有“灭人欲”，那么，当今世界（包括中国）日盛一日的现实恰恰迈向了另一个极端——“存人欲，灭天理”。这一点，正是马克斯·韦伯所谓“这世界不再令人着迷”的根本原因，也是王元化、林毓生等所谓的“文明的物质化、庸俗化与异化”的表征。[①] 这样的现实已经为当代中国的秩序原理与法哲学提出了一项时代使命：如何恰当地、有效地协调天理与人欲的关系。

何谓人欲？直白言之，人欲就是人的欲望。用个性解放或自由秩序原理的话语体系来表达，以前羞于见人的“人欲”，因为时移世易，居然就变成了当下冠冕堂皇的自由或权利。而且，按照当下的权利话语，似乎自由、权利越多越好。然而，在高歌猛进的权利扩张事业中，很少有人顾及是否有必要为人的权利设定一个边界，以便把人的欲望限制在天理许可的范围内？换言之，“以自由为本位”的自由秩序原理，在“自由神”崇拜的风尚之下，是否需要为自己“力挺”的自由寻找一个更高的“高级法”作为依据——

---

① 朱强、夏榆：《“这世界不再令人着迷”》，《南方周末》2008 年 5 月 15 日。

同时也作为限制？推而广之，是否需要为中国所有的秩序寻找一个更坚实的正当性依据？40 年来，汉语法哲学在这个方面的研究几乎是一片空白。这就意味着，我们在人事（人欲）与天理的关系上，还没有做出实质性的贡献。

再看自然环境与人类的关系。它作为天人关系的另一种表达，主要涉及人类与环境如何友好相处的问题。用当前流行的话来说，就是要建立环境友好型社会。20 世纪中期以来我们在这个主题上经历了一个明显的转变：以前的口号是“人定胜天”，它体现了高扬人类、贬抑自然、征服环境的倾向；在当下，“人定胜天”已经变成了保护自然资源和生态环境。在法学的视野中，与环境保护相伴随的，就是资源环境法学的萌生与发展。可以说，40 年来的中国法学以环境法研究为载体，已经在环境保护的规则方面做出了比较系统的研究。

但是主流的环境法研究还存在着一个致命的缺陷，那就是：主要着眼于作为保护对象的环境，主要强调通过法律实现对于自然环境的保障，却没有把人类与环境的相互关系作为一个基本的框架。在我看来，资源环境法的实质，就是人类与自然环境之间的关系。因此，自然资源法学的发展问题，也应当在人类与环境相互关联的层面上来考虑：即在消费社会的背景下，人类的欲望（人欲）有多大？自然环境的承载力有多大？两者之间相互和谐的平衡点在哪里？这些问题才是资源环境法学应当进一步夯实的基础理论。

表面上看，人事与天道的关系讲的是人类秩序、人类行为的形而上学依据，而人类与环境的关系则主要强调了环境友好，在两大领域之间，似乎没有什么直接的、内在的关联，但换一个角度来看，两者又可以统一于作为整体的人与外在事物之间的秩序关系，

"天人关系的和谐"就是对于两种秩序关系的全面概括，就像道家所言："人法地，地法天，天法道，道法自然。"①

四、和谐秩序原理与自由秩序原理的比较

和谐秩序原理作为汉语世界中的法哲学，与英语世界中的自由秩序原理有什么区别？对这个问题，我们可以从多个方面加以分析。

首先，从逻辑的起点来看，自由秩序原理的逻辑起点是个体的人。它假定：任何人都是（或首先是）个体的人，个体性是人的基本属性。在个体之外，则是群体或社会，以及作为群体、社会代言人的国家与政府。因此，最根本的秩序关系，就是个体与群体之间的秩序关系，用严复的话来说，就是"群己权界"关系。由于个体是"群己"关系中价值目标的载体，因此，形成秩序的核心准则就是：群体对个体的干预越少越好。按照当代自由秩序原理的代表人物诺奇克的阐述，就是要维持"最小政府"。凡是比"最小政府"更大的"福利政府""权威政府""极权政府"，他都表示反对。他说："最低限度的国家是能够得到证明的最多功能的国家。任何更多功能的国家都会侵犯人们的权利。"② 与之不同的是，和谐秩序原理的逻辑起点既不是个体的人，甚至也不是群体的人，而是一个"场域"。这个场域中有群体性的人，但也有与人相互交融的天，这里的天既包括形而下的自然环境，也包括形而上的正当性依据。司

① 汤彰平、王朝华译注：《老子》，中华书局2014年版，第95页。

② ［美］诺奇克著：《无政府、国家和乌托邦》，姚大志译，中国社会科学出版社2008年版，第179页。

马迁的志向是“究天人之际”，这里的“天人之际”就是一个场域，在这个场域中，人与天是相互关联的，甚至是融为一体的，人不可能离开天而独立存在。想一想“无法无天”这个习惯用语，我们就会发现，“天”对于秩序的意义有多大。

其次，从价值目标来看，自由秩序原理蕴含的核心价值观是自由；和谐秩序原理蕴含的核心价值观是和谐，其中包括天人关系的和谐、人我关系的和谐、身心关系的和谐。消极自由主义的代表人物如斯密、密尔、哈耶克、诺奇克，对于个体自由的无限推崇就不用说了，就是积极自由主义的代表人物，如凯恩斯、霍布豪斯等，甚至还有强调社会公正的罗尔斯，尽管他们对于消极自由主义的秩序原理提出了某些批评，但还是与消极自由主义分享了一个共同的核心价值观：个体自由、个体权利是第一位的，国家、集体永远是第二位的，国家权力是工具，个体自由、个体权利才是目的。个体的权利与自由是什么？用传统中国的话语来表达，就是“人欲”。按照上文引证的朱熹的解释，有些“人欲”是正当的，国家、群体、社会都应当承认，或不应当干预，但是，即使是正当的人欲，也很难与“神圣”“超越”画上等号。因此，如果说“天理”不能灭了“人欲”，那无论如何也不能倒过来，让“人欲”彻底地灭了“天理”。也许，一个更恰当的方案就是坚持中道，让人欲与天理并存，实现天人关系的和谐。这就是和谐秩序原理所追求的价值目标。当然，如前所述，和谐秩序原理除了天人关系的和谐之外，还有人我关系的和谐与身心关系的和谐。就人我关系的和谐而言，它又可以细分为个体与个体关系的和谐、个体与群体关系的和谐，以及群体与群体关系的和谐。就身心关系的和谐而言，主要在于协调此岸世界与彼岸世界之间的关系，防止身心关系的撕裂。①

再次，从实现秩序的方法与途径来看，自由秩序原理的技术路径是对国家权力的约束与控制，其主要目的在于保障公民个体的权利与自由，这样的方法，学理上一般概括为宪政。在《控制国家：西方宪政的历史》② 一书中，戈登对这种秩序的形成已经给予了全面的审视。然而，值得我们注意的是，以公民个体的自由权利来对抗、限制国家的公共权力，仅仅是在一国之内而言的，仅仅是对国内秩序的一种安排。自由秩序原理的运作技术，并不禁止国家权力向外扩张，反而会纵容、支持甚至会推动国家权力向外扩张。打个比方，自由秩序原理在国家内部的运作方式，类似于今日的股份制企业内部的运作方式：董事会类似于议会，经理班子类似于政府，公民类似于大大小小的股东。在企业内部，较大的股东在股东大会上享有较大的发言权，其他股东也享有与自己的综合实力（所持股份）相对应的发言权，所有的股东都享有充分的自由与权利。其中，较有实力的股东以及他们在董事会的代表，为了维护自己的利益，也会想方设法地限制、监督经理班子的权力。但是，在外部市场上，在这个股份制企业与其他企业展开竞争、抢夺市场份额的时候，股东的利益、董事的利益、经理的利益，在相当程度上又是重合的——在这种情况下，无论是董事会还是经理班子，在总体目标上，都比较容易达成一致的意见，即使有分歧，也是局部的、暂时的。换言之，在企业之外，一旦出现了一个较大的利益或获利机

---

① 喻中：《法学方法论》，法律出版社 2014 年版，第 51 页。

② ［美］戈登著：《控制国家：西方宪政的历史》，应奇等译，江苏人民出版社 2001 年版。

会，无论是股东、董事还是经理，都会想方设法，甚至是不择手段地去夺取这一利益。譬如美国攻打伊拉克，就属于这种情况。美国作为整体，就像一个股份制企业，它为了本身的利益以及“股东”“董事”“经理”们的利益，总是会想方设法地夺取中东地区的利益——虽然，在这个“庞大企业”的内部，个体自由对国家权力的抗争层出不穷。可见，自由秩序原理的技术路径虽然可以在一定程度上维护本国公民个体的自由，但却不可能维护一个基本的人类秩序与世界秩序。这就是说，自由秩序原理的价值，即使有助于维护个体自由，也是不可能跨越国境的。

与自由秩序原理之技术路径所具有的商业品格、功利本性不同的是，汉语世界中的和谐秩序原理的技术路径则具有另外的特点：从修身开始，到齐家，再到治国，最后是平天下——且一定要达到“平天下”这个终点。这个过程，展示了中国理想中的迈向和谐秩序之路：个人的道德修养是第一步，以之为基础，才谈得上家族和睦；家族和睦是一国得以治理的基础；只有在国家秩序已经建立的基础上，才可能实现天下太平，才可能达致和谐的人类秩序。这条实现和谐秩序的技术路径，在当代的博雅之士看来，可能已经过时了。我承认，当代的中国与世界较之于孔孟时代，确实已经发生了巨大的变迁。但是，“太阳底下无新事”，这条路径所蕴含的基本精神，仍然是对中国式的和谐秩序原理的一个很好的注释：从自己做起，推己及人。它强调，在形成秩序的过程中，道义具有根本性的支撑作用，甚至构成了和谐秩序得以运转的一个轴心。“中国”是什么意思？中国为什么叫作“中国”？它的一个隐秘的意涵与象征就在于：这里是道义与文化的制高点，因而它是天下的中心。

由于两种秩序原理的逻辑起点、价值目标、技术路径都各异其趣，因而它们对人类与世界的指示也就出现了分野。其一，在自由秩序原理中，秩序的单位主要是国家。群体对于个体自由的限制程度，法律对于权力的控制与约束，诸如此类的问题，基本上都局限于一国范围之内。即使是国际法领域的经典作家，甚至是提倡“永久和平”的康德，在他们的理论“规划”中，也都是以国家作为基本单位的，其着眼点在于“国与国之间的永久和平”。[①] 世界与人类的秩序要靠国际法来维持，事实证明，是极其艰难的；现在的国际秩序要靠“维和部队”来维护，本身就构成了一个反讽。可见，奉行自由秩序原理的国家，在建构国内秩序方面，确实有它的优势，但在建构整体性的人类秩序方面，它就有些力不从心了。自由秩序原理的短处就是和谐秩序原理的长处。按照和谐秩序原理，“国”并不是最大的秩序单位，它只是秩序格局中的一个环节，与“国”相比，天下才是更重要的秩序单位。张载为什么讲“为天地立心”而不是“为国立心”？原因就在于：更重要的秩序是天下秩序，“天下太平”才是更重要的目标。在应对这个已经全球化了的时代，这样的秩序原理，显然优于关注国内秩序的自由秩序原理。

其二，在自由秩序原理中，秩序依赖于暴力与利益；但在和谐秩序原理中，秩序依赖于人格与道义。中国在中英鸦片战争中失败，可以视为利益压倒了道义。传统中国为什么没有发展出坚船利炮？为什么火药都制成了鞭炮而不是大炮？原因也在于：和谐秩序原理不支持暴力，依赖暴力不能形成和谐秩序，只有依赖道义才能

---

① ［德］康德著：《历史理性批判文集》，何兆武译，商务印书馆1990年版，第98页。

实现和谐秩序。这样的秩序原理也可以解释为什么在古老的中国，中央委派出一个官员，就可以把一州一县治理好。以区区一人，就可以维护一州一县的和谐秩序，背后的根源也在于和谐秩序对于道义的依赖。从这个角度来说，秩序也可以分为两种：以暴力为后盾的秩序，以道义为后盾的秩序。

五、向世界解释中国：汉语法哲学的使命

和谐秩序之原理，在传统中国源远流长，根深蒂固，浸润于天人关系、人我关系、身心关系，既不乏深厚的历史底蕴，也具有丰沛的生命活力。在现实生活中，随处可见的太极图——既是道家的，也是儒家的，还是阴阳家的——就是对这种法哲学的符号化的表达。在先秦典籍里，道家强调“使民不争”①，法家主张“以刑去刑”②，儒家期待“必也使无讼”③，这些主张虽然分属于不同的学派，其实包含了一个最大公约数，那就是对于和谐秩序的共同向往与共同期待。因为，无论是“不争”“去刑”还是“无讼”，其核心的价值目标（或核心价值观）都是和谐。由此可知，儒家、法家、道家之间的差异，尽管被历代学者津津乐道，但它们之间的争论，并不在于形而上的“道”，而是在于形而下的“术”。因为，三大学派的法哲学都可以概括为和谐秩序原理，它们之间的差异主要在于走向和谐秩序的技术路径不同：道家要求“绝圣弃智”，法家要求“以法为本”，儒家要求“克己复礼”，由此才出现了没完

---

① 汤彰平、王朝华译注：《老子》，中华书局 2014 年版，第 12 页。
② 石磊译注：《商君书》，中华书局 2011 年版，第 131 页。
③ 陈晓芬、徐儒宗译注：《论语·大学·中庸》，中华书局 2015 年版，第 144 页。

没了的批评与反批评。

数千年以降，儒、法、道以相互交错、相互融会的方式，共同支配了中国的主流文化。无论朝野，无论是在庙堂之高还是在江湖之远，处于主流地位的中国法哲学与政治哲学都可以概括为和谐秩序原理。然而，自从19世纪中叶以后，这个中国传统的法哲学失去了她的魅力。根本的原因已如前所述：来自海上的自由秩序原理在武力的护卫下，成功地登陆中国，全面而彻底地征服了19世纪后期直至20世纪的中国思想界，并迅速地矮化、丑化、妖魔化了传统中国的和谐秩序原理。1949年之前，毛泽东主张“枪杆子里面出政权”①，强调武力是新秩序的前提；1949年以后，毛泽东长期坚持“阶级斗争”，实际上是在以一种新的方式，继续强调暴力、武力在社会秩序建构过程中的功能。1978年以后，中国走上了“以经济建设为中心”的道路，强调经济领域中的竞争，强调经济实力在国内、国际秩序建构中的意义，实际上也是一种强调器物、强调“力”的秩序原理。

政治家强调“发展才是硬道理”，强调经济实力、科技实力、军事实力，当然是必要的，甚至是必不可少的。但是，值得注意的是，急迫的、现实性的、利害得失层面上的权衡与考量，绝对不能代替长远的、超越性的法哲学、政治哲学、国家哲学、社会哲学。因此，立国之道，不仅仅是指在经济上、科技上、军事上“立起来”，更重要的是在“说法”上“立起来”，在解释系统上“立起来”，从而为国家、族群、人类的生存方式提供法哲学上的依据。

---

① 《毛泽东选集》（第二卷），人民出版社1991年版，第547页。

当前，在学术思想领域，中国在一些“说法”上认同自由秩序原理，并试图以这样的法哲学来规范自己的经济、科技、军事领域的秩序。但是，值得注意的是，自由秩序原理首先是一种法哲学、政治哲学，它的作用领域首先是思想领域与政治法律领域，然后才是经济领域及其他领域。但在中国的思想意识形态、政治法律实践领域，中国的“做法”，譬如政治协商制度、重调解的诉讼原则、追求司法的社会效果等，并不符合自由秩序原理，而是保持了和谐秩序原理的某些特色，是和谐秩序原理支配下的实践。由此，就造成了“说法”与“做法”之间的矛盾，以及“说法”“做法”两个方面与“立法”之间的矛盾。此外，按照自由秩序原理与社会达尔文主义，一个国家随着经济、科技、军事等硬实力的增强，必然要求重新划分势力范围，必然要求改变既有的权力格局，必然对别国构成实实在在的威胁。换言之，按照社会达尔文主义与自由秩序原理的逻辑，“崛起”与“和平”根本就不可能并存。世间流传的心态各异的“中国威胁论”，就是这样“炼”成的。

有一首陕北民歌唱道：“大红果果剥皮皮，人人都说我和你；其实咱俩没那回事，好人担了个赖名誉。”一贯崇尚和谐、和平的中国，从无侵略别国历史的华夏民族，为什么被别人说成是“威胁”？为什么“好人担了个赖名誉”？原因之一就在于，面对世界，我们没有很好地解释自己。

汉语法哲学具有多重使命。在当前，它应当承担的一项时代使命是——用汉语向世界解释中国，以法哲学的方式重新阐述中国形象、中国逻辑。如何解释？怎样阐述？简而言之，就是要以天人和谐取代个体自由，以天下体系取代国际体系，[①] 以道义政治取代功利政治，一言以蔽之，以和谐秩序原理取代自由秩序原理。

第二节 信托政治理论

钱穆先生在《中国传统政治》一文中讲道："若我们说西方政权是契约的，则中国政权乃是信托的。契约政权，时时带有监督性。而信托政权，则是放任与期待。"[②] 在这里，钱先生提出了两个相互对应的概念：中国的信托政权与西方的契约政权。把这两个概念作为比较的两端加以对举，也许还有商榷的必要（见下文的分析），但是，他提出的信托政权概念，却具有启示意义。尽管钱先生对于信托政权的内涵和外延，并没有详加阐述，甚至没有给出专门的论证，但是，他把信托的观念引入政治学研究，却是一个新颖的思路，有深入挖掘的价值。因此，我们将以钱先生的"信托政权"概念作为出发点，把信托与政治结合起来，试图概述一种新的政治观，那就是信托政治。

---

① 参见赵汀阳《天下体系：世界制度哲学导论》，江苏教育出版社 2005 年版。

② 钱穆：《国史新论》，三联书店 2005 年版，第 100 页。

一、信托政治的概念与特征

什么叫信托政治？最质朴的解释，就是以信任与托付为支点的政治。民众信任你，把政治事务、国家事务、公共事务托付给你，委托你全权去处理，这样的政治形态，就是信托政治。概括地说，信托政治的特征主要包括以下几个方面。

第一，政治关系的核心主体包括两大类：政治的委托者与政治的受托者。委托者基于信任，把国家事务、公共事务自愿委托给受托者。受托者根据委托者的托付，全面执掌国家事务与公共事务。双方之间信托关系的建立，就标志着信托政治的形成。这样的信托政治关系意味着，受托者执掌政治事务、公共事务的正当性基础与合法性依据，源于委托者的信任和委托。抽去了这个前提条件，信托政治关系将不复存在，受托者也将处于“名不正则言不顺，言不顺则事不成”的政治困境。

第二，尽管受托者根据委托者的信任和托付，获得了处理国家事务、公共事务的权力与资格，但是，这样的信托政治关系并非一经建立，就始终存在、永远有效。原因是，信托政治关系的形成，既向受托者授予了处理政治事务的权力和资格，同时也为受托者设定了一项道德义务、政治责任：受托者必须诚信而勤勉地为委托者谋取福利。如果受托者没有做到这一点，没有履行受托者的道德义务和政治责任，那就意味着，受托者主动取消了已经建立起来的政治信托关系，如果出现了这种情况，政治信托关系即使在形式上还存在，但在实质上已经趋于瓦解。在流行话语中，中国人有时称某人为“窃国大盗”，西方人有时称某人为“僭主”，诸如此类的概念，描述的就是政治信托关系瓦解之后，那些徒具躯壳、名不副实的政治受托人。

第三，信托政治也是一种契约政治。上文已经提到，在钱穆先生看来，西方的契约政权与中国的信托政权是截然不同的两种政权，代表了两种截然不同的政治形态。钱先生的这个论断有待商榷。因为，站在法理的角度，信托关系本身就是契约关系的一种存在形式，信托关系的建立本身就意味着一种契约关系的形成。因此，中国的信托政治，在实质上也是一种契约政治。西方契约政治与中国信托政治的差异主要在于：对于西方来说，民众主要是通过一纸契约（通常是成文宪法），形成某种公意，达成某种共识；对于传统中国来说，民众主要是通过“天”这个中介（见下文的分析），把政权托付给某个政治集团。但是，无论是传统中国政权还是现代西方政权，当政者都承担着某种基于契约或信托而形成的道德义务、政治责任。从这个角度说，在传统西方和当代中国影响巨大的政治契约理论，也可以解释这里所说的信托政治。

当然，在契约政治理论与信托政治理论之间，还是存在着一些微妙的区别。契约政治理论的重心，在于描述这样一个核心事实：立约人基本上是同质性的个体，千千万万的同质个体为了一个特定的政治目标，达成了一个协议。信托政治理论的重心，在于描述这样一个核心事实：千千万万的个体已经汇聚成为一个整体（人民），这个整体与另一个主体建立了一种政治信托关系，前者基于信任，把国家事务、政治事务托付给后者，让后者全权处理。可见，契约政治的立约主体是千千万万的个体，信托政治的立约主体是两方：委托人和受托人。正是由于两者之间存在这种区别，我们才在庞大的契约政治理论文献之外，试着论述这种尚未受到关注的信托政治理论。

二、信托政治的历史渊源

信托政治作为人类政治实践的一种形态，在中国历史上可谓源远流长。传统中国政治哲学的核心，也许就可以用“信托”二字来概括。譬如，按照上古传说中的“禅让”制度，一个政治领袖把“天下”转让给另一个政治领袖，其实就是政治信托的一种表现形式。当然，传统中国的信托政治，主要还不是指这种传说中的“禅让”制度，而是指上天、民众与帝王之间形成的政治信托关系。

在《尚书》这部古老的典籍中，我们就可以看到商周交替时期有关信托政治的表达与实践。

《尚书·泰誓》[①] 记载了武王伐纣之前的几次讲话，在其中的一次讲话中，武王说道：“今商王受，弗敬上天，降灾下民；沉湎冒色，敢行暴虐；罪人以族，官人以世；惟宫室、台榭、陂池、侈服，以残害于尔万姓；焚炙忠良，刳剔孕妇。皇天震怒，命我文考，肃将天威，大勋未集。肆予小子发。……商罪贯盈，天命诛之。予弗顺天，厥罪惟钧。予小子夙夜祗惧。受命文考，类于上帝，宜于冢土，以尔有众，厎天之罚。天矜于民。民之所欲，天必从之。尔尚弼予一人，永清四海。时哉弗可失。”

周武王讲这段话，主要在于论证自己出兵伐纣的正当性与合法性。按照周武王的理论逻辑，商周之际的政治关系主要涉及三类主体：上天，民众，君主（天子）。周武王自己也承认，商王当政，是受命于天，有天命作为依据，因而是合法的；甚至纣王当政也是

---

① 关于《尚书·泰誓》篇的真伪，乃是一个聚讼纷纭的问题，争议已久，这里暂且置而不论。

受命于天的，同样具有合法性。这就是说，是上天把天下的政治事务委托给了包括纣王在内的历代商王，并由此形成了上天与商王之间的政治信托关系。但是，在这种政治信托关系形成之后，商王还必须履行政治受托者的职责，其核心内容就是造福于民众。否则，就是在故意撕裂上天与君主之间已经形成的政治信托关系。然而，遗憾的是，纣王的所作所为，恰恰是与受托者的角色要求背道而驰的：既不敬天，更不爱民，反而还要想方设法祸害百姓。上天因此而震怒，授命周文王予以讨伐。虽然周文王没有完成讨伐纣王的使命就去世了，但是，周武王作为文王遗志的继承者、天命的承担者，应当继续完成讨伐纣王的使命。在武王看来，政治信托关系首先体现在上天与君主之间，无论是纣王当政还是文王、武王的讨伐，都是基于上天的信托，都是受命于天。

不仅如此，按照周武王在《泰誓》中所讲的"民之所欲，天必从之"，以及"天视自我民视，天听自我民听"的原理，在上天与民众之间，还具有同声相应、同气相求的同盟关系。这就意味着，民众的愿望，上天必然会予以满足；反过来说，损害民众利益的行为，上天也会给予惩罚。因此，纣王祸害民众的种种恶行，从表面上看，似乎没有影响他（纣王）与上天之间的政治信托关系，但是，却违背了与天意相一致，甚至比天意位阶更高的民意。因此，纣王的恶行仍然是对固有的政治信托关系的损害与破坏。只要政治信托关系出现了破裂，就意味着纣王作为国王（天子）的正当性、合法性不复存在，这就为周文王、周武王的军事攻伐提供了理由和依据。

通过《尚书·泰誓》中的这些记载，我们可以发现，在中国文化的源头，就已经孕育出了信托政治的观念。从后来的历史变迁过程来看，《尚书》中反映出来的这种信托政治观念并没有随着周王朝的衰败而结束，而是一直潜藏在中国政治变迁的大潮深处，以至于春秋战国以降的改朝换代，都习惯于借助这样的政治逻辑：由于即将覆灭的旧王朝违背了天命，即违反了上天与旧王朝之间的政治信托关系，因此，对这样的王朝进行革命就是正当的，而且，这样的革命还是在“替天行道”，是根据上天与革命者之间形成的政治信托关系而展开的，因而有足够的道义依据。至于革命成功以后建立起来的新王朝，则是新的政治信托关系的受托者。按照这样的政治观念，每一个旧王朝的覆灭，都意味着一个旧的政治信托关系的破裂；每一个新王朝的建立，都意味着一个新的政治信托关系的建立。

三、信托政治与民主政治的关系

清朝末年之后，随着王朝更迭政治的结束，一个现代性的政治新传统逐渐形成，那就是民主政治。百年以来，由于民主政治已经成为现代中国政治的最强音，代表了现当代中国人关于政治发展方向的主流认识，因此，我们在分析了传统的王朝政治与信托政治的关系之后，还有必要进一步分析现代的民主政治与信托政治的关系。

什么叫民主政治？这可是一个被过度诠释的概念。按照美国总统林肯的话来说，就是民有、民享、民治的政治。按照当代中国通行的政治话语来说，就是人民当家做主的政治。这些说法尽管描述了民主政治的实质和特征，但却主要是关于民主政治的宏观的、原则性的、理念化的表达。

在实践过程中，民主政治的实现形式，首先是人民代表大会制度。按照这种制度，人民选举代表，由代表组成的全国人民代表大会选举或决定国家机构的领导人，决定国家重大事项，监督国家机构的活动，等等。当然，除了这种选举民主，还有协商民主。在当代中国，协商民主的实现形式主要是政治协商制度。① 然而，无论是选举式的民主政治还是协商式的民主政治，实质上都是信托政治。

在民主选举的过程中，每一个环节都体现了信托政治的特征：在民众中选举基层的人大代表，意味着民众信任并委托某些代表作为他们的政治代言人；在代表大会上选举更高层级的代表或国家机构的领导人，同样意味着这些选举人信任并委托另一些人作为他们的政治代言人。每一次选举的过程，都是一次信托的过程；每一次选举的会议，都是建立政治信托关系的一个仪式。从这个层面上说，选举式的民主政治，就具有信托政治的性质。

在民主协商的过程中，各个党派的代表、工商联的代表、无党派人士的代表，会聚在一起，通过对话与商谈的方式，推出某个人选，做出某个决定，同样是以信任和委托为基础，因而也具有信托政治的性质。

可见，在民主政治与信托政治之间，并不是相互冲突或彼此矛盾。两者之间关系的奥秘在于：信托政治是民主政治的实现形式。信托政治所表达、所强化的，主要是委托者与受托者之间的交往过程、交往方式、交往环节：在政治信托关系的形成过程中，民众把政治事务托付给某些特定的人；这种托付的过程，体现了程序的价

① 当代中国的民主政治制度，除了人民代表大会制度、中国共产党领导的多党合作和政治协商制度之外，还包括民族区域自治制度、基层群众自治制度等。

值与意义。相比之下，民主政治所表达的，主要是一个基本原则、价值准则：人民或民众是政治的主宰者或所有者。然而，按照民主政治的要求，尽管民众是政治的主宰，但在广土众民的背景下，作为整体的民众，不可能事必躬亲地去处理所有的政治事务，他们必须信任并委托一个“经理班子”去处理这些政治事务。打个比方，一个国家的民众就像一个庞大的股份公司的所有股东，但这些股东并不能直接处理公司的每一个具体事务，股东们必须把公司事务委托给董事会，尤其是经理班子去处理，只有通过这种信托的方式，才可能实现股东们的利益。如果说，承认所有股东是公司的所有者，体现了民主政治的要求，那么，由股东们委托经理班子去处理公司事务，就体现了信托政治的要求。

孙中山的“权能分治”理论，也有助于阐明信托政治对于民主政治的意义。在孙中山看来，人民主权或民主，就是指人民有“权”，但是，有“权”的人民并不能直接处理政治事务，人民只能把政治事务委托给政府去处理，因为政府有“能”。权能分治理论，意味着两大政治主体——作为“有权者”的人民、作为“有能者”的政府——的存在，人民只能把属于自己的政治托付给政府去处理。这样的过程，就是我们所说的信托政治。离开了这样的政治信托关系，人民主权或民主政治只能停留在理想层面，是无法实现的。

民主政治与信托政治既有紧密的联系，从理论上看，也有一个至关重要的区别：民主政治基本上是一个主体性的概念，信托政治则是一个主体间性或交互主体性的概念。按照民主政治的内涵，人民是政治的主宰，人民是国家的主人。在人民与国家政治之间，人民是主体，政治事务或国家权力是客体，人民对于政治事务或国家权力享有终极的主宰权。可见，民主政治描述的是一个主体与一个客体之间的关系，或曰“主客二分”的关系。这种关系具有静止的形态，也是一个原则性的理想状态。但是，信托政治的题中应有之义，则是委托者与受托者两类主体之间，就政治事务达成了一个协议：委托者把政治事务托付给受托者，受托者承担着为委托者谋取福利的道德义务和政治责任。可见，信托政治重在描述两大主体之间的关系，或者“主体间性”的关系。这种关系是动态的，强调的是一个程序性的实践过程。

四、从信托政治的角度看党的执政地位

进一步结合当代中国的政治现实，我们还可以发现，中国共产党的执政地位，也因信托而产生，也源于一个政治信托关系的成立。在这个政治信托关系中，委托人是中国人民，受托人是中国共产党。这种政治信托关系的形成过程大致可以概述如下。

1948 年，在中华人民共和国成立之前，中国共产党发出“五一号召”，向各民主党派、无党派人士代表提议召开新的政治协商会议，成立民主联合政府，得到了各界人士的积极响应。经过一年多的筹备，新的政治协商会议于 1949 年 9 月 21 日召开。参加会议的代表共有 622 人，其中包括中国共产党的代表、各民主党派的代表、无党派人士的代表、各人民团体的代表、人民解放军的代表、各地区代表、各民族代表以及海外华侨的代表，等等。从代表的广泛性可以发现，政治协商会议具有人民代表会议的性质。在这次会议上，通过了具有临时宪法性质的《中国人民政治协商会议共同纲领》。会议还通过了《中华人民共和国中央人民政府组织法》，选举中国共产党的代表毛泽东为中央人民政府主席。此外，还选举产生了中央人民政府副主席 6 名，其中包括中国共产党的代表 3 人；

选举产生了中央人民政府委员会委员 56 人，其中包括中国共产党的代表 36 人；选举产生了中国人民政治协商会议全国委员会委员 180 人，其中包括中国共产党的代表 110 多人。① 在这个政治框架之下，1949 年 10 月 1 日成立了中华人民共和国。按照这个新的政治框架，中国共产党在新的国家政权中，获得了执政地位。

然而，如果要追问：中国共产党的执政地位是怎么获得的？回答是：绝不是自封的，而是因中国人民的信任、委托而获得的，是中国人民政治协商会议代表中国人民，把执掌政治事务的权力委托给了以毛泽东为代表的中国共产党。可见，如果没有新政协以全国人民的名义，信任并委托中国共产党执政，中国共产党的执政地位就缺乏坚实的基础。

有人也许会认为，枪杆子里面出政权，只要拥有枪杆子，就能够获得执政地位。我认为，这样的观点是不能成立的。因为，毛泽东所说的“枪杆子里面出政权”，具有特定的针对性，是有语境的。绝不能把毛泽东的这句话理解为只靠枪杆子就可以为某个政党的执政地位提供正当性依据与合法性基础。否则，任何拥有枪杆子的黑社会组织，都可以宣称自己就是执政者，自己就是政权的所有者。当前，为什么我们要说“一切权力属于人民”，而不说“一切权力属于枪杆子”？原因就在于，枪杆子本身绝不可能成为国家政治的主宰者，更不可能充当信托政治关系的委托者。一个政党要获得执政地位，必须依赖于人民的信任与委托。

如果说，1949 年的中国人民政治协商会议的代表是以民主协商

---

① 相关数据参见王邦佐等《中国政党制度的社会生态分析》，上海人民出版社 2000 年版，第 113 页。

的方式产生的，那么，1954 年召开的第一届全国人民代表大会的代表，就是以民主选举的方式产生的。从那时到现在，在历届全国人民代表大会和地方各级人民代表大会中，中国共产党的代表都占大多数。这样的史实表明，通过“协商民主”与“选举民主”两种形式，中国共产党的执政地位得到了全国人民反反复复的确认、信任、委托。中国共产党的执政地位，在这个过程中得到了巩固和强化，并逐渐成为现代政治的一个新传统，也构成了民主政治在当代中国的一个最核心的内容。可见，中国共产党所拥有的执政地位，可以在信托政治的框架下，得到有效的解释和论证；中国共产党获得执政地位的过程，也从实践的角度，为信托政治理论的有效性提供了强有力的支持。

由于中国共产党的执政与中国共产党的领导是两个不同的概念[①]，因此，在分析了信托政治与党的执政地位的关系之后，还有必要就信托政治与党的领导的关系及相关问题，做进一步的阐述。

五、从信托政治的角度看党的领导与人民当家做主的关系

当代中国政治有一个关键性的命题，就是要建立党的领导、人民当家做主与依法治国之间的辩证统一关系。三者之间的辩证统一

① 两者的区别到底何在？按照学者的研究，党的领导是指“中国共产党对中国人民在中国的政治经济社会事务方面的领导”，党的执政是指“中国共产党的代表在合法地进入和掌控国家权力机构的前提下，以国家代表的名义行使国家权力、贯彻党的治国主张、处理全国的政治经济和社会事务、谋求和实现全国人民的利益的活动”。详细的论证可参见张恒山《中国共产党的领导和执政辨析》，《中国社会科学》2004 年第 1 期。

关系怎么建立？统一的基点在哪里？我们的回答是：三者统一的理论基础、理论框架，就是信托政治。

先看党的领导与人民当家做主的关系。按照信托政治的框架，两者的关系可以描述为：人民是信托政治关系中的委托者，中国共产党是信托政治关系中的受托者。虽然，人民当家做主是一个基本的政治原则，即人民主权原则，或主权在民的原则，但是，这个原则并不能自动变成政治现实。因为，13 亿人一起来处理层出不穷的政治事务，在实践上是不可能的，在理论上也是不必要的。13 亿人构成的主权者必须把政治事务委托给一个他们信任的“经理班子”，才可能让人民主权原则真正地运行起来。可见，如果要强调人民当家做主，尤其是要把人民当家做主从政治原则、政治理想变成政治现实，作为主权者的人民就面临着一个选择“经理班子”的问题。

自从 1921 年以来，中国共产党通过自己艰苦卓绝的不懈努力，越来越广泛地获得了人民的信任。在此过程中，人民也逐渐把公共性的政治事务托付给了中国共产党。党的领导地位，就是在这种相互交往的过程中建立起来的，甚至在取得全国性的执政地位之前，就已经建立起来了。可见，与党的执政地位一样，党的领导地位也不是自封的，而是人民信任、选择、托付的结果，是人民选择了中国共产党作为他们处理政治事务的“经理班子”。而且，人民一旦做出了这样的选择，他们就会自觉自愿地服从于这个“经理班子”做出的各种决策，并对这个他们所信任的“经理班子”充满了期待。

以上分析表明，党的领导与人民当家做主并不矛盾，两者之间的辩证统一关系，以信托作为基础，本质上是一种信托政治关系。

当然，与党的领导、人民当家做主密切相关的，还有一个依法治国的问题。如何实现依法治国与前两者之间的辩证统一关系？要回答这个问题，也可以借助于信托政治理论。按照信托政治的解释框架，如果说人民当家做主描述了政治委托者的地位，党的领导描述了政治受托者的职责，那么，依法治国的价值在于：在这两大主体之间，建立起更加紧密的、更加规则化的关联。

依法治国的核心和实质，是处于领导地位的中国共产党按照人民制定的法律来处理政治事务。如前所述，中国共产党是政治事务的实际处理者，是为人民办理政治事务的机构，是“为人民服务”的“经理班子”。但是，中国共产党在处理各种政治事务的过程中，还有一个基本的要求，那就是“依法”。而中国共产党所依之法，却是人民制定的，更具体地说，主要是全国人民通过他们的政治代言人——全国人民代表大会及其常务委员会——制定出来的。中国共产党按照人民制定的法律来治国（处理政治事务），其政治效果是进一步强化了人民与党之间的政治信托关系，受托者要按照委托者的要求来履行受托者的职责。打个比方，就类似于股东们制定了公司章程，要求董事会、经理班子依照这些章程来处理公司事务。

概括地说，如果当代政治的主题是党的领导、人民当家做主和依法治国三者之间的辩证统一，那么，从信托政治的角度来看，中国人民是政治委托者，中国共产党是政治受托者，前者基于信任，把政治事务托付给后者处理，同时，前者还制定了法律，为后者处理政治事务提供了基本的准则。换言之，党的领导反映了受托者的职责，人民当家做主反映了委托者的地位，依法治国反映了委托者与受托者之间的规则化、程序化的交往关系。

六、信托政治在当代中国的实践要点

以上我们讨论了信托政治的概念、特征、历史渊源，以及与当代中国政治现实的对接问题，旨在表明，信托政治是一个既能解释历史又能解释现实的概念。而且，信托政治并不仅仅是一个抽象的概念，它同时还具有强烈的实践指向性。信托政治在当代中国的实践要点可以归结为：信托政治关系中的受托者，应当履行受托者的政治职责，应当承担受托者的道德义务，这一职责或义务的核心内容，就是要为委托者（中国人民）谋取福利。

就当代中国的政治现实来看，信托政治关系的受托者主要是指中国共产党。因而，党要有为人民谋取福利的自觉意识和历史担当。正如党的十七大报告所指出的："我们党自诞生之日起就勇敢担当起带领中国人民创造幸福生活、实现中华民族伟大复兴的历史使命。为了完成这个历史使命，一代又一代中国共产党人前赴后继，无数革命先烈献出了宝贵生命。当代中国共产党人必须继续承担好这个历史使命。"这几句话，已经描述了一个政治受托者的形象。这种政治受托者的自我意识，将会转化成为中国共产党完善自我、全心全意为人民服务的精神动力。但是，知难，行亦不易。现在的关键问题，就是要以实际的行动，采取切实有效的措施，尽职尽责地履行受托者的义务，不辜负委托者的信任和期望。否则，长期积累起来的政治信托关系就可能遭受致命的伤害。

当然，在中国共产党之外，人民政府也是当代信托政治关系中的受托者。一届政府成立，就标志着人民把未来五年的政府工作托付给了这届政府领导班子。因此，在人民与政府之间，也形成了一种信托政治关系。与中国共产党一样，政府也应当具有政治受托者的自觉意识和历史担当，并通过卓有成效的政府工作，履行受托者的职责和义务。只有这样，才可能实现政治上的长治久安。

第三节　法的现代性批判

在当代中国，法的现代性理论已经成为一个引人注目的学术板块。按照葛洪义的归纳，法的现代性包括公开性、自治性、普遍性、层次性、确定性、可诉性、合理性、权威性等八个方面的要素。[①] 作为一个学术主题，法的现代性已经引起了中国法学界的普遍关注。学者们已经从不同的角度探讨了法的现代性问题。譬如，有的立足于研究经典作家的法律现代性思想[②]，有的着眼于研究中国法律的现代性问题[③]，还有的侧重于研究法的现代性所涉及的某

---

① 葛洪义：《法律与理性：法的现代性问题解读》，法律出版社 2001 年版，第 5 页。

② 相关论著包括，公丕祥：《韦伯的法律现代性思想探微》，《学习与探索》1995 年第 5 期；陈弘毅：《从哈贝马斯的哲学看现代性与现代法治》，《清华法治论衡》第 3 辑，清华大学出版社 2002 年版，第 14 页；等等。

③ 相关论著有，孙育玮：《关于“中国法的现代性”问题探讨》，《政治与法律》2008 年第 3 期；蔡道通：《现代性：中国法治化的生成支点》，《南京师大学报》2002 年第 2 期；马长山：《现代性重建进程中的法治变革趋势》，《政法论坛》2002 年第 2 期；等等。

个具体问题[1]，等等。多年来，围绕法的现代性问题，虽然已经催生了大量的学术文献，以“法的现代性”为主题的学术研讨会也引人注目，[2] 但是，正如周永坤所言，法的现代性研究的“缺陷也是明显的：一是对法的现代性的基本属性研究不够”；“二是这一研究总体上对中国法律的现实问题关注不够”。[3]

我同意这种看法。正是因为对法的现代性的基本属性研究不够，对中国法律的现实问题关注不够，导致了法的现代性理论没有根基，没有反省意识，没有足够的批判意识，特别是在现代性与中国法律、中国法治的关系问题上，出现了很多摇摆不定的论述。譬如，刘星在《现代性观念与现代法治——一个诊断分析》一文中认为：“‘现代性观念’视野中的现代法治，实际上是一个从特定区域里的制度建设中分析而得出的政治法律观念。现代法治是特定社会区域中的各类因素相互作用而产生出来的制度模型，而这些因素自然包括了特定社会区域中的物质因素以及精神因素。这种法治，正如人们时常所指出的，具有西方化的印记和特点。因为，从地缘政治学的角度来看，所谓的‘现代法治’正是来自西方社会的。”按照这段论述，现代性视野中的现代法治是特定区域的产物。然而，作者接下来又说，写作此文的目的在于“更好地促进现代化和

---

① 譬如，王申：《法官、现代性与法理认同》，《法学杂志》2006 年第 1 期；李海青：《现代性视野中的法律信仰》，《思想战线》2005 年第 4 期；肖世杰：《清末监狱改良思想的现代性》，《河北法学》2007 年第 7 期；等等。

② 详见，蔡宝刚：《“法的现代性与中国法治”高层论坛学术综述》，《比较法研究》2007 年第 1 期。

③ 周永坤：《中国法的现代性十大困境》，《法学》2006 年第 6 期。

现代法治在中国有益健康地展开”。[①] 这就是说，现代性视野中的现代法治又可以在中国健康地展开。那么，现代性视野中的现代法治，或曰现代性的法治，到底是特定区域的产物呢，还是也可以有效地移植至当代中国？

再看齐延平的一篇文章——《法制现代化：一个西方的“幽灵”?》，此文同样确认，现代性是西方的现代性，现代性“完全是西方社会内在机理逻辑演进的一环与产物”，从性质上看，“现代性在西方的古典—现代—后现代历史逻辑中，首先意味着对古典的反叛”。这句话同样是说，现代性并不是一个普适性的概念，而是一个地方性的概念。然而，文章接下来却强调，对于当代中国来说，“法制的现代化进程与进步过程，实质上就是人们对自由、人权、正义不断省思、辩诘、守护的过程”[②]。按照这样的论断，通往现代性的法制现代化似乎又成了中国法制发展的必由之路。在这里，一些根本性的问题滋生出来：现代性到底能否阐述中国法制的目标呢？现代性到底能不能指示中国法治的发展方向呢？

这样一些令人困惑的问题，其实都可以归因于当代中国主流法学理论对法的现代性缺乏深刻而清晰的反思。对此，我们的基本观点是：法的现代性实质上是一个虚构的理论神话。做出这个判断的主要理由包括：现代性本身就是一个虚构的概念，它已经异化成为一个符号化的图腾；百年以来中国虽有持续不断的法律移植，但法

---

① 刘星：《现代性观念与现代法治——一个诊断分析》，《法制与社会发展》2002 年第 3 期。

② 齐延平：《法制现代化：一个西方的“幽灵”?》，《政法论坛》2007 年第 2 期。

律移植与现代性无关；现代性对中国的法学理论虽有较大的影响，但对法治实践的影响较小；当代中国的法治实践遵循的是实践的逻辑，现代性不能指示中国法律、中国法治发展的方向。对于这几个方面的理由，可以分述如下。

一、现代性：一个虚构的概念

为什么说法的现代性是一个虚构的理论神话？首要的理由就在于：现代性本身就是一个虚构的概念。现代性的确切含义是什么？虽然在西方学术界，关于这个问题的探讨已经形成了一个庞大的理论迷宫，但在这里，不妨简而言之：现代性就是现代社会的特征或性质。① 现代社会有什么特征，现代性的内容就是什么。那么，现代社会到底有什么特征呢？可以说，这是一个根本无法回答的问题。任何权威作者的回答都是片面的。美国学者卡林内斯库就注意到这种现象，他说："无法确言从什么时候开始人们可以说存在着两种截然不同却又剧烈冲突的现代性。可以肯定的是，在19世纪前半期的某个时刻，在作为西方文明史一个阶段的现代性同作为美学概念的现代性之间发生了无法弥合的分裂。从此以后，两种现代性之间一直充满不可化解的敌意。"关于前者，卡林内斯库称之为"资产阶级的现代性概念"，其主要内涵包括："进步的学说，相信科学技术造福人类的可能性，对时间的关切，对理性的崇拜，在抽象人文主义框架中得到界定的自由理想，还有实用主义和崇拜行动

① 下文根据不同的语境，交替使用"现代性""现代性概念""现代性理论""现代性观念"。这几种表达方式不能完全等同，但大致是相通的。

与成功的定向。”① 这种以进步、科学、理性、自由为核心的现代性，正是近代以来的主流现代性观念。这样的现代性观念虽然得到一些人的认同，但“美学概念的现代性”的认同者却对它采取了一种激进的批判态度，绝不认同居于主流地位的“资产阶级的现代性概念”。

作为当代学者的卡林内斯库，其思想地位虽不能与黑格尔、韦伯等经典作家相比，但他关于现代性的这种划分足以说明，在现代西方社会，已经找不到一个被普遍认同的现代性概念了。事实上，对现代性进行某种二元划分，已经成为一种普遍的现象。譬如，在哈贝马斯的视野中，现代性的传统可以向两个方向追溯，一方面是黑格尔所代表的“现代性的古典概念”，另一方面则是马克思、韦伯、早期卢卡奇以及第一代法兰克福学派用社会理论的方法来阐述的现代性概念。②

此外，以色列学者艾森斯塔特还提出了“多元现代性的观念”，并以此与“现代性的西方方案”形成对照。他说：“多元现代性的观念假定，理解当代世界——实际上是解释现代性的历史——的最好的方法，是将它视为文化方案多样性不断建构和重构的一个故事。多元的制度模式和意识形态模式的这类与时俱进的重建，是由与社会、政治、知识的激进分子有着密切联系的特殊社会角色来推进的，也是由追求不同的现代性方案、在是什么使得社会变得现代

---

① ［美］卡林内斯库著：《现代性的五副面孔》，顾爱彬、李瑞华译，商务印书馆2010年版，第47—48页。

② ［德］哈贝马斯著：《后民族结构》，曹卫东译，上海人民出版社2002年版，第177页。

方面持有不同观点的社会运动来推进的。……正在现代化的社会的实际发展，驳斥了现代性的西方方案将走向趋同和称王称霸的假设。”① 也许是出于对“西方现代性”观念的抵抗，艾森斯塔特提出的多元现代性观念得到了广泛的呼应。其中，南非学者沃尔夫就认为：“这种理论不能认同下述观点，即认为西方的现代性模式是所有社会的样板，是它们迟早必经的历史阶段，而是阐明并坚持认为现代化并不必然意味着西方化。”② 加拿大学者泰勒也认为，西方的主流现代性观念至少存在着三个方面的弊端：第一，个人主义片面发展，导致意义丧失、道德褪色、认同危机。第二，工具主义理性猖獗，促成了技术的支配地位，使生活日渐狭隘化、平庸化。第三，“温和的专制主义”使当代社会面临自由丧失的危险。③

对“西方现代性”的批判不仅见于第三世界，在西方文明的中心地带也几成燎原之势。主流思想家如胡塞尔、韦伯、齐美尔、卢卡奇、葛兰西、霍克海默、阿多诺、哈贝马斯、利奥塔、福柯、德里达、鲍德里亚、吉登斯、鲍曼等，都从不同的角度表达了关于现代性的批判意识。

学术思想界关于现代性的各种划分、各种批判都可以表明，现代性不仅是一个支离破碎的概念，同时也是一个没有确切内容的概念。中国学者也许会提出，现代性已经形成了确切的内容。譬如，

---

① ［以色列］艾森斯塔特著：《反思现代性》，旷新年、王爱松译，三联书店 2006 年版，第 37 页。

② ［南非］沃尔夫著：《人类化历史与人性化：一种技术社会学的视角》，韩炯译，《山东社会科学》2008 年第 11 期。

③ ［加］泰勒著：《现代性之隐忧》，程炼译，中央编译出版社 2001 年版，第 139—140 页。

万俊人就认为，西方社会的现代性内涵包括三个方面：个人主义、市场经济、民主政治。① 衣俊卿把现代性的精神要素同样归纳为三个方面："个体的主体性与自我意识""理性化的和契约化的公共文化精神""意识形态化的社会历史叙事"。② 但是，这些关于现代性的具体内涵或具体要素的认定，即使把它归属于"西方社会的现代性"，依然是不能成立的。因为，即使这些要素可以描述西方"现代社会"的某些侧面及其特征，这些特征也仅仅是英、美、德、法等国在近三百年中呈现出来的某些特征，宣称这些特征就是"现代性"的要素，没有依据。

从根本上说，"现代社会"本身就是一个飘移的概念。任何时代的人都可以宣称自己所属的时代与社会是现代社会，自己所属的时代与社会的特征就是现代性。对于苏格拉底来说，公元前 3 世纪就是现代社会，公元前 3 世纪雅典社会的特征就构成了苏格拉底眼中的现代性。对于孔子来说，春秋时代是一个崭新的时代，与西周社会形成了一个明显的断裂，因而春秋时代、春秋社会的特征就构成了孔子眼中的现代性。以此类推，"现代社会""现代性"可以用来描述任何时代、任何国家、任何社会。谁在归纳自己所处社会的特征，现代性就是什么。现代性总是因人、因时、因地而变动不居。这样的"现代性"还有意义吗？

也许有人会说，在我们这些人当前所处的语境中，现代性已经成为一个约定俗成的概念，专门用来描述 17 世纪以后的欧美社会，

---

① 万俊人：《普世伦理及其方法问题》，《哲学研究》1998 年第 10 期。

② 衣俊卿：《现代性的维度及其当代使命》，《中国社会科学》2004 年第 4 期。

我们只能在这种约定俗成的意义上使用现代性概念——即便如此，现代性的概念依然不能成立。因为，17 世纪以后的欧美社会并不是“个人主义”“市场经济”“民主政治”这几个要素所能够概括的。在这些要素之外，17 世纪以来的欧美社会还有殖民主义、纳粹主义、世界大战，这些要素怎么就不是现代性的核心要素呢？为什么单单挑选几个看上去还不错的要素，并为它们贴上“现代性要素”的标签呢？这是没有道理的。

从历史上看，“现代”“现代社会”这些概念其实都不是 17 世纪以后才出现的新生事物。哈贝马斯告诉我们：“现代一词最早出现在公元 5 世纪，意思是要把已经皈依基督教的现代社会与仍然属于异教的罗马社会区别开来。打那儿以后，现代一词在内涵上就有意识地强调古今之间的断裂。”① 这就是说，现代与现代性，主要的旨趣在于强调“今日”与“昨天”之间的断裂，主要的目的在于抬高“今天”、贬低“昨天”，从而为“今天”的存在提供某种正当性依据。从这个角度来说，现代性作为一个概念，并没有实体性的内容，本质上是一种具有强烈意识形态色彩的虚拟、虚构。现代性虽然为 17 世纪以后的欧美社会提供了某种正当化的论证，其实是一种权宜之计的虚拟、虚构。

皮之不存，毛将焉附？既然现代性是一个虚拟、虚构的概念，并无确切的指向，也没有确切的内容，附丽于现代性的“法的现代性”，也就只能沦为一个虚构的理论神话了。

---

① ［德］哈贝马斯著：《后民族结构》，曹卫东译，上海人民出版社 2002 年版，第 178 页。

二、现代性：一个符号化的图腾

尽管“现代性”的弊端（实际上是现代西方社会的弊端）已经得到了极其普遍的认知，批判现代性的理论文献已经汗牛充栋，但是，很多批判者还是想拯救这个千疮百孔的现代性概念。

上文述及的各种现代性，譬如多元现代性、反思现代性、古典的现代性、资产阶级的现代性等，这些关于现代性的各种修饰，表面上看，是对现代性进行了分类处理，实质上还是出于对现代性的依赖。在这种依赖感的背后，可以发现一个值得注意的趋势：现代性已经出现了图腾化的趋势，已经异化成为一个符号化的图腾。

作为学术概念的“图腾”一词，源于印第安语 totem，本来是指某个特定民族的标志或图徽。从人类学或民族学的角度来看，“图腾既是整个氏族的标志，也是每个氏族成员自身的标志，图腾实际上成了每个氏族成员在对内对外事务中的‘身份证’”。人类对于图腾的崇拜，“产生于人们对于某种动物行为和植物作用的神秘感和依赖感”。[①] 作为人类学、民族学中的一个基本概念、一种普遍现象，图腾及图腾崇拜现象也可以用来描述现代性这个概念在当下的境遇。

如上所述，在流行的理论中，现代性主要用于概括现代社会的特征或性质——从它的实际指向来看，主要是指 17 世纪以来的欧美社会所具有的某些特征或性质。只是，这些特征或性质与所有社会的特征或性质一样平淡无奇。无论是纵向比较还是横向比较，17

---

① 胡晓靖：《从图腾崇拜到英雄崇拜：论图腾崇拜的起源、发展和衰落》，《天中学刊》2002 年第 4 期。

世纪以来的欧美社会确实会呈现出某些独有的特征。但是，哪个社会、哪个时代没有某些独有的特征呢?

然而，就是这个虚构的现代性，居然成为我们这个时代的一个具有神奇魅力的概念，居然成为一个图腾。换言之，对现代性这个词的迷信与崇拜，已经异化成为一种图腾崇拜。为什么会出现这样的异化过程？关于现代性异化成为符号化图腾的机理，我们可以从以下几个方面加以解释。

第一，崇拜或信仰某个对象（尤其是虚拟的、超越性的对象），也许是人类社会的一种常态。在中世纪的欧洲，由于基督教的力量很大，宗教信仰较为普遍，整个西方社会崇拜或信仰的对象主要是上帝。17 世纪以后，伴随着“神之下降”与“人之上升”的同步进行，人们崇拜、信仰的神或上帝渐渐开始褪色，甚至已经不堪充当全社会，尤其是主流知识界信仰的对象。然而，在这样的“现代社会”里，人类信仰某个东西的习惯并不会骤然消失，也不会突然中止。当中世纪习惯于崇拜或信仰的上帝“死去”之后，人们又会不自觉地造出一个上帝的替代物来充当崇拜的对象——这个新的“上帝”就是现代性。这就是说，现代性是上帝“死去”之后的新上帝，是无神时代的神的替代物。没有现代性这样的替代物，一些人的精神就无所寄托。

第二，现代性适合充当上帝的替代物。上帝是无形无相的，与之相类似，现代性也是飘移的、模糊的，甚至是空洞的、无形无相的。现代性就像一面光亮的镜子，谁走到它的面前去打量，其实都只能看到自己的形象。譬如，很多人都认为，个人主义、理性主义是现代性的核心要素，然而，这种观点的支持者，即为个人主义、理性主义的信仰者。现代性的这种“镜子”的品性，使它具有无限的包容性。不同的人，甚至是观念截然对立的人，都可以接受现代性的概念，这就仿佛西方社会的众多宗教信仰者，尽管分属于不同的教派，相互之间甚至杀伐不已，但都信仰同一个全知、全能、全善的上帝一样。在现代性的信仰者眼里，现代性也是这样一个值得崇拜的对象。可见，现代性与上帝之间的可比性，现代性作为上帝的替代物，让它在 17 世纪以后的西方世界，尤其是在很多知识界人士的眼里，充当了上帝曾经占据的神圣地位。对于这样的现象，也许可以概括为“上帝脱魅，现代性入魅”，或“上帝走下神坛，现代性走上神坛”。

第三，现代人的自我拔高是现代性走上神坛的动力。如前所述，现代与现代性的提出，意味着时间维度上的一个断裂，意味着把“过去”作为“现在”的对应物。这种“过去”与“现在”的二元划分，有助于通过“过去”来确认“现在”。为了实现对“现在”的自我确认，现代人采用的基本手法是通过“贬低过去”来“拔高现在”，从而为“现在”提供某种正当性的依据。在“拔高现在”的背后，本质上是现代人的“自我拔高”。所谓“人之上升”①，就是对人的“自我拔高”的一个形象化的表达。“人之上升”到底“上升”到哪里去了？我的回答是：上升到过去的神占据的位置上去了。人取代了神，更准确地说，是人的理性、自我取代了神性，成为现代人崇拜的对象。从这个角度来看，现代性这个概念其实就是现代人自我拔高、自我神化、自我迷恋、自我中心化

① “人之上升”一语，出自英国学者布洛诺夫斯基的一本书的书名，详见［英］布洛诺夫斯基著：《人之上升》，任远等译，四川人民出版社 1988 年版。

的一种表达。事实上，按照另一种思维方式，“今人”并不比“古人”进步，从“过去”到“现在”，并无进步可言。正如列奥·施特劳斯所说：“思想在某个方向上所取得的每一进步，都是以在别的方向上的退步为代价的；思想上的进步克服了某一固有的局限之时，原先一些重要的洞见总是被遗忘了，这就是那一进步所带来的结果。这样，总的看来，就没有什么进步可言，有的只是从一种类型的局限到另一类型的局限的变化。”①

在以上机理的作用下，作为一个虚拟的概念，“现代性”已经异化为一个符号化的图腾，成为“今人”崇拜与信仰的对象。这就从一个特殊的层面上表明，生活在现代社会的“今人”依然还没有走出“中世纪”，或者说，17 世纪以后的西方人已经走出了一个物理意义上的“中世纪”，但又走进了另一个精神意义上的“中世纪”。永远生活在“中世纪”，也许是高视阔步的现代人永远无法摆脱的历史宿命。

上文已经提到，衣俊卿把现代性的精神要素之一概括为“意识形态化的社会历史叙事”，这个精神要素的实质，就是符号化、图腾化。所谓“意识形态化”，就是没有商量、不容辩驳。这样的“叙事”，就是关于“图腾”的叙事——因为，对于图腾的信仰、崇拜就是没有商量、不容辩驳的。这种出自现代西方人的“中世纪叙事”，跟当代中国的法律与法治没有什么内在的关联，换言之，现代性与中国法是两个互不相干的事物。如果我们让现代性来指引中国法律与法治的方向，那就相当于让上帝来指引法律与法治的方

---

① ［美］列奥·施特劳斯著：《自然权利与历史》，彭刚译，三联书店 2003 年版，第 22 页。

向。因此，在当代中国的语境下，把法与现代性结合起来推演而成的法的现代性理论，实为一个虚构的理论神话。

三、百年以来中国的法律移植与现代性无关

如果说现代性这个虚构的概念与中国的法律与法治没有内在的关联，那么，怎么解释百年以来中国法律演进过程中持续不断的法律移植呢？回答是：百年以来中国的法律移植与现代性无关。

从历史上看，中国的法律移植已经持续了一百多年。从清朝末年特别是从戊戌变法开始，就一直没有间断过。日本法、德国法以及英、美、苏诸国的法律，都曾充当过中国学习模仿的对象。换言之，中国移植过日、德、英、美、苏以及其他国家的法律。但是，这样的法律移植并不是现代性牵引的结果，而是实现救亡图存、富国强兵的一个措施。这就是说，现代性并不是中国法律移植的动因，救亡图存、富国强兵才是中国法律移植的动因。正如信春鹰所指出的："中国对西方法律的移植是在一种复杂的心理状态下开始的。一方面，承认中国已经沦落为西方侵略和掠夺的对象是很痛苦的；另一方面，先进的知识分子和开明官僚出于对政治的不满，希望中国通过变革而重新强大起来，因此主动要求移植西方法律，实行变革。"①

"主动要求移植西方法律，实行变革"的背景、语境，是 19 世纪中叶以后，华夏文明面临着前所未有的生存危机。由来已久的"华夏"与"蛮夷"之间的强弱对比关系出现了戏剧性的逆转：虽然"夷夏之辨"在名义上还在继续维系着固有的文明等级关系，但

---

① 信春鹰：《法律移植的理论与实践》，《北方法学》2007 年第 3 期。

是，“华夏”却不得不承认，“蛮夷”已在多个方面优于自己。在这里，我们以冯桂芬的论述为例，稍做引证。1861 年，冯桂芬在《校邠庐抗议》一书中无可奈何地承认，当时的华夏“四不如夷”：“夫所谓不如，实不如也，忌嫉之无益，文饰之不能，勉强之无庸。向时中国积习长技均无所施，道在实知其不如之所在，彼何以小而强，我何以大而弱？必求所以如之，仍亦存乎人而已矣。以今论之，约有数端：人无弃才不如夷，地无遗利不如夷，君民不隔不如夷，名实必符不如夷。”① 在法律实践领域，同样是问题丛生，难有转机，譬如，“民有冤亦许叩阍京控，顾愿民不敢为，骜民不知为，大率奸民始为之，故虚者十之九，实者十之一。迨交原审衙门复谳，则并其一而虚之，坐诬而已，加等而已，而沉冤遂以终古”②。在全面衰败的政治现实、沉冤终古的法律现实面前，冯桂芬提出了向“蛮貊”学习的主张，他说：“法苟不善，虽古先吾斥之；法苟善，虽蛮貊吾师之。”③ 他又说：“夷人动辄称理，吾即以其人之法还治其人之身。理可从从之，理不可从据理以折之。”④冯桂芬的这些话，代表了当时中国主流知识界的新观念：有选择性地学习“蛮夷”的法律制度。请注意冯桂芬的修辞：即使西方人的法律值得移植，这些法律依然是蛮夷的法律。可见，在冯桂芬的时代，中国人已经承认法律移植的必要性甚至是紧迫性，但是，这并不是“现代性”的诱惑，而是蛮夷的法律有值得借鉴的地方。

---

① 冯桂芬：《校邠庐抗议》，上海书店出版社 2002 年版，第 49 页。
② 冯桂芬：《校邠庐抗议》，上海书店出版社 2002 年版，第 36 页。
③ 冯桂芬：《校邠庐抗议》，上海书店出版社 2002 年版，第 75 页。
④ 冯桂芬：《校邠庐抗议》，上海书店出版社 2002 年版，第 52 页。

到了清朝末期，冯桂芬的观念开始得到了大规模的实践。康有为、梁启超等人主持的变法活动，沈家本、伍廷芳等人主持的修律活动，都强调对日本、德国等异域法律的移植。但是，这些法律移植活动的出发点和归属，绝不是为了实现“现代性”的目标，也不是为了实现学者们所说的现代性所包含的某个要素，譬如个人主义或理性主义，而是为了救国、救亡、救时，就像梁启超在 1904 年做出的著名论断：“逮于今日，万国比邻，物竞逾剧，非于内部有整齐严肃之治，万不能壹其力以对外。法治主义，为今日救时唯一之主义。”① 这个判断反映了当时的主流思想界对于法治主义、法治理想的认知：法治的目标在于救时。只有在这个大前提下，我们才能理解当时的中国大规模移植外来法律的核心目标是救亡图存。这是一种很现实、很功利的目标，与虚无缥缈的“现代性”无关，与学者们“照镜子”时所发现的现代性所包含的诸要素也没有什么关系。

20 世纪 50 年代以后，新中国把苏联的法律作为移植的对象。同样是法律移植，但苏联法与流行的现代性显然没有什么共同之处，相反，按照流行的现代性观念，苏联及其法律还处于现代性的对立面。80 年代以后，在强调法制建设的共识下，为了实现“有法可依”的目标，大规模地制定法律已经成为一个普遍的国家诉求和社会诉求。在这样的背景下，中国在法律移植方面又出现了一个新的高潮。特别是民商、经济方面的法律，以及若干技术性比较强的法律，在创制的过程中广泛地借鉴域外的立法经验几乎成为一个

① 梁启超：《中国法理学发达史论》，载《梁启超全集》，北京出版社 1999 年版，第 1255 页。

行之有效的选择。在法学理论层面上，存在着“可移植”和“不可移植”两种大致相左的观点。相比之下，德国的历史法学派从总体上反对法律移植；美国的赛德曼夫妇也提出了“法律不可移植”的观点。[①] 但是，在中国的法治实践中，特别是在立法实践中，根据具体情况移植他国法律已经被证明是一条可行的法治之路。

从效果来看，有些法律移植在新时期法治实践中已经取得的成功，并不是“现代性”的成功，而是相关的法律移植满足了某些功利的、实用的需要。有些法律移植在新时期法治实践中的不成功，也不是“现代性”的不成功，同样是因为实用、功利方面的原因。在此，我们可以引用在理论与实践方面都有体会的信春鹰的一段话来加以说明，她说：“在中国现实的情况下，我们既能找到法律移植后成功实施的例子，也可以看到法律文化和制度结构不支持移植来的规则的不成功的例子。后者仅以环境保护的立法为例。我国环境保护法律体系大部分是从国外或者国际规则中移植过来的——自然资源有偿使用制度、清洁生产制度、环境影响评价制度、排污收费制度等，其制度设计和内在逻辑与西方发达国家没有什么不同，但这些在西方国家行之有效的法律，在中国则很难实行。从法律文化角度看，几千年的农耕文化传统在本质上是实用主义的，‘靠山吃山’‘靠水吃水’是这种实用主义哲学的典型表现。人们对大自然没有敬畏之心，只有索取之意。即使在信奉神灵的时候也是基于实用主义的目的：祈雨、祈儿子、祈升官发财。环境不过是‘别人

① ［美］安·赛德曼、罗伯特·赛德曼著：《发展进程中的国家与法律：第三世界问题的解决和制度变革》，冯玉军、俞飞译，法律出版社2006年版，第52页。

的草地’，从自然环境中索取的越多，可以炫耀的资本也就越多；它可以表现为‘政绩’而得到提升，表现为财富而令人羡慕，表现为能力而受人赞扬，而污染本身在道德上很少受到谴责。”①

在这种实用主义的支配下，实践中的中国法律移植遵循的逻辑是实用主义的逻辑。百年以来中国法律移植中的成功与失败，都与虚构而缥缈的现代性概念没有关系。概而言之，百年以来，中国法律移植的观念与实践虽然一以贯之，但是，它的动因和目标，都不是流行的现代性及其要素可以描述的。富国强兵、救亡图存才是中国法律移植的动因和目标。

四、现代性对法学理论与法治实践的不同效应

虽然百年以来中国的法律移植是按照实用主义、功利主义的逻辑在持续地展开，虽然与流行的现代性没有内在的关系，但是，在当代中国的法学理论中，流行的现代性观念的塑造作用还是比较明显的，譬如法制现代化理论与权利本位论。

法制现代化的基本理论也许可以概括为四个方面：第一，从历史走向来看，“法制现代化是人类法律文明的成长与跃进过程，这种历史性的跃进，导致整个法律文明价值体系的巨大创新”。第二，从基本性质来看，“法制现代化是一个从人治社会向现代法治社会的转型过程，是人治型的价值—规范体系向法治型的价值—规范体系的变革过程。从传统法制向现代法制的历史更替过程是相当复杂的。人治与法治这一对变项涵盖了传统法律与现代法律之间分野的一切特性，构成了区别这两类不同的法律价值系统的基本尺度”。

---

① 信春鹰：《法律移植的理论与实践》，《北方法学》2007 年第 3 期。

第三，从内涵特征来看，“法制现代化是一个包含了人类法律思想、行为及其实践各领域的多方面进程，其核心是人的现代化”。第四，从发展样式来看，“法制现代化是一个法律发展的多样性统一的过程”。[①] 至于法制现代化的分析工具，则可以归纳为内生与外发、依附与自主、国家与社会等几对平行的范畴。[②]

权利本位论堪称当代中国的主流理论，它的重心在于强调个人权利与自由，它“表达了一种价值主张与法律需求：从义务本位到权利本位是法的历史性进步，为了适应社会主义商品经济和民主政治的需要，我国的法律制度和国家的法律活动应以权利为本位，各级各类法律工作者和全体人民应当普遍地树立权利本位的观念”[③]。

法制现代化理论与权利本位论虽然各有旨趣，但这两种理论都可以看作流行的现代性观念在中国法学理论中的投射。它们的共同点在于：都习惯于把“中国与西方”的关系转换成“传统与现代”，甚至是“义务本位与权利本位”的关系。按照这两种理论，“中国的法律”“传统的法律”“义务本位的法律”虽然说法不同，但却是对同一种法律的不同说法；至于“西方的法律”“现代的法律”“权利本位的法律”则描述了另一种“更高”或“更好”的法律的面相。而且，从前者走向后者，还是一个历史的必然。这样的法学理论虽然没有明确地冠以“现代性”之名，但却是流行的现代性理论在中国法学理论中的具体表达。

---

① 公丕祥：《法制现代化的概念架构》，《法律科学》1998 年第 4 期。

② 公丕祥：《法制现代化的分析工具》，《中国法学》2002 年第 5 期。

③ 张文显：《从义务本位到权利本位是法的发展规律》，《社会科学战线》1990 年第 3 期。

相比之下，流行的现代性对于中国法治实践的影响则又另当别论。从总体上看，流行的现代性理论对中国法治实践的骨架没有实质性的影响，因为，实践中的法治遵循的逻辑主要是实践的逻辑。法治的实践逻辑是什么？最近几年提出的社会主义法治理念已经做出了有效的回答。按照社会主义法治理念的具体内容，第一，在当代中国的法治实践中，强调中国共产党领导人民依照宪法和法律管理国家事务和社会公共事务，这就是“依法治国”的要义。第二，当代中国的法治实践强调“执法为民”，其核心含义是“为了人民而执掌法律”。“执法为民”要求立法机关的立法活动、行政机关的行政执法活动、司法机关的司法活动，都有一个终极性的目标，那就是维护、促进人民的利益。第三，当代中国的法治实践强调“公平正义”的价值取向。所谓公平正义，是指全体社会成员都可以按照宪法与法律的规定，公平地享有权利、公平地承担义务。第四，当代中国的法治实践强调“服务大局”，它要求法治实践的各个环节、各个侧面都要服务于党和国家的工作大局，服务于国家的政治建设、经济建设、文化建设、社会建设，服务于国家、社会、人民的整体利益、根本利益、长远利益，综合考虑法治实践对党和国家全局工作的影响。第五，当代中国的法治实践还强调“党的领导”，强调通过党的路线、方针、政策的制定与实施，通过发挥党组织的积极作用，来把握法治的政治方向、决定法治的制度框架、确定法治的目标任务、协调法治的内外关系。这五个方面，对中国法治的实践逻辑进行了有效的概括和归纳。

也许有人认为，“社会主义法治理念”及其包括的五个要素，只是一个转瞬即逝的政治口号，没有理论意义，没有思想意义，不必认真对待。但是，社会主义法治理念是实践者的自我表达，因而也是对法治实践逻辑的表达与论证。随着时间的推移、条件的变化，社会主义法治理念的具体要素、表达方式与修辞手法肯定会发生某些调整，但是，它对当代中国法治的实践逻辑的概括是准确的，也是有历史依据的。其中，“依法治国”与先秦法家所说的“以法治国”就具有某种渊源关系。“执法为民”是传统中国“民本”观念在当代中国法治过程中的创造性表达。“公平正义”根植于久远的历史过程，体现了普遍性与特殊性的结合。“服务大局”把当代中国的法治实践放置在一个更大的整体性系统中。“党的领导”则是百年以来中国形成的一个新传统在法治实践领域中的体现。①

一些学者对于当代中国法治实践的批评，在一定程度上，就是以流行的现代性理论为依据对社会主义法治理念的批评。这些学者以流行的现代性理论为准据，从而认为当代中国的法治实践在很多方面都偏离了准据，甚至处于“倒退”的“歧途”上，社会主义法治理念及其五个要素也偏离了准据——因为它与现代性理论的想象（譬如个人主义的价值目标）出现了严重的错位。然而，两者之间的错位或“不一致”，正好反映了一个根本性的规律：流行的现代性理论对中国法治实践的影响并不大。当代中国的法治实践没有“听从”现代性的劝告，正好反映了现代性对中国法治实践的牵引能力很微弱。对比之下，我们可以发现，现代性对当代中国的法学理论虽然产生了明显的塑造作用，但现代性对当代中国法治实践的塑造作用却不应高估。

---

① 关于社会主义法治理念的历史依据，参见喻中：《社会主义法治理念概论》，法律出版社 2012 年版，第 67 页。

如果把社会主义法治理念包含的五个要素视为当代中国法治实践的骨架，那么，通过进一步的分析，我们还可以发现，虽然流行的现代性理论对这个骨架的影响很微弱，但它对当代中国法治实践的某些局部、某些细节尤其是某些符号化的细节所产生的影响，还是存在的。一个比较明显的例子是当代中国法治实践中对于人权保障的强调。譬如，把“人犯”改为“犯罪嫌疑人”，注意对未决羁押人员的权利保障，废除收容审查制度和劳动教养制度，等等，就体现了流行的现代性理论对于当代中国法治实践的影响。就这些具体的法治环节来看，流行的现代性理论的影响确实存在。但值得我们注意的是，即使是在这些细节性的法治变革中，实践的逻辑、现实的考虑、功利的计算，依然要超过单纯的现代性理论的影响。以收容审查制度为例，这个制度的废除与其说是为了迎合现代性的要求，不如说是为了满足有效治理的需要，因为收容审查制度在实践过程中已经造成了很多问题，影响了对社会的有效治理。① 在实践者看来，收容审查制度越来越“不好用”了，它在发挥了一定的社会管理作用的同时，已经产生了越来越明显的反作用，已经成为社会不稳定的潜在根源，因此，从社会管理的目标来看，与其维护这个受人诟病的制度，不如废除这个制度。可见，即使现代性在法治实践的某些细节问题上产生了一定的影响，这种影响也是次要的。法治变革的终极动力永远是现实的、功利性的考虑，是相关群体在

① 正如有的学者所指出的：“有的收审所空间小、卫生差、人满为患，甚至出现非正常死亡事件；更有甚者，对被收审人员搞刑讯逼供或随意打骂体罚，往往造成十分严重的后果。”崔敏：《收容审查的历史、现状与思路》，《公安大学学报》1993 年第 1 期。

趋利避害的支配下反复博弈的结果，流行的现代性理论最多可以为这种变革提供一些事后的装饰性的说明。

五、结论

在当代中国的语境下反思法的现代性理论，应当跳出原有的思维定式，应当挣脱现代性这个神圣概念对我们的束缚，应当具有一定的反省、批判意识。在这样的前提下，可以发现，第一，就现代性本身来看，它虽然很流行，但其实是虚拟的、虚构的。它就像一面镜子，你本身是什么，你直面现代性之时所看到的就是什么。你的偏好就是你所能看见的现代性。因而，现代性的方向并不是一个明确的方向，或者说，现代性没有方向。而且，现代性作为一个概念，已经异化，已经符号化，已经出现了图腾化的趋势，对现代性的依赖已经成为一种图腾崇拜。第二，就现代性与中国法的关系来看，在历史上，百年以来中国的法律移植与现代性无关；在当前，现代性对中国的法学理论与法治实践具有不同的效应：现代性虽然比较明显地塑造了当代中国的法学理论，但现代性对当代中国法治实践的影响是微弱的。当代中国的法治实践只能按照实践的逻辑来演进。中国的法律、法治还会发展、还会演进，但现代性不足以牵引中国法治实践的方向。因此，对于当代中国的法治实践而言，法的现代性实为一个虚构的理论神话。这就是我们得出的基本结论。

当然，从另一个角度来看，现代性作为一个普遍流行的概念（观念、理论），虽然是虚构的、虚拟的，虽然已经异化为一个符号化的图腾，虽然已经充当了“上帝死了”之后的上帝的替代物，虽然不能牵引中国法治实践的方向，但是，作为一个约定俗成的概念，它在人文科学方面、精神方面的价值与意义还是存在的。现代性的虚假并不意味着它没有意义。上帝是虚构的，但上帝的意义是显著的。现代性的价值与意义也可以作如是观，它作为一个人造的圣物，可以在“上帝死了”的时代，为人们编织出某种意义，让人们的精神与情感有所寄托。此外，现代性作为一个人人都在使用的概念，它也可以作为一个聊胜于无的标签，对 17 世纪以来的西方精神状态做出某种哈哈镜式的反映。诸如此类，不一而足。概而言之，对于现代性，我们在深入批判其虚构性、虚拟性的同时，并不抹杀它的全部意义。

第二章

法 治

第一节 作为国家治理体系的法治体系

在当代中国的法学理论中，国家治理体系是一个被忽略的主题。在主流法学文献中，较少看到针对国家治理体系的专题论文；即使有几篇与国家治理这个主题有关的法学论文①，也没有就这个主题本身予以全面展开。法学理论界不太关注国家治理体系，也许是因为，国家治理体系是一个政治学概念。从学科归属来看，国家治理体系确实是一个政治学概念，受到了政治学界的较多关注，②但是，它也应当在法学理论中得到深入而全面的透视。根本的原因在于，在建设法治中国的大背景下，国家治理能力与法治能力在相当程度上是重叠的，国家治理的事业与法治的事业在相当程度上是重叠的，国家治理体系与法治体系在相当程度上是重叠的。概而言

① 陈颐：《依法治理、官僚政治与国家治理的转型——以近代早期的法国为中心的考察》，《环球法律评论》2007 年第 3 期；张建伟：《转型国家治理的秩序三元观——一个“法律现实主义与多元主义”理论分析》，《光华法学》第 3 辑，西南财经大学出版社 2009 年版，第 3 页。

② 相关论著有，唐皇凤：《新中国 60 年国家治理体系的变迁及理性审视》，《经济社会体制比较》2009 年第 5 期；任剑涛：《国家治理的简约主义》，《开放时代》2010 年第 7 期；周雪光：《权威体制与有效治理：当代中国国家治理的制度逻辑》，《开放时代》2011 年第 10 期；杨光斌、郑伟铭：《国家形态与国家治理：苏联—俄罗斯转型经验研究》，《中国社会科学》2007 年第 4 期；等等。

之，国家治理体系与法治体系在相当程度上具有一体两面的关系。

立足于国家治理体系与法治体系的共通性、同构性，我们试图论证一个命题：法治体系是国家治理体系的另一种表达。这个命题隐含着一个价值上的判断：国家治理应当在法治的框架下展开，国家治理应当在法治的轨道上进行。为了证成作为国家治理体系的法治体系，下文的基本思路是：首先对国家治理方式的历史变迁进行研究，以描绘从礼治型治理方式向法治型治理方式的转型过程。接下来，从合法性与有效性两个不同的维度，阐明法治对国家治理的支撑。在此基础上，说明国家治理体系与法治体系之间所具有的一体两面的关系。最后，对作为国家治理体系的法治体系做出前瞻性的论述。希望这样的论述，有助于描述法学镜像中的国家治理体系，有助于揭示国家治理体系作为法治体系的根本属性，有助于从理论上探索国家治理体系与法治体系之间双向促进的可能性。

一、从礼治到法治：国家治理方式的当代转向

为了有效地阐明中国国家治理方式的变迁，有必要就传统中国的国家治理方式予以概括性的说明。学界关于传统中国的国家治理方式主要有三种观点。第一种观点认为，传统中国的国家治理方式是“人治型”治理，“一些对中国传统法律文化的研究指出，传统中国社会有强烈的清官意识，民间有相当数量的清官戏，表现了一种司法上的人治模式”①。我们认为，传统中国的清官虽然要处理案件，但传统中国的清官并不能等同于当前的法官，因为传统中国

① 苏力：《传统司法中“人治”模式——从元杂剧中透视》，《政法论坛》2005 年第 1 期。

没有行政与司法之分，[1] 因而，按照这种思路，清官戏表达的与其说是“司法上的人治模式”，毋宁说是综合性的作为国家治理方式的人治模式。第二种观点认为，传统中国的国家治理方式是“运动型”治理。这种观点认为，“在漫长的中国历史上，国家治理主要建立在官僚制的常规机制之上，但官僚制度有着内在困难，而且这些困难在中国官僚制度特定形式下加剧放大，常常导致组织失败和危机。因此，国家治理过程中演变出运动型治理机制以应对之”[2]。第三种观点认为，传统中国的国家治理方式是“礼治型”治理。正如学者所注意到的，“根据一般流行的见解，传统的中国社会，……从社会学的方面看，是一个礼治的社会”[3]。

在这三种不同的理论观点中，我们认为，“礼治”或“礼治型”治理方式，提供了对传统中国国家治理方式的更有效的解释。理由包括：一方面，“人治”这种说法，在当代中国的学术语境中，特别是自20世纪80年代以来，主要是对“文革”期间混乱状况的一种概括。但是，“文革”期间的混乱、失序并不是“人治”，而是“无治”。在传统中国，如果说有“人治”的观念与实践，那么，传统中国人理解的“人治”也主要是“圣人之治”或“贤人之治”——这样的国家治理方式，不仅不是一个错误，反而是一个值得追求的目标。即使在西方思想史上，经典的“人治”概念也主

① 参见喻中：《乡土中国的司法图景》，法律出版社2013年版，第267页。

② 周雪光：《运动型治理机制：中国国家治理的制度逻辑再思考》，《开放时代》2010年第9期。

③ 梁治平：《从“礼治”到“法治”?》，《开放时代》1999年第1期。

要是指“哲学王之治”[①]，即使它不容易实现，也是一个高妙的、值得悬挂的理想。因此，以“人治”来概括传统中国的国家治理方式，并不妥当，因为它不是一个“历史意见”，而是一个“时代意见”，[②] 并不能实现对于传统中国国家治理方式的同情式的了解。另一方面，“运动型”治理这种相对新近的概括，尽管在一定程度上体现了当代社会对于“文革”的某种印象，但是，以“运动型”治理来概括传统中国的国家治理方式，也是不恰当的。因为，“运动型”治理的前提是国家拥有广泛地掀动社会的能力，如果说这样的掀动能力在“文革”时期令人印象深刻的话，那么，把“运动型”治理这个概念套用于传统中国，则是“不合身”的。从根本上说，传统中国的国家政权，由于经济、技术等各种各样的原因，

---

① 关于“人治”，柏拉图的经典名言是：“除非哲学家成为我们这些国家的国王，或者我们目前称之为国王和统治者的那些人物，能严肃认真地追求智慧，使政治权力与聪明才智合而为一；那些得此失彼，不能兼有的庸庸碌碌之徒，必须排除出去。否则，我亲爱的格劳孔，对国家甚至我想对全人类都将祸害无穷，永无宁日。”［古希腊］柏拉图著：《理想国》，郭斌和、张竹明译，商务印书馆2002年版，第214—215页。

② 钱穆区分了评价历史制度、历史问题、历史事件的两种意见：“历史意见”和“时代意见”。他说：“历史意见，指的是在那制度实施时代的人们所切身感受而发出的意见。这些意见，比较真实而客观。待时代隔得久了，该项制度早已消失不存在，而后代人单凭后代人自己所处的环境和需要来批评历史上已往的各项制度，那只能说是一种时代意见。时代意见并非是全不合真理，但我们不该任时代意见来抹杀已往的历史意见。”（钱穆：《中国历代政治得失》，三联书店2005年版，第3页）按照这种区分，当代中国人眼中的“人治”，就属于“时代意见”，而不是“历史意见”。

“运动”社会的能力远不如现代中国。因此，以“运动型”治理来概括传统中国的国家治理方式，并不恰当。

相比之下，以礼治来概括传统中国的国家治理方式，则是一个更恰当的选择。一方面，礼治是传统中国主流意识形态自我确认的国家治理方式。正如《礼记·礼运》所言：“故圣人耐以天下为一家，以中国为一人者，非意之也。必知其情，辟于其义，明于其利，达于其患，然后能为之。何谓人情？喜、怒、哀、惧、爱、恶、欲七者，弗学而能。何谓人义？父慈、子孝、兄良、弟弟（通假字，通悌）、夫义、妇听、长惠、幼顺、君仁、臣忠，十者谓之人义。讲信修睦，谓之人利。争夺相杀，谓之人患。故圣人之所以治人七情，修十义，讲信修睦，尚辞让，去争夺，舍礼何以治之？”这段话，尤其是最后一句——“舍礼何以治之？”——堪称传统中国对“礼治型”治理方式的权威表达，是对传统中国国家治理方式的宣言式的说明。另一方面，按照社会学家的归纳，传统中国的秩序就是礼治秩序，“礼治在表面上看去好像是人们行为不受规律拘束而自动形成的秩序。其实自动的说法是不准确的，只是主动地服于成规罢了。孔子一再地用‘克’字、用‘约’字来形容礼的养成，可见礼治并不是离开社会，由于本能或天意所构成的秩序了。礼治的可能必须以传统可以有效地应付生活问题为前提。乡土社会满足了这前提，因之它的秩序可以用礼来维持”①。换言之，用礼来维持、来主导的秩序是礼治秩序，礼治就是传统中国国家治理、社会治理的主导方式。在这个意义上，传统中国可以称之为礼治中国。

但是，到了清朝末年，礼治中国已经难以为继。以礼治为核心

---

① 费孝通：《乡土中国 生育制度》，北京大学出版社1998年版，第52页。

的国家治理方式已经不足以有效地回应政治和社会的现实需要了。在新的时代背景下，梁启超于1904年正式提出了“法治主义”的主张。他说：“逮于今日，万国比邻，物竞逾剧，非于内部有整齐严肃之治，万不能壹其力以对外。法治主义，为今日救时唯一之主义。”① 在这里，梁启超主张把“法治”作为国家治理的主导方式，虽然就其初衷而言，是为了实现富国强兵的现实目标，不过，正是从20世纪初期开始，强调以法律的手段、以法治的方式实现国家的治理，逐渐成为一个新的传统。在20世纪上半叶，无论是新儒家、新法家的代表人物，还是偏好自由主义的知识分子，普遍接受法治的观念。② 只是，在战火纷飞的战争环境下，在持续不断的革命浪潮中，法治的实践不大可能有效地展开。20世纪中叶以后，随着新政权的建立，国家对法治的理解经历了一个曲折的过程，譬如：20世纪50年代初期，国家强调的法治主要是“革命的法治”；60年代主要是在批判美国式的“法治”；70年代主要在于张扬“法家的法治”；80年代主要在于强调人治对立面的法治；90年代主要在于强调优越于法制的法治；21世纪的最初几年，主要在于强化社会主义的法治；等等。③ 法治的语境虽然是变动不居的，但从总体

---

① 梁启超：《中国法理学发达史论》，载范忠信选编：《梁启超法学文集》，中国政法大学出版社2000年版，第71页。

② 详见，喻中：《新儒家的法治观念：贺麟对法治的想象与期待》，《学术月刊》2010年第8期；喻中：《显隐之间：百年来的新法家思潮》，《读书》2013年第8期；喻中：《储安平的自由观及其限度》，《书屋》2009年第9期。

③ 喻中：《新中国成立60年来中国法治话语之演进》，《新疆社会科学》2009年第9期。

上看，法治的正当性一直都得到了承认。尤其值得注意的是2004年的《中华人民共和国宪法修正案》，它正式确认了“依法治国，建设社会主义法治国家”的原则，这就意味着：法治型的国家治理方式已经上升为宪法上的选择。在中国共产党十八届三中全会公布的《中共中央关于全面深化改革若干重大问题的决定》中，又明确提出了“推进法治中国建设”。这里提出的“法治中国”，正好与流传了数千年的“礼治中国”形成了鲜明的对照。

概括地说，所谓“礼治中国”，是指整个政治共同体形成了以礼为核心的文明秩序，礼是建构文明秩序、实现国家治理的主导性规范，道德教化、道德示范是建构文明秩序、实现国家治理的主要方式。所谓“法治中国”，是指整个政治共同体形成以宪法和法律为核心的文明秩序，宪法和法律是建构文明秩序、实现国家治理的主导性规范，立法、行政执法、司法、守法、法律监督是建构文明秩序、实现国家治理的主要方式。经过清末以来将近一个世纪的酝酿，传统的“礼治中国”终于转向当下的“法治中国”，这就表明，治理国家的依据、方式都发生了实质性的变化。从“礼治中国”转向“法治中国”，意味着不同的国家治理方式将会塑造出不同的国家形态。“礼治中国”的退隐与“法治中国”的登场，意味着法治型的国家治理方式已经取代礼治型的国家治理方式，礼治型的国家治理方式已经转向法治型的国家治理方式。

二、正当性与有效性：法治对国家治理的双重支撑

如果说，在中华文明的演进历程中，已经出现了礼治型国家治理方式向法治型国家治理方式的转向，那么，为什么会发生这种转向？相对于礼治，法治是不是一种“更高级”的国家治理方式？我

们的回答是否定的。在传统中国两三千年的历史过程中，无论是在合法性方面，还是在有效性方面，礼治型的国家治理方式都是无可置疑的、天经地义的、行之有效的。但是，到了清朝末年，礼治这种沿袭已久的国家治理方式已经难以为继了。在礼治逐渐终结的背后，最根本的原因，在于家国同构的国家形态已经发生了实质性的变化。

传统中国的礼治，是传统中国固有的国家形态的产物，与传统中国的国家形态互为表里。传统中国的国家形态有一个基本的特征，那就是家国同构。家国同构的实质，可以简单地概括为：国是家的放大，家是国的缩小。正如学者所发现的，"在古人的观念里面，家与国的界限并不十分清楚。古人惯以忠、孝相提，君、父并举，视国政为家政的扩大。纵没将二者完全混同，至少是认为家、国可以相通，其中并无严格的界限"。倘若"再往前追溯，家与国的观念更显得奇特。周时（也许更早），诸侯称国，大夫称家，这又是一种情形。这里，除有尊卑、高下、大小等方面的差异之外，国与家都指拥有一定土地（封地和采地）的政治—宗族组织，二者竟可以归于同一类别"。① 由于国与家具有性质上的共通性，是同一类型的建制，"齐家"与"治国"以及"平天下"具有同样的性质，是同一事业持续推进的不同阶段，因此，治家与治国从逻辑上就可以采用同样的方式，因而传统中国的礼治，既体现"家"之伦常，又体现"国"之纲纪。这就是礼治型国家治理方式在传统中国大行其道的根本原因。

---

① 梁治平：《寻求自然秩序中的和谐——中国传统法律文化研究》，中国政法大学出版社 1997 年版，第 7 页。

但是，清末以后，家国同构、家国合一的国家形态趋于终结，国的逻辑与家的逻辑完全分开。在新的语境下，“国”是指享有独立主权的民族国家，本“国”之外的其他地方，不再是需要士大夫去“平”的“天下”。至于“家”，则逐渐演变成与国没有什么实质性关联的原子式的小家庭。不仅如此，传统中国的家甚至已经失去了合法性与正当性。譬如，在巴金的代表作《家》中，传统的家已经被妖魔化：“这个空虚的大家庭是一天一天地往衰落的路上走了。没有什么力量可以拉住它。祖父的努力没有用，任何人的努力也没有用。”“我不止一次在心里发誓：我绝不做封建家庭的奴隶，我想控诉这个垂死的制度的罪恶。‘魔爪’并不曾伤害我，我脱离了封建家庭就像摆脱一个可怕的梦魇。”① 这些话，虽然是小说家言，却代表了一个时代的观念。传统的家失去了正当性，由传统中国的家转化而来的“宗族势力”，同样是需要铲除的消极因素。与“旧家庭”的迅速式微相对应的，是“新国家”地位的迅速上升。20 世纪在中国流行的国家主义思潮②，特别是官方和民间普遍流行的对于国家的尊崇③，都说明了新的国家形态完全不同于传统中国的国家形态，同时也说明了根源于家庭、根源于家庭血缘关系的礼治，已经不能继续充当国家治理的基本方式了。

正是在这样的背景下，法治型的国家治理方式应运而生。就生成的动因而言，法治型的国家治理方式从两个方面满足了新的国家

---

① 巴金：《巴金全集》（第一卷），人民文学出版社 1986 年版，第 355、457 页。

② 参见喻中：《社会主义法治理念概论》，法律出版社 2012 年版，第 160 页。

③ 黑格尔说：“必须崇敬国家，把它看作地上的神物。”见［德］黑格尔：《法哲学原理》，范扬、张企泰译，商务印书馆 1997 年版，第 285 页。对国家的崇拜是一个极其复杂的思想现象，此处不再展开。

形态对于新的治理方式的需要。

（一）从正当性方面来看，法治对于当代中国的国家治理，能够提供正当性方面的支撑

倘若说传统中国的国，主要是家的延伸，那么当代中国的国，则已经割断了与家的血肉联系。当代中国的国属于人民，是由人民组成的。正如我国《宪法》第二条的规定："中华人民共和国的一切权力属于人民。"这就是说，国家是人民的，是民有、民享的国家，因而也是由人民来治理（民治）的国家。不过，在实践过程中，在广土众民的现代国家，不可能由作为整体的全国人民直接来治理国家。全国人民的愿望、意志、主张必须通过一定的方式凝聚起来，而凝聚人民意志的方式就是通过代议制这种政治形式制定宪法和法律，并根据宪法和法律的规定产生全国人民的政治代理人。也就是说，代表人民具体行使主权者权力和责任的国家机构、政治代理人，必须根据宪法和法律产生，国家机构行使权力、处理公共事务的方式也要遵守宪法和法律的规定。这种治理国家的方式，就是法治。法治中的"法"，必须是人民意志的体现或凝聚。只有根据这样的"法"来治理国家、治理社会的法治，才是一种正当的国家治理方式。与之不同的是，传统的"礼"，主要反映的是宗族的习惯或意志，具有强烈的宗族属性，① 以现在的标准来看，不具有公共性、普遍性。而且，按照"礼不下庶人"的固有观念和普遍实践，"礼"也不能适用于政治共同体内的所有人。因而，按照"人民主权""人人平等"的现代观念，"礼"以及通过"礼"的治理，

---

① 有的学者认为，礼渊源于宗族之间带有援助性质的馈赠。详见杨向奎为陈汉平的《西周册命制度研究》（学林出版社 1986 年版）所作的序。

已经不具备正当性了。只有体现人民意志的宪法和法律，以及通过这种宪法和法律的治理，亦即法治，才是一种正当的国家治理方式。

在近现代流行的政治法律理论中，社会契约论为法治提供了根本性的论证。按照社会契约的一般理论，每个人的权利都是天赋的，每个人为了共同的生活秩序，自愿地达成一份协议，这就是最初的宪法。与此同时，每个人自愿向依法设立的政府纳税，就意味着每个人自愿地把自己的一部分权利以税的形式交给政府，由政府来为所有人提供大家都需要的公共服务或公共产品，譬如共同体的安全、秩序、正义、自由等等。美国1787年宪法，就是根据这样的社会契约理论制定出来的。正如美国宪法序言所说："美国国民，为建设更完美之合众国，以树立正义、奠定国内治安、筹设公共国防、增进全民之福利，并谋今后使我国人民及后世永享自由生活起见，特制定美利坚合众国宪法。"① 这句话，实为社会契约理论的简约化、宪法化表达。根据这种具有社会契约性质的宪法和法律来治理国家，在正当性方面，就获得了一个坚实的支撑。现代中国的法治，从根本上说，也是以这种社会契约理论作为正当性基础的。在中国的《宪法》序言中，虽然没有关于社会契约理论的直接运用，但为中国宪法和法律提供正当性基础的信托政治理论，也是社会契约理论的题中应有之义。②

---

① ［美］汉密尔顿、杰伊、麦迪逊著：《联邦党人文集》，程逢如、在汉、舒逊译，商务印书馆1997年版，第452页。

② 喻中：《信托政治论》，《太平洋学报》2010年第2期。

（二）法治不仅满足了国家治理对于正当性的需要，同时还满足了国家治理对于有效性的需要

所谓有效性，主要是从国家治理的实际效果来衡量的。在新的国家形态下，“与国同构”的家或家族不复存在，公民观念普遍化，每个人都是国家的公民，每个人都是国家的纳税人。这就意味着，政治共同体内发生了一个根本性的变化：以前由血缘占据主导地位的社会关系，已经变成了当下的以地缘占据主导地位的社会关系。在一个人人平等的政治共同体中，只有普遍适用的法律才能把整个社会整合起来，只有法律才能成为人与人之间有序交往的可靠纽带，只有法治型的国家治理方式才能实现对于国家和社会的有效治理。

自清末以来，中国的国家形态一直处于流变的过程中，国家治理方式也长期处于未定型状态。孙中山提出的从军政到训政再到宪政的路线图，其实也勾画出从“军治”到“宪治”的国家治理方式的路线图。20 世纪中叶以后，新政权在一个较长的时期内，习惯于实行“运动型”的国家治理方式。这样的国家治理方式，虽然有助于把一个庞大的政治共同体整合起来，实现人的组织化，但是，它绝不是一种常态化的国家治理方式——它是一种“非常”方式，而不是一种“日常”方式。当我们的社会逐渐转入“日常”社会之后，“运动”作为一种非常态化的国家治理方式，由于可预期性较低，已经不能满足全社会对于秩序，尤其是对于“可预期性”的需要了。正是在这样的背景下，法治强调法律规则的普遍适用，强调通过法律的治理，能够为人与人之间的有序交往提供平台，满足了“日常”社会，尤其是新的国家形态对于秩序、治理的需要，因

而足以成为一种有效的国家治理方式。因而，当代中国对于法治的选择，本质上是因为在当下的条件下，法治是一种有效的国家治理方式。

三、一体两面：法治体系与国家治理体系的同构性

在当代中国，由于法治成为国家治理的主导性方式，因而，国家治理体系主要就是一个法治体系。所谓法治体系，“是‘法的统治’在法律的价值层面、事实层面和形式层面的有机统一”①。法治体系可以在相当程度上描述出国家治理体系的全貌。法治体系与国家治理体系之间的同构性，可以从两个方面来理解：一是法治的不同环节，二是法治的不同领域。

一方面，从法治的环节、过程来看，法治体系几乎可以覆盖国家治理体系的所有内容。在法治体系中，主要包括三个环节与过程：立法、执法和司法。这三个环节，大致可以对应于国家的立法机构、行政机构、司法机构的职能，而国家职能事实上就体现在这三种机构中。

先看立法环节。立法是法治的前提与基础。只有通过立法，创制出完善的法律规则体系，才可能为“法律之治”奠定基础。如果没有相对完备的法律体系，法治就会成为无源之水、无本之木。但是，立法也是国家治理的一个重要组成部分。立法的过程，就是对国家进行整合和建构的过程。特别是在强调民主立法、科学立法的现代社会，立法本质上就是国家意志、人民意志的凝聚过程。在这

① 魏治勋：《从法律体系到法治体系》，《北京行政学院学报》2013 年第 1 期。

个过程中，各种不同的意志、愿望可以得到有效的表达与交流。不同民族、不同地域、不同生活方式、不同宗教信仰的群体，都可以在民主立法的过程中得到有效的政治整合。这种整合本身就是国家治理的一个环节。让我们举例说明：在1954年宪法制定的过程中，国家成立了专门的宪法起草机构，但是，这个机构起草的宪法草案，却经过了广泛的讨论。正如毛泽东在《关于中华人民共和国宪法草案》一文中所说："这个宪法草案所以得人心，是什么理由呢？我看理由之一，就是起草宪法采取了领导机关的意见和广大人民群众的意见相结合的方法。这个宪法草案，结合了少数领导者的意见和八千多人的意见，公布以后，还要由全国人民讨论，使中央的意见和全国人民的意见相结合。这就是领导和群众相结合，领导和广大积极分子相结合的方法。"① 这个过程，就是对全国人民意志的一次整合，具有政治治理的功能。从历史上看，通过立法的方式实现对于国家的治理，在中华文明的萌芽时期就已经表现出来了。譬如《尚书·武成》，就是一篇安邦定国的总章程。所谓"武成"，意为"武功已成"，指周武王成功地灭掉了殷商王朝，在武功方面已经获得了全面的胜利。"用现在的话来说，就是江山已经打下来了，革命已经成功了。那么，接下来该干什么？回答是：建政立法，安邦定国，确立新的政治秩序和社会生活秩序。因此，这篇经文就是一部安邦定国的总章程。它的功能，类似于辛亥革命成功之后的《中华民国临时约法》，又像解放战争胜利之后的《共同纲领》，甚至与中国现行《宪法》，在精神实质上也有相通之处。概

① 《毛泽东选集》（第五卷），人民出版社1977年版，第126页。

而言之，它就是一个宪法文件。”① 这个宪法性文件，有助于周武王实现对于新政权、新国家的治理。

再看行政环节。行政过程、行政执法作为行政权的运行过程，既是法治的一个环节，同时也是国家治理的一个环节。在当代中国的权力格局中，由于行政权在调整社会关系、分配社会利益、化解社会矛盾、维护社会和谐方面具有举足轻重的地位，因此，在法治体系中，在行政环节强调依法行政，注重加快法治政府建设，无论是对于我国法治体系的完善，还是对于我国国家治理体系的完善，都具有重要意义。特别是在当前社会矛盾较为集中，行政环节反腐败和反渎职形势较为严峻，政府既要放权又要防止权力流失，人民群众对各级政府有较高期待的情况下，更应把坚持依法行政、加快法治政府建设作为完善法治体系、实现国家有效治理的战略重点。概而言之，为了实现对国家的有效治理，行政环节承担了核心的任务。国家治理的各个具体领域，事实上最终都需要行政环节来负责实施。在法治不彰的时代，或者说在法治化水平还不高的时代，行政与法治的关系还不是很紧密，但是，在普遍强调法治的时代，法治化的行政既是展示法治的环节，也是实现国家治理的环节。

最后是司法环节。司法作为法治体系中的一个支撑性环节，在主流理论中已经得到普遍的论证。譬如，法学家德沃金认为：“法院是法律帝国的首都，法官是帝国的王侯。”② 思想家培根则认为：

---

① 喻中：《风与草：喻中读尚书》，北京大学出版社 2011 年版，第 156 页。

② ［美］德沃金著：《法律帝国》，李常青译，中国大百科全书出版社 1996 年版，第 361 页。

“一次不公的判断比多次不平的举动为祸尤烈。因为这些不平的举动不过弄脏了水流，而不公的判断则把水源败坏了。”[①] 培根在此所说的“判断”就是司法判决。在欧美的法治理论与法治实践中，由于特殊的历史文化传统，司法对于法治的支撑作用显得比较突出。一方面，在判例法国家，由于“法官造法”的传统[②]，司法机关不仅承担了司法的职能，还承担了部分立法职能；另一方面，近现代以来的欧美国家较多地偏好“古典自由主义理论中的守夜人式国家”——这种“守夜人式国家通常被称为‘最低限度的国家’”，[③] 这种国家理论及其实践亦导致政府的行政职能相对较小。[④] 这些因素，奠定了西方国家的司法在法治领域内的核心地位，同时也是在国家治理领域内的核心地位。相对于西方国家而言，当代中国的司法环节，在法治体系中的地位有一个逐渐上升的过程。与此同时，司法环节在国家治理体系中的地位也越来越高。

另一方面，从法治的领域来看，法治的体系就是国家治理体系。如果说法治国家、法治政府、法治社会构成了法治体系的三大领域，那么治理国家、治理政府、治理社会则构成了国家治理体系的三大领域。如果说法治国家、法治政府、法治社会需要一体建设，那么，对国家的治理、对政府的治理、对社会的治理也需要一

---

① ［英］培根著：《培根论说文集》，水天同译，商务印书馆2004年版，第193页。

② 何家弘：《论法官造法》，《法学家》2003年第5期。

③ ［美］诺奇克著：《无政府、国家和乌托邦》，姚大志译，中国社会科学出版社2008年版，第32页。

④ 这种情况主要出现在自由资本主义时代，到了20世纪以后，随着福利国家的兴起，政府已经越来越“大”了。

体化的治理。

三者之间，法治国家以及对国家的治理描绘了一个总体目标。对于法治国家建设来说，主要内容包括三个方面。第一，对每一个国家机构来说，应当严格依法办事。国家机构在法律设定的权力、职责范围内，按照法定的程序行使权力、履行职责，既不越权，也不失职。如果能够实现这个目标，实际上就是实现了对于每一个国家机构的有效治理。第二，对不同国家机构之间的相互关系来说，无论是纵向的中央机构与地方机构之间，还是横向的立法、行政、审判、检察等机构之间，都应当权责边界清晰，形成彼此配合、相互促进的法治化的关系。其中，就中央与地方关系而言，既要强调中央的权威，发挥中央机构的领导、统筹、协调作用，也要维护地方机构的积极性、主动性、创造性，这就要求实现中央与地方关系的法治化。就横向的各国家机构之间的关系而言，则需要进一步完善以人民代表大会制度为核心的制度建设，促使各国家机构在人民代表大会制度下，建立起有效、有序的交往关系。如果能够实现这个目标，就是实现了对国家机构之间相互关系的有效治理。第三，对于国家机构与社会主体之间的相互关系来说，国家机构与社会主体在法律的框架下，特别是在法律搭建的交往渠道中，应当形成有序的交往关系。通过这样的交往，社会主体的愿望、要求、呼声能够有效地传递到国家机构，国家机构也能够做出积极有效的回应，以保持国家机构与社会主体之间的相互协调。如果能够实现这个目标，实际上就是实现了对国家机构与社会主体相互关系的有效治理。

相对于法治国家这个整体性的目标来说，法治政府是一个局部性的目标，但是，法治政府却是法治国家框架下的最重要的目标，或者说，法治政府是法治国家的最重要的标志，因而，对政府的治理亦即国家治理体系中的核心部分。原因在于，政府虽然不是国家的全部，但却是国家体系中最重要的组成部分。相对于立法机关、监察机关、审判机关、检察机关来看，政府更多、更广、更深地影响到社会生活的各个方面，因此，法治政府建设是法治国家建设、国家治理体系中的核心部分。要建设法治政府，最重要的内容包括：第一，政府实施行政管理，应当依照法律、法规、规章的规定进行；没有法律、法规、规章的规定，政府不得做出影响公民、法人和其他组织的合法权益或者增加公民、法人和其他组织的义务的决定。第二，政府实施行政管理，应当遵循公平、公正的原则，平等对待行政相对人，恰当行使自由裁量权，正确使用相关行政措施或强制手段，避免损害当事人的正当权益。政府实施行政管理，还应当尽可能公开，注意听取公民、法人和其他组织的意见；应当严格遵循法定程序，依法保障行政相对人、利害关系人的知情权、参与权和救济权。第三，政府实施行政管理，应当遵守法定时限，积极履行法定职责，提高办事效率，提供优质服务，积极为公民、法人和其他组织提供方便。第四，政府公布的信息应当全面、准确、真实；非因法定事由并经法定程序，政府不得撤销、变更已经生效的决定。

至于法治社会，则是指社会本身的法治化，更具体地说，是指各种社会主体都受到法律的约束，都在法律提供的框架下相互交往，形成稳定的、可预期的社会秩序。这样的法治社会，就是社会治理的目标，亦是国家治理体系中的重要组成部分。一方面，就社会与国家的关系而言，从总体上看，社会仍在国家的框架内，而且，治理社会的法律同样也是出于国家的立法机构，因此，法治社会建设从属于法治国家建设，且构成了法治国家建设的一个组成部分——就像法治政府建设是法治国家建设的一个组成部分一样。学术界流行的“国家—社会”二元结构理论①，强调了国家与社会的二元划分，虽然具有一定的解释能力，但从我国法治建设和国家治理的实际情况来看，社会不可能脱离国家而存在，而且，“法治社会”这个概念本身就隐藏着国家机构对于社会的治理，因此，法治社会建设应当在法治国家建设这个整体框架下来展开。另一方面，就法治社会与法治政府的关系而言，两者之间相互对应的趋势更为明显，因为，政府与社会之间的界限是清晰的，政府对社会的管理与服务构成了政府介入社会的基本渠道。因此，法治社会与法治政府是并列的关系，两者都从属于法治国家建设这个整体性的目标，亦是国家治理体系的组成部分。

以上分析表明，无论是从法治的过程来看，还是从法治的领域来看，法治的体系都可以覆盖国家治理的体系。这就是说，法治体系与国家治理体系在相当程度上具有同构性，法治事业就是国家治理的事业，法治能力就是国家治理能力。

四、作为国家治理体系的法治体系：前瞻性的思考

我们旨在表达的核心观点可以归纳为：当代中国的法治体系在相当程度上就是国家治理体系。做出这个判断的基本依据是：在建设法治中国的当下，各个领域、各个环节的国家治理，都应当按照法律的规定来进行，都应当在法治的框架下展开。

① 唐士其：《“市民社会”、现代国家以及中国的国家与社会的关系》，《北京大学学报》1996年第6期。

在既有的理论学说中，无论是法治问题，还是国家治理问题，都得到了广泛而深入的讨论，已经积累起来的学术文献堪称汗牛充栋。在这里，把法治体系与国家治理体系予以融会贯通，一方面，是想强调国家治理体系本质上就是法治体系；另一方面，还想强调一个基本的理念，即从体系化的角度看法治，以体系化的法治推进国家治理，促成国家治理的体系化，以及国家治理能力的不断提升。立足于这个基本的理念，立足于完善作为国家治理体系的法治体系，就应当强调：无论是治理国家、治理政府还是治理社会，都应当在法治的轨道上进行。这就提出了法治国家、法治政府、法治社会一体建设的要求。三者的一体建设，就是法治体系的一体建设，亦是国家治理体系的建设。为了进一步推进法治体系的一体建设，应当注意以下几个方面。

首先，应当针对法治国家、法治政府、法治社会的不同特征、不同要求、不同需要，在法治体系一体建设的过程中做好总体规划。应当看到，法治国家建设具有全局性。法治政府建设主要针对行政领域，核心任务是治理行政权，实现行政权的有限性和有效性。法治社会建设主要在于保障社会主体之间在公平正义的原则下实现有序交往——按照党的十八大报告提出的要求，就是要“逐步建立以权利公平、机会公平、规则公平为主要内容的社会公平保障体系”，因此，公平正义是法治社会建设的价值目标。三者重心不同，建设的路径、方法也会呈现出各自的特点。这些特点应当在法治体系的一体建设中予以全面考虑。

其次，自 20 世纪 90 年代以来，在法治体系建设中，无论是建设法治国家的依法治国，还是建设法治政府的依法行政，都有较多的探索，也取得了较丰富的实践经验。相比之下，法治社会的建设还是一个相对薄弱的环节，无论是理论准备还是实践经验，都还比较欠缺。这就意味着，在法治体系的一体建设过程中，要更加注重法治社会建设，要特别注意建设对保障社会公平正义具有重大作用的法律制度。要通过法治社会建设，造就一个公平的社会环境，让社会公众能够从容自如地、有尊严地生活在一个规则化的、公正的法治社会中，这是社会治理、国家治理的必由之路。

再次，在法治体系一体建设的整体框架下，在法治政府建设、法治社会建设之外，还有两个重要的领域也必须予以强调，那就是立法和司法。其中，立法主要针对法律体系建设。既然法治是法律之治，那么法律本身的完善，法律体系的完整，就是建设法治国家、法治政府、法治社会的前提条件。立法既是法治体系建设的“上游工程”，亦是国家治理体系的基础性工程。司法主要是运用法律解决纠纷的活动，公正、高效、权威的司法既是法治社会的重要保障，更是法治政府的推动力量，它是法治体系建设的“下游工程”，它作为维护社会正义的最后一道防线，亦是国家治理体系的保障性工程。因此，在法治体系的一体建设过程中，还必须把立法工作、司法工作纳入进来。

第二节　论法治一体建设

建设社会主义法治就像建造一只木桶，只有确保每一块木板都有足够的长度，才能保证木桶的容量。任何一块木板太短或缺失，都会严重影响木桶的功能，甚至使木桶的功能完全丧失。同样的道理，社会主义法治建设也不能有明显的短板，社会主义法治的短板也会影响社会主义法治的功能。

为了消除社会主义法治的短板，应当树立社会主义法治一体建设的理念，应当把一体建设作为社会主义法治建设的基本要求。概括地说，所谓社会主义法治一体建设，是指统筹协调社会主义法治建设的各个领域、各个环节、各个层面，把社会主义法治视为一个整体，以一体建设的思维，全面推进社会主义法治建设。具体地说，社会主义法治一体建设应当重点回应以下几个方面的要求：法治国家、法治政府、法治社会一体建设，依法治国、依法执政、依法行政一体建设，科学立法、严格执法、公正司法、普遍守法一体建设，依法治国与以德治国一体建设，等等。对于这几个方面的一体建设，可以分述如下。

一、法治国家、法治政府、法治社会一体建设

从社会主义法治的目标来看，既要建设社会主义的法治国家，也要建设社会主义的法治政府，还要建设社会主义的法治社会。

在法治国家、法治政府、法治社会一体建设的过程中，法治国家勾画了一个整体性的目标。正如《宪法》第五条所规定的："中华人民共和国实行依法治国，建设社会主义法治国家。"这就是说，法治国家建设是宪法所做出的原则性规定。从实践指向来看，法治国家建设的要义在于国家权力受法律的约束。法律对国家权力的约束主要体现在两个不同的维度：第一，国家权力的纵向划分，应当由法律来规定。国家权力的纵向划分主要体现为中央与地方的关系。如果中央权力过大，地方就没有活力；如果地方权力过大，又

会影响中央的权威，影响中央的集中统一领导。早在20世纪50年代，毛泽东在《论十大关系》一文中，就专门论述了“中央和地方的关系”。① 在西方国家，譬如在美国，联邦权力与州权力的划分同样是一个反复纠缠的问题。在美国历史上，一群“联邦党人”与一群“反联邦党人”已经从两个不同的角度，对美国“央地关系”的症结进行了全面的剖析。② 在当代中国，要有效地解决中央与地方的关系，还是要靠法治。因此，法治国家建设的一个着眼点，就是要依靠宪法和法律，对中央与地方之间的权力关系进行符合中国国情的界定。第二，国家权力的横向划分，也要由法律来规定。中国不实行西方式的三权分立，中国国家权力的横向划分不同于西方式的三权分立与权力制衡。在中国，无论是在中央还是在地方，国家权力的横向划分主要体现为人民代表大会监督之下的“一府两院”——现在还要加上“一委”，那就是监察委员会——之间的权力关系。“一府两院一委”都由同级人民代表大会产生，都要接受同级人民代表大会及其常务委员会的监督。在此前提之下，“一府两院一委”之间的权力关系，或者说是行政权、审判权、检察权、监察权之间的关系，就是一个中国式的法治问题。通过宪法和法律对各种权力之间的相互关系进行合理的界定，最大限度地提高国家治理能力和国家治理现代化，是法治国家建设的另一个着

① 中共中央文献研究室编：《毛泽东文集》（第七卷），人民出版社1999年版，第31页。

② 双方的论证，可以对照阅读这两部著作：［美］汉密尔顿、杰伊、麦迪逊著：《联邦党人文集》，程逢如、在汉、舒逊译，商务印书馆1997年版。［美］斯托林著：《反联邦党人赞成什么——宪法反对者的政治思想》，汪庆华译，北京大学出版社2006年版。

眼点。

在法治国家、法治政府、法治社会一体建设的过程中，法治政府建设居于关键地位。建设法治政府，最重要的内容包括：第一，法治政府应当是有限政府。有限的政府才是有效的政府，只有权力有限的政府才可能成为责任明确的政府。有所不为，才能有所为。一个政府，什么都要管，结果很可能是什么都管不了，也管不好。因此，法治政府建设的一项基础性工作，就是通过法律，为政府的权力及其责任划定边界。第二，法治政府应当是高效政府。特别强调行政效率，是政府区别于立法机关、监察机关、审判机关、检察机关的一个特征。由于政府处理的事务较为广泛，而且都涉及社会主体的切身利益，只有高效的政府，才可能成为一个真正的服务型政府。第三，法治政府应当是透明政府。这就要求通过“阳光法”，推行政务公开，强化政府决策的公众参与，以透明的政府促成廉洁的政府。因为，阳光是最好的防腐剂，透明化、公开性是廉洁政府的重要保障。第四，法治政府应当是诚信政府。在法律体系中，诚实信用本来是民法的基本原则，但是，在法治发展的进程中，它已经演变成为法治政府的基本要求。加强政府的诚信建设，也因此成为法治政府建设的一个重要的组成部分。

在法治国家、法治政府、法治社会一体建设的过程中，法治社会建设居于基础地位。法治社会作为法治的基础性工程，是指社会本身的法治化。具体地说，一方面，法治社会要求法律在社会系统中居于最高地位，任何社会主体都不能凌驾于法律之上，各种社会主体的行为都受到法律的约束，各种社会主体都在法律提供的框架下相互交往，并依据法律形成稳定的、可预期的社会秩序。另一方面，法治社会还要求各种社会矛盾、社会纠纷都能够在法律的轨道上予以化解，各种社会裂痕都能够在法律的轨道上得到及时而有效的修复，法律既是实现社会和谐的保障，也是实现社会正义的保障。就法治社会与法治国家的关系而言，从总体上看，社会仍在国家的框架内，而且，治理社会的法律同样也是出于国家的立法机构，因此，法治社会建设从属于法治国家建设，且构成了法治国家建设的一个组成部分——就像法治政府建设是法治国家建设的一个组成部分一样。学术界流行的“国家—社会”二元结构理论①，强调了国家与社会的二元划分，虽然具有一定的解释能力，但从我国法治建设的实际情况来看，社会不可能脱离国家而存在。而且，“法治社会”这个概念本身就隐藏着国家机构对于社会的治理，因此，法治社会建设应当在法治国家建设这个整体框架下展开。就法治社会与法治政府的关系而言，两者之间相互对应的趋势更为明显。因为，政府与社会之间的界限是相对清晰的，政府对社会的管理与服务构成了政府介入社会的基本渠道。因此，法治社会与法治政府是并列的关系，两者都从属于法治国家建设这个整体性的目标。

一般地说，法治就是法律之治。法律之治的领域既包括整体性的国家，当然也包括关键性的政府和基础性的社会。这就是说，法治国家、法治政府、法治社会都是法治建设的目标，三者分别表达了法治建设的不同面相。在法治实践过程中，三者并不能截然分开。相反，三者是一个相互牵连的整体，应当以相互联系、相互作用的观点来看待，应当把它们作为同一个实践过程的不同方面来处

① 杨敏：《当代社会变革中的“国家—社会”新型关系》，《华中师范大学学报》2012 年第 5 期。

理。因为，法治国家建设必然包含法治政府建设、法治社会建设。法治政府建设就是在一个关键环节上推进法治国家建设，同时，法治政府也是建设法治社会的前提与基础。至于法治社会建设，它既是法治国家建设的一个方面，构成了法治国家建设的一个组成部分，同时，在“政府推进型法治”的背景下，也有赖于法治政府的积极推进。法治国家、法治政府、法治社会既然不可分割，这就从逻辑上提出了三个方面一体建设的必然要求。换言之，社会主义法治需要“一体建设”的理念。法治国家、法治政府、法治社会的一体建设反映了社会主义法治建设的基本规律。

二、依法治国、依法执政、依法行政一体建设

从社会主义法治的主体来看，社会主义法治是党的事业，是人民的事业，也是政府的事业。社会主义法治既需要依法治国，也需要依法执政，还需要依法行政。这三个方面尽管各有侧重，但仍然需要一体建设、整体推进。

在当代中国，依法治国的含义是中国共产党领导中国人民依照法律治理国家。依法治国作为一个命题，包含了四个方面的要素，它们分别是：中国共产党，中国人民，法律，国家。其中，“中国共产党领导中国人民”是依法治国的主语，这是一个复合性的主语。一方面，人民是依法治国的主体；另一方面，人民是在中国共产党的领导下展开依法治理活动的。在这里，“党领导人民”并不意味着党在人民之外，相反，党在人民当中，党是作为人民的先锋队存在于人民当中，党也是作为人民利益的代表存在于人民当中。党在人民中居于领导地位，但是，党与人民又是融为一体的。离开了人民，党就成了无源之水、无本之木，是不可能单独存在的。因

此，依法治国的主语尽管是复合主语——党领导人民，但党和人民并不是分离的。相反，人民团结在党的周围，在党的领导下展开依法治理的活动。作为治国依据的法律，既是党领导人民制定的，也是党领导人民在治国活动中需要遵循的。作为治理对象的国家，主要是指国家事务，当然也包括社会公共事务。

由此可以看到，当代中国语境下的依法治国，与一般法学理论中的法治，还是有区别的。一般法理中的法治，主要强调有普遍的法律、法律为公众知晓、法律可预期、法律明确、法律无内在矛盾、法律可循、法律稳定、法律高于政府、司法权威、司法公正。①这些要求，大致可以分为两个方面：法律应当具备的品质，法院应当具备的品质。这两个方面的要求，分别指向法律与法院。这两个方面的要求，依法治国应当容纳。这就是说，依法治国所依据的法律，应当具备一般法理中所确认的法律的品质；依法治国也要强调司法权威、司法公正。可见，当代中国的依法治国，应当具备一般法治的共性。但是，当代中国的依法治国还有自己的个性：党的领导，党领导人民治理国家。这两点个性化的特征，使当代中国的依法治国的内涵不同于一般法理中所说的法治的内涵。

在依法治国的过程中，党的领导居于核心地位，是依法治国的枢纽。与此同时，党还有另外一个职能：作为执政党的职能。所以，党既是依法治国的领导者，也是国家的执政党，在国家政治生活中居于执政地位。按照社会主义法治的要求，党在承担执政职能的过程中，应当依据法律展开执政活动，这就要求中国共产党依法

① 夏勇：《法治是什么？——渊源、规诫与价值》，《中国社会科学》1999 年第 4 期。

执政。在当代中国，依法执政的含义是中国共产党在宪法和法律的框架下执掌国家政务。对此，《宪法》序言在最后一个自然段中已经明文规定："全国各族人民、一切国家机关和武装力量、各政党和各社会团体、各企业事业组织，都必须以宪法为根本的活动准则，并且负有维护宪法尊严、保证宪法实施的职责。"这里规定的"各政党"，就包括执政的中国共产党。因此，依法执政既是宪法的要求，也有宪法作为依据。在当前，为了推进依法执政，有必要注意以下两个方面的要点。

一方面，通过法定程序把党的意志转化为国家意志，表达为国家法律。任何国家的任何执政党，都有一个共同的追求，即把党的意志法律化；如果不能实现这个目标，它的执政地位就会大打折扣。中国共产党作为执政党，当然也要把党的意志法律化。但是，党的意志一定要遵循法定的立法程序，才能上升为普遍性的国家法律。而且，在法律的实施过程中，执政党还应当提供坚强的政治保障，通过保障执法、保障司法，使那些充分体现执政党意志的法律能够有效地运行。体现执政党意志的法律如果不能得到有效的贯彻实施，就意味着执政党的意志没有得到有效的执行，这将会严重地损害执政党的执政地位。

另一方面，通过法定程序向国家机关推荐干部。推荐干部也是执政党的一个重要特征。执政党的执政职能，必须通过执政党的代表来履行。执政党把那些能够代表本党意志的干部推荐到国家机关，让他们代表执政党具体处理相关政务，是执政党执掌政务的基本方式。但是，这种方式、这个过程必须遵循法律规定的程序，必须让执政党的代表以法定的方式进入国家机关，才能体现依法执政。这个过程，必须与人民代表大会制度紧密地结合起来，必须严格遵守宪法、代表法、选举法、组织法等相关法律的具体规定。

从理论上看，中国共产党依法执政主要涉及两个关键环节，一个是“法”的环节，一个是“人”的环节。在“法”的环节，要求中国共产党依靠、运用法律来执政，它既要求执政党通过法定的程序把党的意志法律化，也要求把体现执政党意志的法律全面地贯彻实施。在“人”的环节，要求执政党在向国家机关推荐干部的过程中，要严格遵循相关的程序法和实体法，做到依法推荐。

就实践过程来看，无论是在“法”的环节还是在“人”的环节，政府及其行政都处于中心地带。因此，中国共产党依法执政还需要通过政府依法行政来落实。在相当程度上，政府依法行政是执政党依法执政的具体化。因为，从“人”的角度来看，承担行政职能的政府公务人员，特别是各级政府组成人员，都是执政党推荐的干部。执政党依法执政，在相当程度上要通过这些人员来实施、体现、完成。从这个角度来看，行政公务人员特别是各级政府组成人员依法行政，既是对执政党依法执政的延伸，也是对执政党依法执政的落实。从“法”的角度来看，政府是执法者，政府也是严格执行法律的责任主体。政府严格执行法律、严格依法行政，也是落实执政党依法执政的一个环节，因为政府执行的法律，无不体现了执政党的意志。而且，从中央政府到地方政府，各级政府制定的行政法规、政府规章以及其他规范性文件，数量极其庞大，甚至远远多于全国人大及其常委会制定的法律。政府依法制定这些规范性文件，严格执行这些规范性文件，既是依法行政的要求，也是对依法执政的落实与具体化。

因此，应当看到依法治国、依法执政、依法行政之间的内在关联，应当从一体建设的角度，共同推进依法治国、依法执政、依法行政，让它们发挥合力，共同促进社会主义法治。

三、科学立法、严格执法、公正司法、普遍守法一体建设

从社会主义法治的运行过程来看，科学立法、严格执法、公正司法、普遍守法等几个环节也需要一体建设。因为，实践中的社会主义法治主要就是由这四个环节联结起来的。

立法是社会主义法治实践的起点。要建设社会主义法治，首先要加强立法工作，完善社会主义法律体系；没有相对完备、相对成熟的法律体系，社会主义法治就没有基础，依法治国也就失去了依据。20 世纪 80 年代，在社会主义法治恢复重建的初期，立法的任务是制定一大批基础性的法律法规，以填补法律的空白。在 30 多年以后的今天，社会主义法律体系已经初步建立，法律体系的骨架已经初步形成。在这样的背景下，立法的重心是完善社会主义法律体系。譬如，民法典的编纂，就是完善社会主义法律体系的一个重点。与此同时，还要对部分法律进行必要的修改，使之与时俱进，符合国家政治、经济、社会、文化的发展进程。

在立法环节，一方面要坚持科学立法的原则。科学立法的要求是：制定出来的法律要符合社会与时代的需要。在立法过程中，立法者不是在创造法律，而是在发现法律。立法者应当以科学的精神、科学的态度，寻找、发现那些支配各种社会交往关系的规则。举凡个体与个体之间的交往规则，个体与群体之间的交往规则，群体与群体之间的交往规则，都需要立法者去发现，继而加以归纳、总结、提炼。虽然，立法者的主观能动性、主观价值偏好，不可避免地会影响到立法，但是，立法者绝不能以自己个体化的偏好去创造法律，尤其不能以主观的想象去表述法律，这样的立法恰好处在

科学立法的对立面。

另一方面，还要坚持民主立法的原则。民主立法既是一个程序性的要求，也是一个实体性的要求。在程序意义上，民主立法要求严格遵守立法的程序。立法议案的提出、法律的起草、法律草案的审议与表决，都要严格遵守民主原则。只有保证立法程序的民主，制定出来的法律才能取得形式上的合法性。与此同时，民主立法还要求实体性的民主。所谓实体性的民主，是要求制定出来的法律真正符合人民的意愿，能够得到人民的认同。人民的认同，是民主立法的核心追求。

依据科学、民主的原则制定出来的法律，需要得到切实有效的执行，这就进入了执法环节。从词义上看，执法就是执行法律的活动。在我国，执法通常是指政府的行政执法，它也是政府运用法律来治理社会的活动。从法理上说，执法与行政具有同构性，是同一个问题的两种表达。因为，行政的本义，就是对国家政治意志的执行。在我国，全国人民代表大会是国家政治意志的最高代表与最高象征，如果把全国人民代表大会视为政治主权者，那么政府就是政治主权者的执行者。因此，行政的字面含义可以理解为执行政治意志的活动。从法治的角度来看，执行政治意志的活动正是执法活动，因为政治意志就是通过法律的形式体现出来的。

为了让法律体现的政治意志得到有效的贯彻实施，政府的行政执法应当严格。这就提出了严格执法的要求。严格执法的实质，是让法律有效地规范社会生活，以此建立有效的社会秩序，给社会公众提供有效的预期，这对于社会的稳定与发展是至关重要的。如果没有严格执法予以保障的社会秩序，社会公众无法做出长远预期，短期化行为就会泛滥成灾，社会生活中的种种失范、失序，都将由此而造成。

如果说政府的行政执法是一种积极主动地实施法律的活动，那么，还有一种实施法律的活动是被动的，那就是司法。其实，司法也是一种广义的执行法律的活动。但是，较之于行政执法，司法更多地具有被动性、中立性。在通常情况下，司法活动要解决的是纠纷与争议，因而，司法机关必须充当裁决者的角色。在民事诉讼中，司法机关要裁决争议双方之间的权利义务关系，司法机关所承担的中立的裁决者的角色自不待言。就是在刑事诉讼、行政诉讼中，司法机关也应当充当中立的裁决者——这一点，应当作为司法活动的目标，在当代中国尤其具有现实意义。因为，自 1949 年以来的司法传统中，法院长期被称为“专政机关”,① 作为中立的裁决者的角色被淡化。时至今日，在刑事诉讼中，公诉方强而有力、辩护方弱而无力的现象时有发生。在一些刑事诉讼过程中，没有专门的辩护人，辩护职能弱化甚至空缺的现象并不罕见。② 这种现象，有损于司法机关作为中立的裁决者的形象，因为，它让裁决者没有机会公平地倾听双方的意见，会影响司法的权威性与公正性。如果司法缺乏公正，就会从根本上动摇司法的根基。因此，公正司法是社会主义法治的关键环节。

社会主义法治还有一个环节是守法。法律只有得到社会公众的普遍遵守，才能实现其调整社会关系的功能。法律如果不能得到社

---

① 王守仁：《把公、检、法称为“专政机关”值得商榷》，《现代法学》1981 年第 3 期。

② 姜焕强：《我国刑事辩护功能弱化的原因探究》，《河北法学》2006 年第 10 期。

会公众的遵守，仅仅依靠行政机关、司法机关的强制，不仅会耗费大量的成本，而且不能实现立法的目的。因此，社会主义法治建设还需要公众的普遍守法。一方面，普遍守法的要求，会“倒逼”立法环节，会促使立法者更多地回应社会公众的实际需求，确保法律自身能够为公众所遵守，从而淘汰那些不切实际的法律。另一方面，普遍守法的目标还会促成政府带头守法。在学术理论中，政府守法往往是法治的一个主题。① 对于社会主义法治实践来说，政府守法既是普遍守法的题中应有之义，同时还会对社会公众的守法意识产生示范、激励、促进的强调性作用。反之，如果政府不能带头守法，那么，在“上行下效”规律的支配下，社会公众的普遍守法很难变成现实，这就正如商鞅所言，“法之不行，自上犯之”。② 在普遍守法的实践中，既需要社会公众普遍遵守立法者颁布的法律法规，同时也需要社会公众普遍遵守司法机关做出的有效司法判决，消除判决书“打白条”的现象。

社会主义法治建设需要科学立法、严格执法、公正司法、普遍守法，这四个环节相互牵连。只有科学地、民主地立法，法律才能得到普遍遵守；只有严格地执法、公正地司法，才能实现立法的目的和意图；而且，只有公正司法，才能促成普遍守法，才能把法治运送到每个人的身边。因此，需要树立一体建设的理念，以促成法治的四个环节相互配合，有效运转。

---

① ［美］塔玛纳哈著：《论法治：历史、政治和理论》，李桂林译，武汉大学出版社2010年版，第147页。

② 〔汉〕司马迁：《史记》，岳麓书社1988年版，第524页。

四、依法治国与以德治国一体建设

社会主义法治的核心是依法治国，但在全面推进依法治国的进程中，还需要坚持依法治国与以德治国相结合，把依法治国与以德治国联系起来一体建设。

依法治国与以德治国一体建设的法理依据是法律与道德不可分。一方面，很多法律本身就是道德的规则化、法律化表达。在公共道德领域，大多数道德准则都已经实现了法律化。譬如，诚信、信用是普遍性的公共道德准则，但在民法中，早已规定了诚实信用原则。诚实信用不仅是民法的基本原则，甚至还充当了民法的“帝王”条款，在民法的原则、规则体系中，享有最高的地位。再譬如，尊重当地风俗习惯是一个基本的公共道德准则，对此，民法中同样有关于公序良俗的条款，这就是说，尊重当地风俗也已经法律化了。在私人道德领域，有一些道德准则也实现了法律化。譬如，在《中华人民共和国婚姻法》第四条中，规定了“夫妻应当互相忠实，互相尊重”，这里的“互相忠实”是一种法律义务，但这个法律义务的源头，却是典型的道德准则。再譬如，2018 年 12 月新修订的《中华人民共和国老年人权益保障法》第十八条规定：“家庭成员应当关心老年人的精神需求，不得忽视、冷落老年人。与老年人分开居住的家庭成员，应当经常看望或者问候老年人。用人单位应当按照国家有关规定保障赡养人探亲休假的权利。”这个条款规定了家庭成员的法律义务，但这些法律义务的本质，也是典型的私人道德准则。在职业道德领域，某些职业的道德准则也出现了法律化的趋势。譬如法官的职业道德，按照最高人民法院 2010 年颁布的《法官职业道德基本准则》，法官应当遵守一系列的职业道德准则，譬如“忠诚司法事业”“确保司法廉洁”等等。具体的要求则更多，譬如，“加强自身修养，培育高尚道德操守和健康生活情趣，杜绝与法官职业形象不相称、与法官职业道德相违背的不良嗜好和行为，遵守社会公德和家庭美德，维护良好的个人声誉。”这些义务，既然已经在官方正式文件中规定下来，就意味着这些原来属于职业道德的准则，已经实现了规则化、法律化。与此相类似，医生的职业道德、警察的职业道德、教师的职业道德，以及其他职业的道德，譬如，社会舆论中关于“见死不救是否入罪”的讨论，[①] 都说明了职业道德所面临的法律化趋势。

另一方面，法律的道德追求由来已久，而且，在可以预见的将来，依然会持续下去。在传统中国，通过法律实现特定的道德目标，是一个基本的原则。在“德主刑辅”“出礼则入刑”的框架下，法律或刑律的价值，就在于实现儒家的伦理道德。儒家的伦理规范、道德规范不仅正面规定了社会公众的行为模式，而且还为人们的行为赋予了意义，譬如“孝”，不仅是一种行为规范，而且还指示了生活的意义。至于刑律或法律，只是规定了在违反伦理道德规范之后的惩罚措施，目的在于重整伦理道德规范。换言之，传统中国的刑律除了回应、实现伦理道德的目标，几乎没有独立的价值。在当代中国，随着传统的刑罚意义上的法律转向现代的调整权利义务关系的法律，法律的道德追求虽然有所弱化，但是，当代中国的法律同样担负着道德上的追求。譬如，《宪法》第二十四条规定，“国家倡导社会主义核心价值观，提倡爱祖国、爱人民、爱劳动、爱科学、爱社会主义的公德”，这是宪法的道德追求。《宪法》

---

① 毛磊：《见死不救，能否用法律拯救》，《人民日报》2004 年 12 月 15 日。

第三十三条又规定："国家尊重和保障人权。"这同样是一个体现道德追求的宪法条款，因为尊重和保障人权，具有强烈的伦理价值与道德意义。

以上两个方面表明，法律的追求与道德的追求在很多方面、很多领域、很多环节都是共通的。自近现代以来，法律与道德的区别虽然得到了广泛的认知，但在法律与道德之间，并没有一条绝对清晰的界限。事实上，在一个健全的社会，法律和道德总是相互支撑的。完全背离道德的法律，根本不可能得到普遍而持久的遵循；那些直接违反法律的道德，也不可能获得生存的空间。法律与道德之间的这种关系表明，在社会主义法治建设中，不能孤立地看待依法治国，因为依法治国所依据的法律，与道德总是相互嵌入、彼此涵摄的。这就意味着，应当把依法治国与以德治国结合起来，予以整体推进、一体建设。在一体建设的过程中，应当注意以下两个方面。

一方面，以道德促进法治，以法治促进道德，实现法治与道德的双向促进。以道德促进法治的方式是多种多样的。譬如，提高法律共同体的职业道德，有助于促进人们对于法治的信心，因为法律共同体或法律人就是法治的身体力行者，社会公众正是从法律人的言行中触摸到法律与法治的。再譬如，提高人们的社会公德，让社会公众以诚实信用的方式进入社会，以诚实信用的方式进行交往，也是道德促进法治的重要途径。同样，以法治促进道德，也存在着多种可能性。其中，一个重要的方式就是提高法律本身的道德含量。在法律的制定过程中，应当有道德方面的要求，让道德成为法律条文的精神内核。譬如人权、正义等等，都是具有道德意义的准则，把人权的精神、正义的精神灌注到法律规范中，以这样的法律规范调整人们的行为，是法治促进道德的重要门径。

另一方面，就依法治国与以德治国的关系来看，依法治国居于主导、核心的地位，以德治国居于配合、辅助的地位。在当下的中国，法治才是治国理政的基本方式。按照党的十八届四中全会的决定，依法治国才是坚持和发展中国特色社会主义的本质要求和重要保障，依法治国才是实现国家治理体系和治理能力现代化的必然要求。从表面上看，对于法治方式与依法治国的选择出自政治上的决断，但在实际上，依法治国的主导地位是由当代中国的国情所决定的。在当下，民主政治、市场经济、陌生人社会、商业文化都需要依法治国居于主导地位；只有传统中国的皇权政治、自然经济、熟人社会、农耕文化才会让以德治国居于主导地位。因此，应当以依法治国为主轴，来推动依法治国与以德治国的一体建设。

五、结语

从一体建设的角度思考社会主义法治，除了上文分述的四个方面，还可以包含更加广泛的内容，这里不妨做简要的列举。

第一，国家法律与党内法规一体建设。在通常情况下，法治研究只关注国家法律。其实，在当代中国的语境下，党内法规也是一个极其庞大的规则体系。党内法规作为调整 8000 多万党员行为的规范，对中国的政治、经济、文化乃至社会都会产生重大的影响。当前颇受关注的反腐败工作，在很大程度上，就是以党内法规作为先导的。因此，不能把党内法规与国家法律完全割裂开来，应当以一体建设的思路推进国家法律与党内法规之间的相互衔接，促进国家法律与党内法规的一体建设。

第二，从政治国家与民间社会的二元划分着眼，国家法与民间法也应当一体建设。在社会主义法治建设进程中，国家法当然是重心，依法治国主要也是依国家法治国。但是，在法社会学的视野中，还存在着国家法与民间法的分野。民间法、习惯法也是法的重要组成部分。因此，社会主义法治的一体建设，还应当包括国家法与民间法的一体建设。

第三，社会主义法治体系也体现了一体建设的思维模式。按照党的十八届四中全会的决定，社会主义法治体系主要包括法律规范体系、法治实施体系、法治监督体系、法治保障体系。这种划分方式指出了法律规范、法治实施、法治监督、法治保障对于社会主义法治的支撑，搭建了社会主义法治一体建设的基本框架。

概而言之，社会主义法治一体建设，旨在强调社会主义法治是一个有生命力的整体，应当以整体的、系统的、立体化的观念来看待。社会主义法治一体建设，既是社会主义的“法治世界观”，也是社会主义的“法治方法论”，应当在社会主义法治实践中得到普遍运用。

第三节　法治建设中的五大关系

法治中国建设是当前及未来的重要课题。无论是官方文件还是学术论著，都对这个主题进行了反反复复的论述。从相互联系的认识论出发，倘若要理性地推动法治中国建设，还需要认真地处理多个方面的关系。通过比较与提炼，可以发现，法治建设与中国建设的关系、普适法治与具体法治的关系、形式法治与实质法治的关系、国家法律与党内法规的关系，以及传统资源与外来资源的关系，是法治中国建设应当重点考虑的基本关系。处理好这五大关系，有助于法治中国建设更加顺利地展开，亦有助于对法治中国建设形成更加全面的、更加立体的认知。

一、法治建设与中国建设的关系

这并不是一个虚假的关系，而是一个真实的关系。应当看到，法治中国建设既是法治建设，同时也是中国建设或国家建设。那么，法治建设与国家建设的关系是什么样的？站在法学、法律、法治的专业立场上，容易过分凸显法治的价值与意义。法治建设当然极其重要，中国宪法也规定了要依法治国，要建设社会主义法治国家。法治建设可以说是法学理论的生命线，是法律人的核心追求。但是，如果从中国建设或国家建设的角度来看，法治建设就只是国家建设的一个组成部分，或者是国家建设的一个维度。那么，应该怎么看待法治建设与国家建设的关系呢？

国家建设需要从各个方面展开。一个现代意义上的国家，一个世界体系中的国家，首先要有强大的军事力量。在中国古代，在“华夏—蛮夷”的格局中，军事力量是否强大虽然也很重要，但并不是一个特别关键的问题。譬如，赵宋王朝的军事力量就比较弱，以朱熹为代表的思想文化照样很发达，社会生活也比较繁荣，《清明上河图》就是那个时代社会生活繁荣的写照。传统中国王朝的灭亡，大多不是由于外部军事力量入侵，而是由于人民造反。但是，在现代的国际格局中，军事实力对于国家建设的意义发生了根本性的变化。军事实力决定了一个国家在世界体系中的真实地位。一个国家所拥有的话语权、在全球资源分配中能够占据的份额，从根本上取决于一个国家的军事实力。因此，国家建设包含了军事建设。军事建设当然需要法律与法治，因为军事建设也需要规则，需要在规则之下有序展开。无论是军事领域的法治建设，还是军事法律对于军事行为的治理，都应当服务于强军目标。传统中国盛行的“兵刑同义”①，在当代中国当然不足为训，但军事法治建设以强军作为目标，却是没有任何疑问的。

国家建设的第二个支撑点是经济建设。即使是军事建设，也离不开经济实力的支撑。没有足够的经济实力，军事实力就难以为继。因此，强大的经济实力是国家建设的另一个核心内容。在现代世界体系中，强大的经济既包括生产也包括交易。至于经济建设与法治建设的关系，多年来，法学理论界已有很多的论证，主导性的观点是“市场经济是法治经济”②。尽管这样的说法不够细致，但法治说到底是服务于经济建设的。在经济与法治之间，经济建设是目的，法治是手段。法治服务于经济的基本方式，就是提供规则并让规则得到有效的执行，让生产和交易持续地、有序地展开。

军事与经济作为国家建设的重心，早在中国的春秋战国时代就已经被人们认知。法家学派对于“耕战”的奖励，就是对于军事与经济的奖励。法家学派重视法律的价值，强调“任法而治”“以法相治”“法任而国治”。③ 法家“法治”的具体指向，就是“耕

---

① 关于“兵刑同义”，按照《国语》所记载的臧文仲之言：“大刑用甲兵，其次用斧钺，中刑用刀锯，其次用钻笮，薄刑用鞭扑，以威民也。”黄永堂译注：《国语全译》，贵州人民出版社 1995 年版，第 166 页。

② 文正邦：《论现代市场经济是法治经济》，《法学研究》1994 年第 1 期。

③ 石磊译注：《商君书》，中华书局 2011 年版，第 171 页。

战”，就是为军事与经济服务。当然，那个时代的军事与经济都相对简单，无论是军事能力的提升还是经济实力的增长，主要都依赖于人力的投入。但即使是这样，通过“法治”奖励“耕战”的秦国依然在列国竞争中脱颖而出，成为战国时代的第一强国。

今日的世界体系已经不同于两千年前的列国体系了。一个根本性的变化是：国家建设除了军事与经济，还有一个重要的内容，那就是科技。在冷兵器时代，军事实力跟科技没有太大的关系，但在当代，军事实力主要依靠科技实力来支撑、来体现。有没有战略性武器，信息能力的高低，对于军事实力具有根本性的决定作用。同样，经济建设在很大程度上也是一个科技建设问题。科学技术为什么是第一生产力？原因就在于：经济的竞争已经转化为科技的竞争，无论是生产还是交易，科技含量都是至关重要的因素。最近几百年来，为什么西方领先于中国？就是因为西方率先发生了工业革命、科学革命，在现代科技方面已经走在了中国的前面。因此，国家建设的第三个核心任务就是科技建设。就科技与法治的关系来看，科学技术的发展同样需要法治、法律的保障。

如果把军事、经济、科技看作国家建设的物质层面，那么，国家建设还有一个精神性的层面，主要体现在文化教育领域，或者说是精神文明领域。现代意义上的国家建设，不能不重视文化教育事业。在当今世界，一流的国家，无不建设有一流的文化教育。高水平的大学与研究机构，是文化强国的集中体现。而且，文化建设还是塑造国民的根本渠道，有什么样的国民就会有什么样的国家，国民的塑造则取决于文化教育。所以，百年大计，树人为本。从文化教育与法律、法治的关系来看，同样应该是：法律、法治服务于文化教育。

在军事、经济、科技、文化之外，国家建设当然还包括其他方面的内容，但是，这四个方面是国家建设的核心。法治与国家的军事、经济、科技、文化建设的关系，主要是前者服务于后者，前者是后者的手段、工具。这就是法治建设与中国建设或国家建设的关系。那么，相对于国家建设来说，法治建设有没有独立的价值与意义？当然也有。譬如，法治可以成为一种文化财富、精神财富，成为文化、精神的一个因子。但是归根结底，法治建设是为国家建设服务的，这是主线，是无法扭转的。

二、普适法治与具体法治的关系

2014 年春天，有一个从挪威奥斯陆大学归国的法学同行问我：你承认自由、民主、人权的普适性吗？我说，我当然承认。自由、民主、人权我都承认。抽象地说，它们都是好东西。这些东西都像善良、德行、友谊等好东西一样，是人人都需要的。但是，自由是什么呢？让小孩子在街头便溺是自由吗？把私家车停在城市道路的两侧是自由吗？在小区广场上放着喇叭跳健身舞是人权吗？今日泰国的民主该如何评估？问题就在这里。抽象地说，自由、民主、人权都是积极的。但是，只要一落到实处，问题就出来了。“自由，多少罪恶假汝之名而行？”① 这句充满悖论的名言，指出了在自由的理想与自由的实践之间，还存在着巨大的鸿沟。

法治也是这样。有没有普适性的法治？当然是有的。法律规则下的治理，就是一种普适性的法治。有法律，并按照法律治理国

① 这句话是法国 18 世纪著名政治家罗兰夫人于 1793 年临刑之前留下的名言。

家、治理社会、治理政府，就是法治的普适形态。而且，还可以进一步指出，作为法治之依据的法律，应当是普遍的、公开的、明确的、稳定的，这些要求都具有普适性。从这个角度来看，存在普适法治，应当确认、接受这样的普适法治。

但是，我们用这种普适法治提供的标准来衡量我们的现实生活，就会很麻烦。譬如，按照《中华人民共和国劳动教养试行办法》（是 1982 年 1 月 21 日国务院转发，公安部发布的文件，已于 2018 年 3 月 19 日经国务院决定废止）这部行政法规来进行劳动教养，从形式上看，完全符合“法律之治”的要求，而且，这部行政法规也是普遍的，也是公开的，也是明确的，在几十年的时间里也是稳定的。按照普适法治的要求，《中华人民共和国劳动教养试行办法》及其实践没有任何问题。然而，无论是官方还是民间，普遍认为这部行政法规不能继续适用，应当予以终止。

再放眼看看当代中国成千上万部法律、法规、规章，哪一部法律、法规、规章与普适法治的要求构成了明显的冲突呢？几乎没有。我们这个国家、我们这个社会就处于这些法律、法规、规章的治理之下，但为什么还有很多人认为，我们的法治水平并不高，甚至较低？根本的原因就在于：普适的法治标准跟自由、人权一样，是一个抽象的概念，是一个“大词”。这个“大词”是有意义的，是美好的。但是，如果我们对法治的认知仅仅止步于这样一个“大词”，其实是无济于事的。谁都知道法治很好，应当实行法治，但怎么实行呢？这就是具体的法治。当代中国的法治建设，应当着眼于具体法治建设；法治中国建设，应当着眼于具体法治的研究。

所谓具体法治及其建设，就是通过具体问题的解决来推动法治建设。一切从时间、地点、条件出发来讨论法治，语境化地讨论具体的法治。譬如，法院管理体制的改革、劳动教养制度的废存、审判委员会制度的去留等，就属于具体法治问题。公众普遍关心的房价太高、就医太难之类的问题，如果要从法律、法治的角度来观察，就是现实性极强的具体法治问题。从实践的层面来看，法治建设只能针对具体问题，建设具体法治；不可能去建设一个抽象的法治，亦不可能建设一个普适的法治。

从理论上看，普适法治与具体法治的关系，就相当于自然法与实在法的关系，甚至是传统中国所谓的天理与王法的关系。应当追求普适法治，它就像自然法、天理一样，是不可缺少的。但是，普适法治就像自然法、天理一样，只能为我们勾画出一个大致的方向：要法治。实践中的法治只能是具体法治，只能是以有效解决具体问题为追求的具体法治，只能是把事情办好、办妥、办成的具体法治。这样的具体法治，才是法治研究应当聚焦的对象。

对于当下的法治研究来说，不必在普适法治的概念与理念上过多地纠缠，应当把研究的重心放置于具体的法治问题上。套用胡适所说的"少谈些主义，多研究些问题"① 的名言，我们也可以说，少谈些普适法治，多研究些具体法治。在实践中，严格地说，只有具体的法治，没有普适的法治。

经典作家马克思出身于法律专业，在他的众多著述中，讨论了大量的法律、法治问题。但是，马克思几乎没有专门论述过法治的概念，尤其没有对普适的法治进行过讨论。马克思对法治问题的论

---

① 胡适：《胡适文存》（第一集），首都经济贸易大学出版社 2013 年版，第 213 页。

述，都是针对具体的法治问题，譬如关于书报检查制度的讨论，关于普鲁士林木盗窃法的讨论。还有恩格斯关于英国宪法的讨论，等等,[①] 也都是关于具体法治的讨论。应当学习经典作家关于具体法治的研究路径，更好地推进当代中国的具体法治建设。

三、形式法治与实质法治的关系

在法治中国建设中，还存在着形式法治与实质法治的二元划分。自20世纪90年代以来，形式法治以程序正义的名义，得到了广泛的学术认同。譬如，有些学者认为，公正的程序是促进现代化的社会变革的基本杠杆之一，法律程序的价值与特征主要体现在对恣意的限制、理性选择的保证、“作茧自缚”的效应和反思性整合。[②] 这种对法律程序的强调，体现了形式法治的精神实质。按照这样的学术观点，法治主要是一个程序性的问题。

在形式法治理论之外，还有实质法治理论。有的学者研究后发现，形式法治理论存在着不同的版本。其中，比较薄弱的观点主要强调依法而治，意思是，法律是政府的工具；相对浓厚的形式法治观点主要强调形式合法性，强调法律规则应当是普遍的、面向未来的、明晰的、确定的；更加浓厚的形式法治观点强调民主与合法性，要求由合意来决定法律的内容；等等。与形式法治理论相对应的实质法治理论，同样存在着不同的版本。其中，比较薄弱的实质

① 《马克思恩格斯全集》（第一卷），人民出版社1956年版，第3、135、678页。

② 季卫东：《法律程序的意义：对中国法制建设的另一种思考》，《中国社会科学》1993年第1期。

法治理论主要强调个人权利，特别是个人的财产权、隐私权、个人自治；相对浓厚的实质法治理论强调尊严或正义；更加浓厚的实质法治理论强调社会福利，包括实质平等、福利以及共同体的发展；等等。①

如果这样的二元划分可以成立，那么，该如何处理形式法治与实质法治的关系呢？我们认为，法治建设的这两个方面都不可偏废。如果没有形式法治，实质法治就没有外衣，就处于裸露状态。如果没有实质法治，形式法治就只是一件外衣，但却没有身躯；或者就像是只有语法，但却没有句子，没有段落，更没有文章。这就是说，形式法治与实质法治都是必不可少的。但是，就当代中国的法治建设而言，形式法治是一个初级目标，较之于形式法治，实质法治才是高级目标。因为，形式法治由于其形式性，总是容易做到的。

有一种观点认为，“重实体、轻程序”是一个普遍的现象，“长期以来，我们都‘重实体、轻程序’，而西方则有程序优先的传统。出现这种现象的原因，除了我国漫长的封建法制的影响之外，还有一个重要原因，就是我国长期的农耕文化的影响”②。这样的观念尽管很流行，但却是值得商榷的，因为，传统中国的“程序法”已经很发达了。传统中国的礼仪已经发展到堪称烦琐的程度，这些礼仪本质上就是程序法。丧礼、婚礼、祭祀之礼，以及其

① ［美］塔玛纳哈著：《论法治：历史、政治和理论》，李桂林译，武汉大学出版社 2010 年版，第 117 页。

② 蒋问奇：《“重实体、轻程序”文化根源考》，《四川省干部函授学院学报》2003 年第 1 期。

他种种礼仪，以现代的规则分类标准来看，都是程序性的法律规范。当然，现代意义上的诉讼程序（尤其是刑事诉讼程序）在传统中国确实不够细密，但这种状况与传统中国对于审判的固有观念是联系在一起的。孔子这样说过："听讼，吾犹人也，必也使无讼乎。"（《论语·颜渊》）孔子的意思是，司法、审判都是不得已的恶，是道德教化不成功的产物。换言之，诉讼最好不要发生，即使不可避免，也不宜浓墨重彩地去渲染。因此，传统中国由于固有的法律观念，没有发展出细密的刑事诉讼法、民事诉讼法，但并不意味着没有成熟的程序法。从某个角度来看，传统中国的程序法是相当成熟的。

迁延至当代，经过几十年的法治建设，当代中国的程序性法律已经比较发达了。诉讼程序法自不必说，行政程序法、监督程序法已经到了叠床架屋的程度。但是，公众还是在抱怨法治不健全，有的学者甚至认为，法治呈现出倒退的趋势。① 问题在哪里？问题就在于：仅仅强调形式法治，并不能满足社会的需要。法治说到底还是要满足社会公众的实质性的需要。因此，在形式法治与实质法治之间，在形式法治的基础上，实质法治是一个更值得追求的高级目标。

实质法治的内容到底是什么？有的学者认为，"法治的永恒主题"是自由权利。② 对此，可以提出不同的看法。自由权利虽然很重要，但是，法治与自由权利没有直接的关系，因为法治的核心指向就是法律的统治。在法律规则的统治下，人类能够收获的只能是

---

① 张思之等：《江平与法治天下》，《中国政法大学学报》2010年第3期。

② 汪太贤等：《法治的理念与方略》，中国检察出版社2001年版，第96页。

法律秩序。法律秩序与个体的自由权利，虽有某些联系，但绝不能完全等同；人们在法律规则之下行事，固然享有一定的自由权利，但是，没有法律，人们同样可以享有另一种自由权利。譬如，在20世纪20年代，中国既没有统一的、全国性的中央政府，也没有统一实施的全国性法律，这种远离“法律的统治”的状况，恰恰为很多人提供了自由行动的巨大空间。可见，在“有法律的自由”与“没有法律的自由”之间，到底孰高孰低，还是一个需要进一步讨论的问题，否则，一生寻求自由的庄子，为什么要强调“故绝圣弃知，大盗乃止；擿玉毁珠，小盗不起；焚符破玺，而民朴鄙；掊斗折衡，而民不争；殚残天下之圣法，而民始可与论议”（《庄子·胠箧》）？

四、国家法律与党内法规的关系

法治建设有一个核心，那就是法。因为法治就是“法的统治”。然而，哪些规则属于法的范围，却是一个需要厘清的前提性问题。按照通常的法学教义，法的范围包括宪法、全国人大及其常委会制定的狭义的法律，国务院制定的行政法规，还有地方性法规、地方政府规章，以及自治条例、单行条例等方面的规则。所谓法治，就是这些法律文件的统治。然而，在法学理论中，法的范围除了这些“国家制定的法”，还有“国家认可的法”，譬如民间法、习惯法，甚至还有学者所说的“软法”。[①] 如果说，遵循“国家制定的法”可以体现法治的要求，那么，遵循“国家认可的法”“软法”是否

---

① 罗豪才、宋功德：《认真对待软法：公域软法的一般理论及其中国实践》，《中国法学》2006年第2期。

可以体现法治的要求？或者说，通过“国家认可的法”的治理，是否也是法治？对此，回答应该是肯定的。背后的法理依据，这里暂不详论。简而言之，既然法可以分为“国家制定的法”与“国家认可的法”，那么，这两类规则都属于法的范围，这两类规则的治理，都属于法治。

关于“国家认可的法”，包括民间法、习惯法，法学理论界已经有数量庞大的研究文献。但是，“国家认可的法”还有一个极其重要的领域尚未在法治理论的视野中得到凸显，那就是党内法规。按照通行的看法，党内法规不是国家法律，“党内法规之治”似乎也与法治无关。但是，这样的潜意识是有问题的，因为，从理论上看，党内法规也是“国家认可的法”，与民间法、习惯法一样，党内法规也得到了国家的认可。而且，在“国家认可的法”这个庞大的规则丛林中，党内法规堪称最重要的组成部分，因为这个部分对整个国家的政治生活甚至社会生活、经济生活都产生了极其重要的影响。

因此，在法治中国建设的进程中，必须注意国家法律与党内法规的关系，必须走出传统法治理论无视党内法规的固有思维。必须看到，西方启蒙时代萌生的法治理论没有提到政党，是因为在那个时代——孟德斯鸠、洛克等人写作的时代，政党政治还不是一种普遍、成熟的政治形态。但是，到19世纪，特别是20世纪以后，政党政治已经成为政治的常态，政党对国家、法律、法治的影响也越来越大。譬如，日本的自民党频频提出修改宪法的主张，就对日本的法律和法治产生了重大的影响。在当代中国，政党对法治的塑造作用更加明显，政党是影响中国、影响法治的最重要的元素。在这样的背景下，党内法规已经成了一套调整政治生活的重要规则体系，党内法规与国家法律的对接、协调机制就显得特别重要了。

在处理党内法规与国家法律的关系问题上，主流的观点认为，党内法规不得与国家的宪法和法律相抵触，理由是宪法和法律是至高无上的。我们的看法是，党内法规与国家法律应当相互协调，国家的宪法和法律是至高无上的，但党的领导、党的执政、党的权威也是一个现实的存在，执政党制定的党内法规在事实上规范、调整着国家政治生活的核心内容。执政党制定的党章与国家制定的宪法都是权威性的规则，这就意味着，当代中国的规则体系有两个权威性的源头——宪法与党章，它们分别演绎出两套规范体系——法律法规体系与党内法规体系。在实践中，要协调国家法律与党内法规的关系，应当注意以下几个方面。

首先，新制定的党内法规不得与已有的宪法法律的基本原则相抵触。这就是说，执政党承担着维护宪法法律权威性的义务。特别是在涉及国家利益和社会利益的问题上，党内法规的创制应当与宪法法律保持协调，要避免出现不同的指向，以避免两种规范相互削弱的消极后果。

其次，在宪法修改以及法律法规的创制过程中，应当充分反映执政党的意志，应当把执政党的意志进行法律化的表达。实际上，中国的宪法法律确实也是按照这个基本准则进行创制与修改的。但在实践中需要注意的是，把执政党的哪些主张、何种意志进行法律化的表达，不仅应当具有选择性，同时还应当体现出高度的法律技巧与政治技艺。应当选择那些适合进行法律化表达的执政党的主张与意志，通过法定的立法程序形成稳定的法律规则。执政党的某些主张和意志，如果只是暂时性的、局部性的、尝试性的，则不宜进行法律化的表达，否则，将损害法律的权威性与稳定性。

再次，可以尝试着进一步完善执政党和国家机构联合立法的机制，在源头上实现国家法律与党内法规之间的相互协调。在理论上，国家与政党具有不同的性质，但在当代中国的实践中，国家与政党实际上是融为一体的。这样的国家，或许可以从理论上称为“政党国家”，在“政党国家”中实行执政党与国家机构联合立法，是一个顺理成章的选择。在当代中国的立法实践中，早已出现了党中央与国务院联合制定规则的事例。譬如，《中共中央 国务院关于卫生改革与发展的决定》（1997 年）、《中共中央 国务院关于深化教育改革全面推进素质教育的决定》（1999 年）、中共中央和国务院联合发布的《关于加快水利改革发展的决定》（2011 年）、中共中央和国务院联合发布的《党政机关厉行节约反对浪费条例》（2013 年），等等。这些实践表明，执政党与国家机构联合立法是可行的，只是还需要进一步总结其中的经验，并从理论上加以提炼，在实践中加以完善。

五、传统资源与外来资源的关系

当代中国的法治建设，还面临着如何处理传统资源与外来资源的关系问题。其中，法治建设的传统资源，主要是中国固有的思想理论资源，尤其是法家学说与儒家学说。

法家学说与现当代中国法治建设的关系，百年以来，一直受到了学术思想界的重视。在 20 世纪初期，以梁启超为代表的“新法家”群体高度评价传统法家学派的理论主张。他们认为，法家理论就是现代的法治理论。譬如，梁启超指出：“法治者，治之极轨也。而通五洲万国数千年间，其最初发明此法治主义以成一家之言者，谁乎？则我国之管子也！”在梁启超眼里，管子不仅是世界范围内

“法治主义”的发明人，而且还是“法治主义”的实践者，甚至可以说是实践法治主义的典范，因为，“管子以法家名，其一切设施，无一非以法治精神贯注之”①。刘师培在1903年写成的《中国民约精义》一书中，也把管子的治道类比于西方的法制。他说：“《管子》所行之政治，以立宪为主”，“且管子治齐，最得西人法制国之意。以法律为一国所共定，故君臣上下同受治于法律，而君主仅践立法者所定之范围”。② 在当代中国，亦有学者认为，来自西方的“普适主义的法治概念能够解释中国法家的思想，法家也能够在以下的问题上说明普适主义的法治概念”，因而，“中国法家能够为我们提供一个‘最低限度’的法治概念”。③

儒家学说与当代中国法治建设的关联，主要体现在一些新儒家代表人物的论述中。概而言之，“新儒家的法治观念，主要是以传统中国的心性儒学为本位，在吸收了古代西方的人治思想、近代西方的民主观念的基础上生产出来的一种观念形态。在这几种思想渊源中，孔孟开启的心性儒学构成了新儒家法治观念的思想内核；柏拉图的人治思想与现代的民主观念以隐晦的方式汇入了新儒家法治观念的脉络中，从而丰富了新儒家法治观的思想内涵，也为新儒家的法治观赋予了新的时代特色。至于新儒家法治观念的特征，则可以归纳为四点：第一，法治是仁者之治，法治与德化不可分；第二，法治是智者之治，法治与学术不可分；第三，法治是众人之

---

① 梁启超：《管子传》，载《梁启超全集》，北京出版社1999年版，第1865页。

② 刘师培：《中国民约精义》，岳麓书社2013年版，第28页。

③ 王人博：《一个最低限度的法治概念：对中国法家思想的现代阐释》，《法学论坛》2003年第1期。

治，法治与民主不可分；第四，法治是心性之外化，是精神之物化，是内圣开出之外王。”①

比较而言，尽管主张借鉴法家、儒家的思想资源以推动中国法治建设的观点具有一定的影响，但在当代中国的学术思想市场中，更加主流的声音，还是要求更多地借鉴西方的思想理论资源。在公法领域，中国学者习惯于引证英美诸国的法治理论。譬如，在前文提及的《法治是什么？——渊源、规诫与价值》一文中，作者夏勇借鉴的法治思想资源主要指向伯尔曼、昂格尔、戴雪、富勒、拉兹、菲尼斯、波斯纳等人。这些人的著述成为中国学者想象“法治是什么”的主要资源。在私法领域，德国、法国的著述更多地支配了中国学者的想象空间。

至于今日，无论是传统中国的儒家资源、法家资源，还是西方传来的英美资源、欧陆资源，都对中国的法治建设产生了程度不同的影响。那么，该怎么看待传统资源与外来资源的关系呢？从总体上说，当代及未来中国的法治必然会在传统资源与外来资源的交互影响下生长和发展。两种资源对中国法治的塑造作用都是客观存在的。但是，传统资源与外来资源对中国法治的影响程度、影响领域是不一样的。

一方面，在公法领域，传统资源对于法治建设的积极意义还应当进一步挖掘，并予以创造性的转化。在当代中国的法治理论学说中，来自英美的理论资源较多地支配了中国人的思想。在一些人的潜意识里，法治就只有一种模式，那就是美国模式，最多再加上英

① 喻中：《新儒家的法治观念：贺麟对法治的想象与期待》，《学术月刊》2010 年第 8 期。

国模式作为补充。这样的看法是偏颇的。事实上，法治有多种模式，中国的法治模式必然会有中国自己的特色。因此，在各种现实因素之外，还应当认真对待传统中国的思想资源，特别是法家资源与儒家资源。在法家与儒家之间，法家思想资源更接近于当代的社会科学，因而能够更多地满足当代中国法治建设的需要。儒家思想资源更接近于当代的人文科学，可以为当代中国的法治建设提供某些价值上的指引。

另一方面，在私法领域，特别是在民商法律领域，应当更多地倚重外来资源特别是欧陆国家的资源，以促进中国的法治建设。因为，在经济和贸易越来越全球化的今天，经济贸易领域的法律规则较多地呈现出全球一体化的趋势。在新兴的经济贸易领域更多地借鉴欧美的理论资源与相关经验，有助于推进中国私法领域内的法治化进程。

六、结语

以上我们讨论了法治中国建设进程中的五大关系。这些关系既涉及古今关系，也涉及中西关系，同时还涉及整体与局部的关系、内容与形式的关系，等等。不过，无论是哪种关系，都交织在法治中国建设的实践中。

为了更好地认识和处理这些关系，有必要注意以下两个方面。一方面，要注意学术智慧不同于实践智慧，亦不同于决策智慧。任何领域内的学术智慧，都容易体现出片面的深刻。这就提醒我们注意，法治中国建设既是一个学术理论问题，更是一个实践问题，因此需要考虑多方面的关系，需要考虑实践的逻辑，要在多种相互牵连的关系中完整地、全面地理解当代中国的法治。既要理解法治中国建设的必然性，更要理解法治对于中国的局限性。另一方面，还要注意到，法治是一个在实践中逐渐生成的事物。以运动变化的观点来看，法治中国建设永远都处在进行时态，法治中国建设没有终点，法治中国建设是在解决各种具体问题的过程中逐渐臻于完善的，因此，只有实践才是推动法治中国建设的根本动力。

第四节 党规之治与国法之治

当代中国呈现出来的文明秩序，是由什么样的规范支撑起来的？对于这个问题的研究，基于理论与方法论两个方面的旨趣与追求。

我们的理论旨趣，在于从规范体系、规范结构的角度，解释当代中国的文明秩序，因为规范就是文明秩序的骨架。西方学者哈耶克为了描述近现代西方国家的文明秩序，写过一部《自由秩序原理》①，根据这部著作，近现代西方国家的文明秩序，是一种以个人自由为价值取向的文明秩序。这是从价值论的角度，对于西方国家文明秩序的一种描述。但是，文明秩序的价值取向是一回事，支撑文明秩序的骨架是另一回事。价值取向是对一种文明秩序的柔性化的描述，支撑性规范是对一种文明秩序的刚性化的描述。研究支撑当代中国文明秩序的规范，旨在从骨架、框架的角度，勾画当代

① ［英］哈耶克著：《自由秩序原理》，邓正来译，三联书店 1997 年版。

中国文明秩序的轮廓，这就像通过描绘一棵树的树干、树枝来描绘一棵树的轮廓一样。

我们的方法与进路，既侧重于法学的立场，尤其是法社会学的方法，又试图超越单一的法学进路。因为，无论是当代中国的规范体系、规范结构，还是当代中国的文明秩序，都属于跨学科的综合性论题。在壁垒森严的，甚至是有些凝固的法学视野中，通常只能看到狭义的法律规范。① 一些支撑当代中国文明秩序的基础性规范，在法学的视野中可能隐而不显，但在社会学、政治学的视野中就可以比较清晰地呈现出来。有鉴于此，我们试图在研究方法上，既立足于法学，尤其是法社会学，同时又注意超越法学的学科局限、专业局限，目的只在于有效地描述当代中国的规范结构，进而解释当代中国的文明秩序。因此，在方法论上，这是一项侧重于法学的社会科学研究。

基于以上理论旨趣与研究路径，我们首先讨论法社会学的立场与方法，进而描述人类文明演进过程中普遍存在的规范二元现象。在此基础上，论述由党规与国法组合而成的规范二元论，以及党规与国法之间的相互关系。最后是一个延伸性的结语，以深化规范二元论可能蕴含的启示意义。

一、法社会学视野中的规范与法

在法学的立场上讨论当代中国的规范体系，在法治的视野中讨

① 一些法学学者研究的民间法、习惯法，虽然也可以归属于法学领域，但其实已经处于法学的边缘地带了，已经处于法学与民族学、社会学、人类学的交叉地带和重叠地带。

论当代中国的规范结构，首先会涉及规范与法的关系。如何理解规范与法的关系？通常说来，法都是规范，这是没有疑问的。但是，规范都是法吗？哪些规范是法？如何回答这样的问题，取决于立论者所持的特定的法学立场。

倘若立足于分析实证主义法学的立场，那么，法出于国家的立法者，无论国家的立法者是君主，是议会，还是判例法国家的法院，只要是国家的法律创制机构制定的具有普遍约束力的规范，那就是法。简而言之，法是国家的命令，或国家主权者的命令，只有这种意义上的法才是准确意义上的法。按照约翰·奥斯丁的说法，这种“准确意义上的法，具有命令的性质。如果没有命令的性质，无论何种类型的法，自然不是我们所说的准确意义上的法”①。奥斯丁在此所说的命令，就是国家主权者的命令。所谓主权者，就是掌握主权或代表主权的个人或者群体。奥斯丁所说的这种“准确意义上的法”，是狭义的法。至于道德规范，或其他的那些比喻意义上的法，则不属于法的范畴。

较之于法，规范是一个更加宽泛的概念。法固然属于规范，但规范却不限于法。法之外的规范还有很多。譬如，道德规范、宗教规范都具有普遍的约束力，都是规范，但是，它们通常被置于法的范畴之外。此外，还有很多社区性、行业性的规范，譬如建筑行业的安全操作规范、酒店行业的服务规范，它们对于建筑行业、酒店行业的从业者同样具有普遍性的约束力，它们也是规范。不过，从分析实证主义法学的角度来看，这些不是出于国家立法者的规范，

① ［英］奥斯丁著：《法理学的范围》，刘星译，中国法制出版社2002年版，第2页。

都不是法，都不是法律规范。换言之，规范是多元化、多样化的；按照分析实证主义法学的理路，法只是多元规范中的一种。在多元规范中，法区别于其他规范的核心标志在于：法是国家立法者制定的，其他规范不是国家立法者制定的。

不过，分析实证主义法学并非解释法与规范相互关系的唯一进路。在其他的进路中，法社会学就是一种与分析实证主义法学相并列的法学立场。在法社会学的理论与方法中，法与国家的血缘关系被斩断了，法并非国家立法者垄断之物。法既可以出于国家，也可以出于国家之外的其他主体。在法社会学的视野中，“非国家的法”甚至成为理论关注的焦点。譬如，在霍贝尔看来，“法是这样一种社会规范，当它被忽视或违犯时，享有社会公认的特许权的个人或团体，通常会对违犯者威胁使用或事实上使用人身的强制”①。这个关于法的定义或说明，就没有提到国家、主权者、议会、法院之类的国家机构，国家不是法的必要条件，法与国家并不必然相关，也没有必然联系。这就是法社会学关于法的基本观点。

在我国，有学者把法社会学视野中的法归纳为两个特点：一是“非国家的法”，二是“行动中的法”。② 据此，民族习惯、宗教规范、社区规范之类的规范形态，都可以归属于法社会学视野中的法。按照法社会学的理路，法的外延被迅速扩大，法的范围在一定程度上靠近了规范的范围。在这里，我说的是“靠近”，而不是“等同”。因为，即使是在法社会学的框架下，法与规范还是存在着

---

① ［美］霍贝尔著：《初民的法律——法的动态比较研究》，周勇译，中国社会科学出版社 1993 年版，第 30 页。

② 朱景文：《现代西方法社会学》，法律出版社 1994 年版，第 48 页。

某些微妙的差异。譬如，按照霍贝尔的观念，法与国家虽然并不必然相关，但法与强制总是必然相关的。因此，有一些规范，可能会因为强制力过于微弱，或无法进行有效的强制，而不能纳入法的范畴。譬如，“礼貌待人”可以作为一种道德规范或社交礼仪规范，但是，它很难作为一种法的规范，哪怕是法社会学意义上的法的规范，因为这条规范的强制力过于微弱。说到底，法社会学的立场毕竟还是一种法学立场，这种法学立场可以扩大法的范围，甚至可以切断法与国家之间的纽带，但也不能把法与规范等同起来。

要讨论支撑中国文明秩序格局的规范体系与规范结构，有必要在法社会学与分析实证主义法学两种立场之间，选择一个特定的立场。否则，没有办法进一步讨论问题。虽然，选择任何一种立场都是有机会成本的。选择这种立场，必然会遮蔽另一种立场可能蕴含的理论认知价值。

譬如，如果我们选择分析实证主义法学的立场，那么，法学、法治视野中的当代中国的主要规范，就是当代中国狭义的法律体系。按照白皮书《中国特色社会主义法律体系》的归纳，这个法律体系包括七个部分，从效力等级来划分，则包括法律、行政法规、地方性法规几个层次。这就是当代中国的规范体系。这个规范体系是明确的、定型化的，几乎没有进一步讨论的空间，甚至也不是一个需要、值得进一步讨论的问题。但是，这样的立场也会产生明显的“遮蔽效应”：民间法、习惯法、软法、宗教规范、非官方的法、行动中的法，甚至包括具有国际道德性质的国际法，都看不见了。因为它们都不是国家的立法机构制定的，也不是国家强制力保障实施的。

为了更加多元地、更具探索性地理解当代中国的规范体系，以解释当代中国的文明秩序，我们尝试着选择法社会学的立场。理由是，虽然分析实证主义法学的立场可以相对清晰、相对严格地界定法的范围——把法等同于“国家法”，但是，这种界定在学术理论上过于僵硬，缺乏应有的弹性空间、伸缩空间。如前所述，根据分析实证主义法学的立场，当代中国的法就是以中国现行宪法为核心的法律体系，它是一元化的，也是一个封闭的、单一的、整齐的规范体系。但是，这样一个规范体系，对当代中国文明秩序的解释能力是不够的，对当代中国规范体系的解释能力也是不够的。因为它忽略、遮蔽了许多至少是同等重要的规范。相比之下，法社会学的立场具有更多的包容性、兼容性，它既承认国家立法者制定的法，同时也承认法还有国家法之外的其他渊源，因而为更好地解释支撑文明秩序的规范体系提供了更多的可能性。因此，有必要在法社会学的立场上，对支撑文明秩序的规范体系与规范结构做出相应的解释。

当然，我们选择了法社会学的立场，同时也意识到，法社会学的立场也有它的缺陷：其一，它可能冲击法学教科书中的法的概念。因为，法学教科书上一直说，法是国家意志的体现，是以国家强制力作为后盾的。根据法社会学的立场，如果那些不是出于国家立法机构的规范也是法，那么，到底什么是法？这不是把法的概念搞乱了吗？其二，它还可能冲击法学家对于法的职业性崇拜。法学家由于专业、职业的缘故，都有一个共同的愿望：法律至上。他们希望所有人都在法律之下。但是，这个愿望有一个未曾言明的前提：“法律至上”中的“法律”是确定的。如果“法律”的边界都不确定，“法”或“法律”的范围都处于飘移状态，从逻辑上说，“法律至上”是无法实现的。因为任何人的行为，哪怕是《水浒传》中开黑店的孙二娘，都可以找到某种规范作为依据，如果她找到的规范也可以界定为法，那么，她的行为也是“在法律之下”。由此导致的后果是，“法律至上”还有意义吗？如果法的边界不能确定，法学家尊崇的法就被淡化、稀释了，这对于法学家的专业情感、职业情感可能带来一定的冲击。正是由于这个缘故，法社会学理论的经典作家，通常都是一些法学专业意识不弱、法学家身份意识不强的探索者、思想者，譬如韦伯、迪尔凯姆，甚至包括马克思。

即使法社会学的立场潜伏着这样一些问题、风险，我们仍然希望在法社会学的理路上解释当代中国的规范体系与规范结构。这就意味着，下文的分析主要是一种侧重于法社会学的分析，这种分析的预期目标是描述与解释：通过描述当代中国的规范结构，以解释当代中国的文明秩序。

二、文明秩序中普遍存在的规范二元现象

法学、社会学、人类学、民族学、政治学等相关学科提供的大量的法社会学文献表明，支撑文明秩序的规范是多元化的、多样化的，极其纷繁复杂。这样的规范现象，可以概括为规范多元论。在规范多元论的基础上进一步加以筛选、提炼，对古今中外的多样化的规范形态加以归纳与总结，还可以发现一种较为普遍的规范现象，那就是规范二元现象。这里所谓的规范二元现象，是指在多元化的规范形态中，存在着两种主要的基础性规范，共同支撑着文明的秩序。

先看中国。在数千年的传统中国，支撑文明秩序的两种基础性规范是礼与刑。分而述之，礼是直接地、正面地规定交往关系、公

共秩序的规范。在社会生活中，一个人可以做什么、不得做什么、应当做什么，都出自礼的规定。《左传》记载了子产的一个著名判断："夫礼，天之经也，地之义也，民之行也。天地之经，而民实则之。"① 据此，礼既是众人必须遵循的基本规范，同时还具有神圣的源头。这样的礼，既相当于自然法（天之经、地之义），又相当于实在法（民之行），几乎可以说是"三位一体"（天之经、地之义、民之行）的混合物。进一步看，在礼的体系内部，既包括授权性规范（譬如"七出"），又包括义务性规范（譬如"父慈子孝"），还包括禁止性规范（譬如"三不去"）。大致说来，君臣之间、父子之间、夫妻之间、兄弟之间、朋友之间相互交往的规范，都出自礼。从功能上看，礼以正面规定人的行为、正面规定文明秩序为目的，可以称为建构性规范。这样的建构性规范才是严格意义上的行为规范。在传统中国，治理国家、治理社会、建构文明秩序、形成文明框架，主要就靠这样的规范。对此，《礼记·礼运》的论断简洁而有力，值得在此引证："故圣人之所以治人七情，修十义，讲信修睦，尚辞让，去争夺，舍礼何以治之？"②

与礼相对应的规范是刑。《唐律疏议》概括说："昔者，三王始用肉刑。赭衣难嗣，皇风更远，朴散淳离，伤肌犯骨。《尚书大传》曰：'夏刑三千条。'《周礼》'司刑掌五刑'，其属二千五百。穆王度时制法，五刑之属三千。周衰刑重，战国异制，魏文侯师于

① 王守谦、金秀珍、王凤春：《左传全译》，贵州人民出版社1990年版，第1341页。

② 李学勤主编：《十三经注疏·礼记正义》，北京大学出版社1999年版，第689页。

里悝，集诸国刑典，造《法经》六篇：一、盗法；二、贼法；三、囚法；四、捕法；五、杂法；六、具法。商鞅传授，改法为律。"[①]这就是说，在"三代"的早期，就可以看到刑的出现。在李悝的时代，刑改为法。后来，商鞅又改法为律。《尚书·吕刑》告诉我们："惟作五虐之刑曰法"。[②]《说文解字》又称："法，刑也"。[③] 历史文献中的这些常用资料说明，刑与法（还有"律"）虽然异名，但所指之实，几乎是一以贯之，那就是惩罚性规范。从法理上说，作为惩罚性规范的刑，并不是人的行为规范，因为刑并没有对人的行为进行正面的指引；刑是关于一个人违犯了行为规范（礼）之后的矫正规范，它规定的是一个人违犯了行为规范（礼）之后的不利后果，譬如流放或斩首。从这个角度说，把惩罚性规范称为人的行为规范，是不恰当的。

从相互关系来看，礼与刑作为两种规范，是彼此依赖的。《后汉书·陈宠传》记载了陈宠关于礼与刑相互关系的观点："礼经三百，威仪三千，故甫刑大辟二百，五刑之属三千。礼之所去，刑之所取。失礼则入刑，相为表里者也。"[④] 这是关于礼与刑之间相互关系的代表性论断。此外，高度理性、极具实用主义品性的曹操也

---

① 〔唐〕长孙无忌等撰：《唐律疏议》，刘俊文点校，中华书局1983年版，第2页。

② 李学勤主编：《十三经注疏·尚书正义》，北京大学出版社1999年版，第535页。

③ 〔清〕段玉裁：《说文解字注》，上海书店出版社1992年版，第470页。

④ 〔南朝·宋〕范晔：《后汉书》，中华书局2007年版，第455—456页。

表达过同样的观点："治定之化，以礼为首。拨乱之政，以刑为先。"① 这就是说，礼与刑是相互衔接的关系，二者相互配合，缺一不可。再往后，《唐律疏议·唐律释文序》又称："夫礼者民之防，刑者礼之表，二者相须犹口与舌然。礼禁未萌之前，刑制已然之后，使民在宥，各遂其生，圣人用之，不得已也。"② 这句话重申了陈宠、曹操的核心观点，再次揭示了礼与刑的相互关系：对于人的行为，礼积极地规定于前，刑消极地惩罚于后。两者分别指向人与人社会交往活动的上游与下游：礼在上游地带，正面建构了人的行为规范；刑在下游地带，为那些违反了礼的过错行为规定了惩罚措施。

在数千年的中国历史上，礼与刑，共同组成了彼此关联的二元规范格局，共同支撑了中国的文明秩序。但是，按照中国现在流行的法学观念，中国法律史基本上都是以历代行政法、刑法、民商法、司法等内容作为主轴进行编纂的，③ 这是以现代的（西方的）法学观念裁剪、扭曲传统规范体系的一个典型事例。事实上，传统中国的刑（或法，或律），仅仅相当于现代中国的刑法、行政处罚法之类的惩罚性规范。现代中国的宪法、民商法、诉讼法等正面建构文明秩序、正面规定个体行为的规范，在传统中国主要体现为礼。只有把礼与刑这两种规范结合起来，才能描述传统中国的规范

---

① 〔晋〕陈寿撰，〔南朝·宋〕裴松之注：《三国志》，中华书局2006年版，第409页。

② 〔唐〕长孙无忌等撰：《唐律疏议》，刘俊文点校，中华书局1983年版，第616页。

③ 譬如，怀效锋主编：《中国法制史》，中国政法大学出版社1998年版。该教材由司法部法学教材编辑部编审，纳入高等政法院校规划教材。

体系与规范结构。因而，礼与刑构成了传统中国建构文明秩序的二元规范。而且，在礼与刑之间，礼甚至可以看作是更重要、更基础的规范。刑当然也很重要，但刑主要是作为礼的保障性规范、救济性规范、矫正性规范而存在的。如果没有礼，刑也就失去了依托；当然，如果没有刑，礼也得不到有效的执行，也会不了了之，或形同虚设——就像当代所说的“有法不依”。因此，在某种意义上，我们甚至可以说，礼是本源性的规范，刑是次生性的规范。礼与刑所组合而成的二元规范，就是传统中国的规范结构。

如果说，数千年来建构中国文明秩序的规范体系主要体现为礼与刑，那么，同样的规范二元现象还见之于欧洲。对此，伯尔曼写道：“宗教管辖权和世俗管辖权的分离、并存和相互作用，是西方法律传统的一个主要渊源。”① 这两种彼此分离、同时存在、相互作用的管辖权直接导致了西方传统中的规范二元现象，即教会法与世俗法的对峙。在这个过程中，教会的“精神之剑第一次被体现在一种法律体系和一门法律科学中，这就是12和13世纪晚近由格拉提安予以系统化和合理化的伟大的法律家教皇们的教会法。教皇也发展了这种法律体系运作所需要的设施和官僚机构：一个专门的司法机构、一个财政署和一个文秘署。这是第一个西方近代的政府和法律体系”。② 与教会法并行的世俗法，主要包括封建法、庄园法、商法、城市法和王室法，而且，在每一种世俗法的分支中，譬如在

① ［美］伯尔曼著：《法律与革命：西方法律传统的形成》，贺卫方等译，中国大百科全书出版社1993年版，第118页。

② ［美］伯尔曼著：《法律与革命：西方法律传统的形成》，贺卫方等译，中国大百科全书出版社1993年版，第628—629页。

庄园法中，又可以划分为理性、习惯和命令。以当代人的视角来看，教会法与世俗法之间的二元划分，既是西方法律传统的一个主要渊源，同时更是对欧洲中世纪文明秩序的直观表达。

教会法与世俗法二元并存的现象，其实是教会与国家二元对峙的产物。对此，丛日云有一段精彩的概括："当基督教信仰取得西方文化的主导权之后，便将其二元主义的政治观念带给西方社会，从而给西方社会带来深刻的二元裂变。二元裂变的基础是对人及人的生活的二元解析：人被解析为灵魂与肉体两个部分，而人的生活也被解析为宗教生活与世俗生活、天堂与尘世、彼岸与此岸两种领域和两个境界。从人的二重性观念出发，一道鸿沟将社会劈成两半，社会被分裂为两种秩序或两个等级，即教士（属灵等级）与平信徒（属世等级，编者注：平信徒一般定义为"教会中未被授以圣职的成员"）；社会组织被分裂为教会与国家；政治权力体系被分裂为精神权力与世俗权力、教权与王权，它们分别由教皇与皇帝、主教与王公掌管；法律体系也一分为二，即教会法与世俗法，在理论上，它们都要服从神法与自然法；而司法权力也有两个中心，即主教法庭和领土法庭（或王室法庭）；相应地，人的社会角色也被分裂为教徒与臣民（公民）。这便是基督教在西方确立的政治秩序：政治权力双峰对峙，政治资源二水分流，普通民众一仆二主。"① 丛日云的描述，着眼于整体性的文明秩序：教会与国家，天堂与尘世，以及与之分别对应的教会法与世俗法。这样的描述，如果站在分析实证主义法学的立场上，几乎是无法想象的。因为，教会在国

① 丛日云：《在上帝与恺撒之间：基督教二元政治观与近代自由主义》，三联书店2003年版，第3—4页。

家之外，教会法并不出于国家，如果法只能出于国家，那么“教会法”这个概念都是不能成立的，或只能是比喻意义上的。因此，教会法与世俗法组成的规范二元现象，是站在法社会学的立场上，对于欧洲中世纪文明秩序的解释。

17、18世纪以后，尽管西方社会走出了中世纪，尽管教会法与世俗法组合而成的二元规范现象日渐淡化，但是，就对文明秩序的支撑方式而言，以其他方式表现出来的规范二元现象依然引人注目。譬如，由自然法与实在法组合而成的规范二元现象，长期成为西方思想史上的一根主线。自然法以高级法的名义，不仅与实在法相互关联、彼此纠缠，而且还成为评价实在法的一把标尺。在源远流长的自然法理论中，自然法也是法，而且还是真正的法。在此，让我们引证西塞罗的一段话以资说明：“真正的法律是与本性相合的正确的理性；它是普遍适用的、不变的和永恒的；它以其指令提出义务，并以其禁令来避免做坏事。此外，它并不无效地将其指令或禁令加于善者，尽管对坏人也不会起任何作用。试图去改变这种法律是一种罪孽，也不许试图废除它的任何部分，并且也不可能完全废除它。我们不可以元老院和人民大会的决定而免除其义务，我们也不需要从我们之外来寻找其解说者或解释者。罗马与雅典将不会有不同的法律，也不会有现在与将来不同的法律，而只有一种永恒、不变并将对一切民族和一切时代有效的法律；对我们一切人来说，将只有一位主人或统治者，这就是上帝，因为他是这种法律的创造者、宣告者和执行法官。”① 西塞罗认为上帝是立法者，宣称

① ［西罗马］西塞罗著：《国家篇 法律篇》，沈叔平、苏力译，商务印书馆2005年版，第104页。

真正的法出于上帝，显然也是对“法出于国家”这一立场的超越。

自西塞罗以降，一直延伸至当代，自然法与实在法二元并立不仅一直存在，而且还成为西方文明发展演进的精神动力。除此之外，以其他方式表现出来的规范二元现象还见于各种各样的政治共同体中。在联邦制国家，有联邦法与联邦成员法的并存；在判例法国家，有制定法与判例法的存在；在某些政教合一的国家，有神法与国法的并存；诸如此类，不一而足。对于这种普遍性的规范二元现象，日本学者千叶正士以“法律多元论”予以概括。进一步看，千叶正士的“法律多元论”其实是“三重二分法”理论，他所说的“三重二分法”，是指“官方法对非官方法，法律规则对法律原理，固有法对移植法”。[①] 这种“三重二分法”，其实就是我们所说的规范二元论。因为，无论从哪个角度划分，规范都呈现出二元并存的特征。因而，千叶正士的“法律多元论”的实质，正是我们所说的规范二元论，他所说的“法律多元”，其实是“规范二元”。

三、党规与国法：当代中国文明秩序格局中的基础性规范

以上分析表明，无论是在传统中国还是在西方世界，都存在着一种支撑文明秩序的规范二元现象。在当代中国的文明秩序格局中，同样存在着两种相互并存的二元规范，那就是党规与国法。党规与国法作为两种基本规范，构成了支撑当代中国文明秩序的两根主要支柱。

先看党规。在当代中国的语境下，党规的含义是清楚明白的，

---

① ［日］千叶正士：《法律多元：从日本法律文化迈向一般理论》，强世功等译，中国政法大学出版社 1997 年版，第 193 页。

它指的是中国共产党制定的党内法规，亦有学者称之为党内规范。①从源头上说，党内法规作为一个汉语概念，出自1938年召开的中共六届六中全会。毛泽东在这次会议上所做的政治报告《中国共产党在民族战争中的地位》中提出："为使党内关系走上正轨，除了上述四项最重要的纪律外，还须制定一种较详细的党内法规，以统一各级领导机关的行动。"② 同样是在这次会议上，刘少奇还做了《党规党法的报告》，他认为："要保证党的团结与统一，除政治上思想上之统一外，条文上亦应规定法律上非团结不可，以避免个别人破坏党的团结与统一。并以此党规与党法去教育同志。"③ 这次会议，是"党内法规""党规"这些概念在现代中国的肇始。1945年，刘少奇在《论党》一文中又指出："党章、党的法规，不仅是要规定党的基本原则，而且要根据这些原则规定党的组织之实际行动的方法，规定党的组织形式与党的内部生活的规则。"④ 此后，党的历代领导人都曾使用过"党内法规"或"党规党法"的概念。2014年10月，在《关于〈中共中央关于全面推进依法治国若干重大问题的决定〉的说明》中再次论及党内法规："在我们国家，法律是对全体公民的要求，党内法规制度是对全体党员的要求，而且很多地方比法律的要求更严格。我们党是先锋队，对党员的要求应该更严。全面推进依法治国，必须努力形成国家法律法规和党内法

① 有的学者认为，党规不能称为"党内法规"，应当把"党内法规"改为"党内规范"。详见刘作翔：《论"党纪与国法混同"》，《北京日报》2015年8月3日，第17版。

② 《毛泽东选集》（第二卷），人民出版社1991年版，第528页。

③ 《刘少奇论党的建设》，中央文献出版社1991年版，第46页。

④ 《刘少奇选集》（上卷），人民出版社1981年版，第316页。

规制度相辅相成、相互促进、相互保障的格局。”① 据此，中共十八届四中全会通过的《中共中央关于全面推进依法治国若干重大问题的决定》要求，“完善党内法规制定体制机制，加大党内法规备案审查和解释力度，形成配套完备的党内法规制度体系。注重党内法规同国家法律的衔接和协调”。

在正式的党内法规中，1990 年颁布的具有党内“立法法”性质的《中国共产党党内法规制定程序暂行条例》，以党内法规的名义，正式界定了“党内法规”的含义：“党内法规是党的中央组织、中央各部门、中央军委总政治部和各省、自治区、直辖市党委制定的用以规范党组织的工作、活动和党员的行为的党内各类规章制度的总称。党章是最根本的党内法规，其他党内法规是党章有关规定的具体化。”这样的正式规定，不但明确了党内法规的内涵，而且规定了党内法规与党章的关系。两年后的 1992 年，党的十四大修改党章，正式在党章中写入“党内法规”这个概念。2013 年修订出台的《中国共产党党内法规制定条例》对“党内法规”这个概念进行了完善：“党内法规是党的中央组织以及中央纪律检查委员会、中央各部门和省、自治区、直辖市党委制定的规范党组织的工作、活动和党员行为的党内规章制度的总称。”至此，党内法规就成为一个定型化的概念，同时也是对当代中国已经形成的一种基础性规范的概括。

就党内法规的现状来看，法律出版社于 1996 年、2000 年、2011 年分别出版的《中国共产党党内法规选编（1978—1996）》

① 《中共中央关于全面推进依法治国若干重大问题的决定》，人民出版社 2014 年版，第 53 页。

《中国共产党党内法规选编（1996—2000）》和《中国共产党常用党内法规新编》一共收录了中央层级的党内法规332件。其中，由中国共产党全国代表大会、中共中央、中共中央办公厅制定发布的党内法规有148件，占44.58%；由中共中央纪委、中共中央各部门（譬如中组部、中宣部，等等）制定发布的党内法规有184件，占55.42%。这些党内法规的主要内容涉及党章、党员、党的组织制度、党的中央组织、党的地方组织、党的基层组织、党的干部、党的纪律、党的纪律检查等方面。①

与党规并列的国法，内涵相对清晰，它就是国家机构制定的宪法、法律、法规，简而言之，就是国家法律，简称“国法”。按照国务院新闻办公室2011年10月发布的《中国特色社会主义法律体系》白皮书，“中国特色社会主义法律体系，是以宪法为统帅，以法律为主干，以行政法规、地方性法规为重要组成部分，由宪法相关法、民法、商法、行政法、经济法、社会法、刑法、诉讼与非诉讼程序法等多个法律部门组成的有机统一整体”。这份白皮书还告诉我们，“截至2011年8月底，中国已制定现行宪法和有效法律共240部、行政法规706部”。对于这个国家法律体系及其内部结构，法学界已有较多的研究，② 而且，国家法律这个概念在法学界已经成为通识与常识，因此，这里不再展开讨论。

党规是一种规范，国法是另一种规范。把这两种规范进行比

---

① 姜明安：《论中国共产党党内法规的性质与作用》，《北京大学学报》2012年第3期。

② 譬如，朱景文：《中国特色社会主义法律体系：结构、特色和趋势》，《中国社会科学》2011年第3期；信春鹰：《中国特色社会主义法律体系及其重大意义》，《法学研究》2014年第6期；等等。

较，它们的区别是明显的。首先，制定主体不同。党规是党的机构制定的。制定党规的机构是多样化的，既包括党的全国代表大会、党的中央委员会、党的中央纪律检查委员会，也包括党中央的各个部门，譬如中央办公厅、中央组织部、中央宣传部、中央统战部等机构，还包括党的省级地方党委。国法是由国家机构制定的。制定国法的机构同样是多元化的，既包括全国人民代表大会及其常务委员会，也包括国务院、国务院各个部委，还包括有立法权的地方国家机构。

其次，调整对象不同。党规的调整对象主要是党员、党的干部、党的机构，主要涉及党内事务。国法的调整对象是国家机构、社会组织与公民个人，或者说，就是自然人、法人与其他组织。在国法的调整对象中，看不到“党员”这样的主体。国法不调整党内事务。

再次，强制方式不同。作为规范，党规与国法都有强制性，但两者的强制方式存在着明显的差异。党规的强制性主要体现为党内强制。较之于党规，国法主要依赖国家机器进行强制。

最后，明确程度不同。在党规体系中，有些党规具有较高的明确性，譬如《中国共产党纪律检查机关案件检查工作条例》，但是，也有一些党规表现为原则性、方向性的规定，譬如《中共中央关于农业和农村工作若干重大问题的决定》《中共中央关于国有企业改革和发展若干重大问题的决定》，虽然权威性很高，影响也很大，但从规范的明确程度来看，却不够高。相比之下，国法体系中虽然也存在着一些明确性不够高的规范，如宪法总纲中的一些规范，很多都是原则性的规范，甚至是倡导性的规范，但从总体上看，国法体系中的大多数甚至绝大多数规范，都有较高的明确性。这些明确而具体的国法规范，为自然人、法人和其他组织的行为提供了有效的指引。

以上几个方面，大致可以描绘出党规与国法的差异。当然，两者之间也有一些形式上的关联。譬如，有一些党规与国法是无法截然分开的。譬如《中共中央 国务院关于切实做好减轻农民负担工作的决定》《中共中央 国务院关于治理向企业乱收费、乱罚款和各种摊派等问题的决定》，等等。这样的规范，由于是由党的机构与国家机构联合做出的，因而既具有党规的性质，也具有国法的性质，可以视为党规与国法交叉重叠地带的规范。

四、理解党规与国法相互关系的若干线索

以上我们从事实层面描述了当代中国的两种规范：党规与国法。这两种规范之间有差异，因而是两种不同的规范。但是，这两种不同的规范何以能够成为支撑当代中国文明秩序的二元规范呢？当代中国的国家法律与当代中国的道教规范之间也有差异，也是两种不同的规范，为什么支撑当代中国文明秩序的二元规范不是由国家法律与道教规范组合而成的？按照同样的逻辑，人们还可以追问：为什么不是国家法律与佛教规范组成了支撑当代中国文明秩序的二元规范？为什么不是国家法律、党内法规、宗教规范、道德规范组成了支撑当代中国文明秩序的四元规范？诸如此类的追问要求我们解释：为什么是党规与国法构成了支撑当代中国文明秩序的两根支柱？要回答这个问题，就不能止步于从形式上说明党规与国法的异同，而是必须进一步解释党规与国法的内在关联。

如何解释党规与国法的内在关联？对此，学界已有一些相关的探索，有必要稍做回顾。有一种观点认为，“在社会主义法是党的

主张与人民意志相统一的内在一致性的条件下，在中国共产党代表人民共同利益而无自己任何私利的政治基础上，党与人民、党与国家、党与法不是矛盾对立的关系，而是和谐一致、高度统一的关系”①。这样的观点当然是有依据的，党与法确实不是矛盾对立的关系。但是，能否由此推出党的机构制定的党规与国家机构制定的国法具有“高度统一”的关系？还有，什么叫“高度统一”？它们能够相互替代吗？论者没有回答这些问题。在这种观点的基础上，我们认为，在当代中国，党规与国法具有不同的功能，不能相互替代。党规与国法将在相当长的历史时间里携手并行，共同支撑当代中国的文明秩序。

另一种观点认为，“党内法规与国家法律之间主要呈现以下五种关系”，分别是“价值取向的一致性”“规范对象的相融性”“功能发挥的互补性”“文化倡导的层级性”“制度建设的衔接性”。②这五种关系，虽然是对党规与国法相互关系的直接描述、全面描述，但并不是从规范体系、规范结构的角度对两者关系的描述，因此有进一步探讨的必要。

还有一种观点认为，“党规所依据的《中国共产党章程》，国法所依据的《中华人民共和国宪法》，前者是党‘管党治党’的根本大法，后者是党‘治国理政’的根本大法，那么，如何处理这两部大法之间的关系呢？如果二者发生冲突怎么办？这个问题往往在

---

① 李林：《论党与法的高度统一》，《法制与社会发展》2015 年第 3 期。

② 付子堂：《法治体系内的党内法规探析》，《中共中央党校学报》2015 年第 3 期。

现实中被转化为‘党大’还是‘法大’的问题”①。这样的论述，把党规与国法的关系转化成为“党大”与“法大”的关系，同样不是从规范体系、规范结构的角度讨论党规与国法的内在关系。而且，党是一个由数千万党员组成的政治组织，法是一种由条文组成的行为规范，能否就两者之间的“大小”问题进行比较？如何比较？这样的问题也不是此处讨论的主题，因此暂且置而不论。

以上几种学术文献，都涉及党规与国法的关系。这就说明，党规与国法的相互关系、内在关联已经受到了学术界的较多关注。

在政治文献中，早在1978年，在改革开放之初，在“新时期”的起点，邓小平的讲话《解放思想，实事求是，团结一致向前看》已经对党规与国法的关系做出了评论。他说：“国要有国法，党要有党规党法。党章是最根本的党规党法。没有党规党法，国法就很难保障。”② 这句话在强调党规与国法的重要性的同时，还论述了党规与国法的关系：党规保障国法。这是什么意思？为什么没有党规，国法就很难保障？让我们对此做一些分析。

从形式上看，国法是国家的法律，这是当代人习焉不察的一个固有观念，但是，这个观念仍有进一步思考的空间。因为，从实质上看，国法其实是国家政权、国家机器制定的法律，国法与政权更紧密地联系在一起。国家是什么？国家直接表现为国家机器、国家政权。在当代中国的语境下，如果对国家与政权的关系稍做梳理，就会看到，从清政权的覆灭到民国政权的建立，从民国政权在大陆

---

① 强世功：《党章与宪法：多元一体法治共和国的建构》，《文化纵横》2015年第4期。

② 《邓小平文选》（第二卷），人民出版社1994年版，第147页。

的覆灭到新中国政权的建立，严格说来，都不是一个国家的覆灭与另一个国家的建立，而是在同一个国家里，一个旧政权的覆灭与一个新政权的建立。从清政权到民国政权再到新中国政权，国家从来没有覆灭，中国作为一个国家，一直都是存在的。在这个历史过程中，只有清政权与民国政权的覆灭。与此同时，清政权与民国政权的法律也都先后终结了。这就是说，法律的终结与政权的终结保持着相同的节奏。这样的历史事实与历史规律表明，在中国，国法与政权不可分。政权存，则国法存；政权亡，则国法亡。国法与政权共存亡。

那么，当代中国的政权又是如何产生的？这就涉及政权与政党的关系。简而言之，当代中国的政权是由当代中国的执政党建造的。1921 年，中国共产党在上海建党；1927 年，中国共产党在南昌建军；1931 年，中国共产党在井冈山开始建政——建立局部性的中华苏维埃共和国政权；1949 年，中国共产党在北京正式建立全国性的政权。这就是说，中国共产党建党在先，随后建军，最后建政。中国共产党 1949 年建立的新政权长期被简称为新中国，这是约定俗成的结果。这个“新中国”的本质其实是一个新政权，它的完整内涵是“新政权领导的中国”。因此，流行的“没有共产党就没有新中国”作为一个影响广泛的政治论断，它的精准含义是“没有共产党就没有新政权领导的中国”。

当然，即使在学术理论的层面上，我们也不必咬文嚼字。“没有共产党就没有新中国”也是可以成立的，只要我们把“新中国”还原为“新政权领导的中国”，就没有任何问题，而且，“新政权领导的中国”确实也可以说是“新中国”。但是，恰恰是这句国人耳熟能详的话，提示了政党与政权的关系：没有这个政党，就没有这个政权；没有这个政权，与这个政权共存亡的法律（国法）当然也就没有了。这就是从政党到政权再到国法三个要素之间的因果关系。

在政党的这一端，是政权、国法；在政党的另一端，在逻辑线索的另一端，还存在着党规与政党的关系。两者之间的内在关联是：党规保障政党。从毛泽东、刘少奇到当代中国的政治领导人，为什么反复强调党规建设？原因只在于：没有成熟、完善、有效的党规，就不能保障政党的生命力，甚至不能保障政党的生存。政党内部的秩序、政党的生命力，只有通过完善的党规，才能得到保障。

至此，我们可以看到一根环环相扣的逻辑链条：党规保障政党，政党建立政权，政权（国家机器，譬如全国人大、国务院等等）制定国法。从事实上看，从发生学的意义上看，党规是原因，国法是结果。邓小平为什么强调“没有党规党法，国法就很难保障”？原因就在这里，他直接提出了党规保障国法的论断。这个论断在其他的政治共同体中不一定成立，但这个论断在当代中国是成立的。他的这个论断揭示了中国语境下党规与国法内在关系的奥秘。

不过，邓小平关于党规与国法关系的论断，同样是从功能的角度提出的。如果要从规范体系、规范结构的角度理解党规与国法的关系，可行的路径又在哪里呢？让我们进一步探索。

五、特别规范与一般规范：规范体系中的党规国法关系

要理解党规与国法的关系，不妨借用法的分类理论中的一对范畴：特别法与一般法。特别法与一般法的相同之处在于：它们是同

一个立法者制定的，在效力等级、权威性诸方面，享有同等的地位。它们的差异在于适用范围上的不同：一般法针对一般的人、一般的事，或在全国普遍适用；特别法针对特定的人、特定的事，或在特定领域、特定区域内适用。借用这种关于法的分类理论，我们可以说，党规与国法的关系，就是特别规范与一般规范的关系。

一方面，从形式上看，或者说，从规范的适用范围来看，党规作为党内法规，主要适用于党内的人与事，是适用于8000万中共党员的规范。国法作为国家法律，适用于全国，是适用于13亿中国人的规范。在13亿中国人中，包含了8000万中共党员。国法既适用于8000万中共党员，也适用于8000万中共党员之外的其他所有中国人。由于国法在全国范围内是普遍适用的，因此，国法是一般规范。相比之下，党规主要适用于8000万中共党员，在形式上说，通常不能适用于8000万中共党员之外的其他中国人，因此是特别规范。

党规主要是治党的规范。党规主要调整党内事务。如果仅仅是从形式上看，在多数情况下，党规的直接效力无涉于党外，但是，即使在形式上，国法的效力也是遍及党内的。一个中共党员，既要遵守党规，也要遵守国法；一个非中共党员，从形式上说，只需要遵守国法，党规对其没有约束力。由此，就奠定了党规与国法的关系格局：特别规范与一般规范的关系。党规因为针对特定的人（中共党员）、特定的事（党内事务）而成为特别规范；国法因为针对一般的人（所有中国人）且在全国范围内适用而成为一般规范。

另一方面，从实质上看，或者说，从规范的性质、实质来看，国法可以看作是党规的延伸，是党规反映的意志从党内延伸到党外的结果。这就意味着，党规与国法具有共同的性质。这是把它们称为特别规范与一般规范的前提。

按照现行的理论和实践，国法是国家机构制定的，是全国人大及其常委会、国务院及其部委、有立法权的地方国家机构制定的。但是，无论是从理论上还是从实践中看，当代中国的国法，都是党的意志、党的主张法律化的结果，是党的主张转变为法律的结果。因此，国法的性质、实质，是党的意志、党的主张。换个角度来看，任何一部国法，都不可能背离党的意志与党的主张。对此，党的十八届四中全会已经做出了明确的决定："加强党对立法工作的领导，完善党对立法工作中重大问题决策的程序。凡立法涉及重大体制和重大政策调整的，必须报党中央讨论决定。党中央向全国人大提出宪法修改建议，依照宪法规定的程序进行宪法修改。法律制定和修改的重大问题由全国人大常委会党组向党中央报告。"① 按照这些权威性的规定，党的意志是灵魂，国法是载体。

在此基础上，我们可以发现，一方面，党的意志最终体现为国法，另一方面，党的意志更直接地体现为党规。国法与党规同根同源，都体现了党的意志与主张。这就相当于合同法与民法通则同根同源，都体现了全国人大的意志与主张——当然，在最终的意义上，合同法与民法通则作为国法，都体现了党的意志与主张，体现了人民的意志与主张。因此，对于党来说，党要治党，依党规；党要治国，依国法。或者说，在党内，党依据党规治党；在党内与党外，党依据国法治国，因为党仍在国内。从党规到国法，相当于从内核向外围的延伸，从中枢向躯体的拓展。

---

① 《中共中央关于全面推进依法治国若干重大问题的决定》，人民出版社2014年版，第9—10页。

国法作为党规的延伸，还可以换一个角度来理解：党规是国法的逻辑起点。在党规体系中，党章是整个党规的集中表达与最高体现。党章的总纲第一段规定："中国共产党是中国工人阶级的先锋队，同时是中国人民和中华民族的先锋队，是中国特色社会主义事业的领导核心，代表中国先进生产力的发展要求，代表中国先进文化的前进方向，代表中国最广大人民的根本利益。党的最高理想和最终目标是实现共产主义。"这段话，规定了中国共产党与中国人民、中华民族、中国特色社会主义事业的关系，规定了中国共产党与先进生产力、先进文化、最广大人民的根本利益的关系。这样的规定，与中国宪法的序言具有逻辑上的衔接关系。因为，中国宪法序言直接规定了党的领导："中国新民主主义革命的胜利和社会主义事业的成就，是中国共产党领导中国各族人民……取得的。……中国各族人民将继续在中国共产党领导下……"

把党章总纲与宪法序言打通来看，可以发现，在宪法序言之后是宪法正文，宪法正文充当了国法体系的依据或"母法"。这就是说，整个国法体系是宪法序言的逻辑延伸。在国法体系的框架内，宪法序言可谓国法效力依据的天花板了，按照凯尔森的规范等级体系理论，宪法序言已经是"整个法律秩序的效力的最高理由"了。[①] 但是，宪法序言所确认和规定的"党的领导"，其依据又是什么呢？回答是：党章，尤其是党章总纲的开篇对于中国共产党与中国人民相互关系的界定——中国共产党是中国人民和中华民族的先锋队，是先进生产力的代表，先进文化的代表，是最广大人民根

① ［奥］凯尔森著：《法与国家的一般理论》，沈宗灵译，中国大百科全书出版社 1996 年版，第 141 页。

本利益的代表。这就是“党的领导”的法理依据。这样的法理依据，甚至可以在马里旦的理论学说中得到解释。因为马里旦认为，法律是“理性的命令，由对共同体负有照看义务的人根据公共利益制定并颁布”①。根据这个定义，中国共产党可以理解为“对共同体负有照看义务的人”，正是这种“照看义务”，为党的领导提供了正当性依据，同时也让中国共产党充当了真正的立法者，充当了“根据公共利益制定并颁布”法律的人。可见，党章为宪法序言提供了理据，是宪法序言的基石，因而也是宪法正文以及整个国法体系的效力源头与逻辑起点。

党章以及源于党章的党规，从根本上说，都可以归纳为一句话：党的领导。“坚持党的领导”居于“四项基本原则”之首，可谓当代中国事实上的“第一规范”，可谓当代中国效力等级最高的“第一规范”，它在党章的总纲中得到了全面的论证，它见于中国宪法序言。宪法正文以及源于宪法的国法体系都必须服从这条“第一规范”，因为，国法就是党领导人民治理国家的依据、方式，从根本上说，也是在“坚持党的领导”这条“第一规范”之下展开的。

党规与国法之间的这种特别规范与一般规范的关系，近似于传统中国的体用关系：党规直接规定党的领导，近似于体用关系中的“体”；国法是党领导人民治理国家的方式、工具、措施，近似于体用关系中的“用”。②

---

① ［法］马里旦著：《自然法：理论与实践的反思》，鞠成伟译，中国法制出版社2009年版，第9页。

② 关于体用关系的梳理，详见方克立：《中国哲学中的体用关系》，《中国社会科学》1984年第5期。

六、党规国法之外的其他规范

上文主要论述了人类文明史上的规范二元现象，以及当代中国由党规与国法构成的二元规范结构。对于这样的规范二元论，人们也许会提出疑问：为什么不是规范三元论或规范四元论？对此，我的回答是，如果着眼于规范的多种类型，那么提出规范十元论都是可以的。但是，从对文明秩序的支撑来看，规范二元论是对规范体系、规范结构的更好的解释。

在人类建构文明秩序的历程中，宗教规范、道德规范、法律规范都曾经先后或同时产生过重大的影响。在当代中国，宪法规定了宗教信仰自由，有很多人信仰各种不同的宗教，宗教规范对它的信仰者具有约束力，从这个角度来说，宗教规范也是一种重要的规范。道德规范对所有人都有约束力，它比宗教规范适用的范围更大，约束的人更多，似乎比宗教规范更重要。而且，如果说法律规范是出自国家的，那么，道德规范就是出自社会的，在国家与社会这样的二元划分中，把社会的道德规范与国家的法律规范并列起来，更是天经地义的。如果承认这样的规范格局，那么，为什么不能把宗教规范、道德规范与法律规范并列起来，形成规范三元论？或者再加上党内规范，形成规范四元论？规范二元论是否遮蔽了道德规范、宗教规范，以及其他的重要规范呢？对于这样的疑问，让我们做一些比较分析。

先看道德规范。道德规范确实很重要。但是，一方面，道德规范通常无法体系化，我们找不到一个体系化的道德规范。任何人都不可能轻视道德规范的巨大价值，然而，道德规范的具体内容，任何人都无法完整地加以列举。“己所不欲，勿施于人”与“己所欲，施于人”，都是道德规范；“仁义礼智信”也是道德规范；“诚实信用”当然也是道德规范；“节约”也是美德；等等。道德规范虽然很多，甚至也可以制定一些“道德公约”，但是，道德规范很难进行体系化的排列。另一方面，很多公共道德，其实已经法律化了。在服务行业，提供优质服务是一种职业道德，现在《中华人民共和国行政许可法》第六条已经明确规定：“实施行政许可，应当遵循便民的原则，提高办事效率，提供优质服务。”这是职业道德的法律化。在道德法律化的趋势下，要把道德规范与法律规范完全切割开来，是一个很困难的任务。这就意味着，其一，道德规范与法律规范在形式上具有相当大的差异；其二，道德规范与法律规范很难从实体上割裂开来。基于这两点，不宜把道德规范与法律规范并列起来。

再看宗教规范。虽然宗教规范对宗教的信仰者具有约束力，虽然在欧洲中世纪，体现为教会法的宗教规范与体现为世俗法的法律规范组成了彼时彼地的规范二元论，虽然这样的规范二元现象还见于当今的一些政教合一的国家，但是，在当代中国的文明秩序格局中，宗教规范不可能与法律规范并列起来。原因在于：一方面，宗教规范对于宗教之外的人与事通常没有约束力，国家法律却具有普遍的约束力。另一方面，在中国的文化传统中，宗教从来就没有起到它在西方同等的作用。从总体上说，在中国的文明秩序与公共领域中，宗教规范从未占据与法律规范同等的地位。蔡元培提出的“以美育代宗教”[①] 表明，宗教甚至可以被美育所取代，这就说明在中国的语境下，宗教规范不足以与法律规范并列起来。

---

① 蔡元培：《蔡元培全集》（第三卷），浙江教育出版社1997年版，第58页。

在道德规范与宗教规范之外，还有一些值得注意的规范形态，譬如民间习惯、民族习惯、行业规范，甚至是潜规则、地下规则，等等。但这些规范（规则），都不足以与法律规范居于并列的地位，或产生并列的作用。在当代中国的规范体系中，只有党内法规才能与国家法律处于并列的地位。党规与国法两种规范的并立，是由它们在当代中国的文明秩序格局中产生的影响、起到的作用所决定的。

在当代中国的规范体系中，无论从哪个角度来看，以宪法为核心的国家法律都居于基础地位。国家法律以国家的名义，对全国范围内的政治、经济、社会、文化进行了全方位的规定与调整，这是毋庸置疑的。以这样的认知为基础，我们还可以进一步注意到，与国家法律并行的还有党内法规。党内法规之所以应当提到与国家法律并立的高度来观察，是因为党内法规所调整的执政党在国家政治、经济、社会、文化领域内有支配作用和决定性影响。而任何宗教团体、学术团体、行业协会或其他组织，其内部规范的效力，通常都只能止步于团体的内部。在多党制或两党制的政治背景下，一个政党的内部规范也只能止步于政党内部。但是，在当代中国，在中国共产党长期执政的背景下，党内法规的地位就发生了根本性的变化：党内法规的实际效力并不仅仅止步于党内，党内法规会因为执政党的执政地位而产生对于国家政治、经济、社会、文化的深远影响。就影响国家、影响社会的广度和深度来看，党内法规甚至不会逊于国家法律。

在实践中，党内法规对国家、社会的影响体现在多个不同的层面。第一，党内法规对政治的影响。譬如，按照党管干部的原则，有关干部任免、考核、奖惩方面的党内法规，适用于当代中国的所有干部。在西方某些国家，谁能当州长，需要通过竞选，由选票决定。在当代中国，省委书记主要由执政党中央决定任命。第二，党内法规对军事的影响。在当代中国，党对军事的绝对领导是一个基本的原则，这个原则也体现在党内法规中，譬如中共中央颁布的《中国人民解放军政治工作条例》，就决定了当代中国军事制度。第三，党章中规定的党组制度，把人大、政府、法院、检察院以及各种机关、企事业单位、人民团体，都纳入党的组织体系中，从而全面地塑造了当代中国的政治、经济、社会、文化。

还可以通过一些现象与规律来说明党规与国法的并立。譬如，在谁能出任省长、县长这个问题上，在国家法律层面有《中华人民共和国选举法》，在党内法规层面有《党政领导干部选拔任用工作条例》，后者的实际作用并不逊于前者。再譬如，某人是法院院长，但是，他的第一角色是法院的党组书记，或者，同样是法院的副院长，担任法院党组副书记的副院长就比担任党组成员的副院长“排名”更靠前、地位更重要。甚至在一个人民团体中，也只有党组书记才是这个团体的真正的“一把手”。诸如此类的现象与规律表明，虽然党内法规与国家法律发挥作用的方式不同，但就影响国家、影响社会的深度来看，特别是就对当代中国文明秩序的支撑作用来看，两者之间是难分伯仲的。

较之于党规与国法对于当代中国文明秩序的支撑性作用，其他规范都是从属性、边缘性、次生性、局部性的规范。因此，就当代中国的规范体系与规范结构而论，以党规与国法组合而成的规范二元论，也许能够较好地解释当代中国的规范体系。

七、规范二元论视野下的法律、法治、法学

分析至此，可以得出结论：对于当代中国看得见的文明秩序格局来说，党规与国法提供了基础性的支撑作用；党规与国法不仅构成了当代中国规范体系中的两种基础性规范，在法社会学的视野中还可以概括为当代中国的规范二元论。规范二元论并不忽视党规与国法之外的其他规范，但是，其他规范对于当代中国文明秩序的支撑作用、塑造能力，较之于党规与国法，还有较大的、明显的差异。正是党规与国法的实际地位与作用，为我们概括的规范二元论提供了依据。根据这样的规范二元论，我们可以重新审视当代中国的法律、法治与法学。

首先，就当代中国的法律而言，法律就是指国法，这是没有疑问的，也得到了辞典、教科书、理论通说的确认。但是，从学术探索的层面来看，当代中国法律的范围，能否延伸至党规？这个问题，能否讨论？讨论这个问题的理论风险有多大？

事实上，在现有的法学理论中，“法律”一词本来就有广义与狭义之分。“狭义的法律”专指全国人大及其常委会制定的法律文件，而且，“狭义的法律”还不包括宪法。通常并称的“宪法、法律、行政法规”，就已经把宪法放置于“狭义的法律”之外或之上。在法学教科书中，与“狭义的法律”相并列的，主要是宪法、行政法规、地方性法规、军事法规、自治条例、单行条例等法律文件，这些法律文件与“狭义的法律”合并在一起，共同组成了“广义的法律”。“依法治国”“依法办事”中所说的“法”，就是指“广义的法律”。可见，法律有广义与狭义之分，已经成为一种常识。

但是，即使是“广义的法律”，也面临着解释能力不足的局限。“广义的法律”概念可以描述国法体系，可以解释分析实证主义法学视野中的法律概念，但并不能解释法社会学视野中的法律概念。[①]在法社会学的视野中，法包括国家的法，也包括“非国家的法”（不是出于议会或政府的法）。因此，在“广义的法律”概念之外，是否还可以有一种“更广义的法律”概念——包括国法与党规在内的“更广义的法律”？这样的提问方式意味着，能否以与时俱进的眼光看待变迁中的法律概念？

在西方历史上，自由资本主义时期的法律，基本上就是指议会制定的法律。所谓立法、行政、司法三种国家职能的划分，就意味着法律只能出于议会，行政机构只能依据议会制定的法律来行政，法院只能根据议会制定的法律来司法。后来，随着行政权的扩张，行政机构创制的规范性文件也纳入法律的范围，这就扩大了法律的内涵：法律既出于议会，也出于行政；在判例法国家，法律还出于法院。

无论是见之于理论还是见之于历史，“法律”的内涵与外延一直都处于变化、拓展的过程中，那么，在当代中国已经形成的文明秩序格局中，基于当代中国政党与政权之间的固有逻辑，能否让“法律”的范围进一步拓展：出于议会的“狭义的法律”是法律，

① 这里暂不区别“法”与“法律”两个词的区别，暂且把这两个词等同起来。关于“法”与“法律”在比较文化层面上的差异，学界已有充分的讨论，譬如，梁治平：《变迁中的传统：法不等于法律》，《读书》1993年第5期。但在此处，在功能层面上，姑且把它们作为同义词看待。因为，在当代中国的实践中，“依法办事”与“依法律办事”并无实质性的区别。

出于议会与政府的“广义的法律”也是法律，出于执政党的党规能否也纳入“更广义的法律”范畴之中？这样的提问与思考，是否适合与时俱进地观察法律现象的理论姿态？

其次，就当代中国的法治而言，法治当然是指国法之治，但是，按照前文的分析，如果党规也可以归属于“更广义的法律”，那么，法治是否能够包括党规之治？在当代中国的规范体系中，党规对文明秩序的支撑作用，并不逊于国法对于文明秩序的支撑作用。党规与国法之间的并立意味着，当代中国的法治还需要重新认识。

在其他的政治共同体中，党规不能纳入“更广义的法律”。正是由于这个缘故，在当代中国既有的法治理论、法治观念中，法治通常无涉于党规之治。这样的法治理论、法治观念值得省思，因为中国的实际情况不一样。在当代中国，执政党的内部治理，绝不仅仅是执政党内部的事；执政党的内部治理，其效果涉及整个国家、整个社会。在这样的现实语境下讨论法治，我们可以看到，一方面，如果没有严格的国法之治，当代中国不可能建立起“规则之治”意义上的法治，哪怕是“最薄弱的形式法治”——亦即“政府无论做什么事情，它都应该凭借法律行事”① ——都无法建立起来。但是，另一方面，如果没有严格的党规之治，情况可能会更加糟糕：“文化大革命”时期的混乱就是前车之鉴。如果政党内部治理不善，如果政党内部缺乏规则之治，那么，国家治理、社会治理都很难指望。因此，要解决中国的法治问题，要在当代中国的现实

---

① ［美］塔玛纳哈著：《论法治：历史、政治和理论》，李桂林译，武汉大学出版社 2010 年版，第 118 页。

格局下实现法治，还是那句话：关键在党。要在中国实现“规则之治”意义上的法治，党规之治构成了一个重要的支撑。因此，要实现法治，党规之治与国法之治都不可偏废。

但现在的问题是，在法治的视野中，人们只看到了国法之治，党规之治被有意无意地忽略、遮蔽了。这种现象，是规范一元论的产物。如果超越专业的法学视界，如果超越法律人的专业局限，如果从文明秩序的层面打量当代中国的规范体系与规范结构，如果立足于上文论证的规范二元论，那么，当代中国的法治，还面临着从国法之治拓展、延伸至党规之治的任务。

最后，就当代中国的法学而言，法学不仅是国法之学，法学也可以拓展至党规之学。依据同样是党规与国法组合而成的规范二元论。当代中国的法学如何才能说服人？按照经典作家的论断，法学作为一种理论，“只要彻底，就能说服人。所谓彻底，就是抓住事物的根本”①。在当代中国，从法社会学的立场上看，法的根本既包括宪法及国法，也包括党章及党规。宪法与党章都是根本，两者都需要抓住。这就是说，当代中国的法学如果要说服人，如果要彻底，就必须给予党规应有的重视。

譬如，在诉讼法学或司法理论中，法院院长的角色常常成为研究者关注的焦点，② 但是，法院院长还有一个更重要的角色，那就是党组书记。如何解释法院党组书记这个角色？它对于司法与法治

---

① 《马克思恩格斯文集》（第一卷），人民出版社2009年版，第11页。

② 譬如，左卫民：《中国法院院长角色的实证研究》，《中国法学》2014年第1期；刘忠：《条条与块块关系下的法院院长产生》，《环球法律评论》2012年第1期。

有何影响？现有的法学理论，几乎不涉及法院院长所承担的党组书记的角色，这样的法学理论恐怕只能是隔靴搔痒。再譬如，在立法理论中，全国人大常委会的立法权是一个被反复讨论的主题，[①] 但是，党的十八届四中全会已经明确规定，“法律制定和修改的重大问题由全国人大常委会党组向党中央报告”，这样的规定对全国人大及其常委会的立法权产生了什么样的影响？要解决诸如此类的理论问题，就需要更新中国的法学观：法学不仅是国法之学，它同时也可以是党规之学。

对于当代中国的法学理论来说，着眼于当代中国的实际情况、真实格局，着眼于当代中国文明秩序的整体框架，挣脱各种教条对于法学心智的束缚，从规范体系、规范结构的角度研究党规与国法的关系，不仅是可行的，也是极其必要的。

---

① 较早的成果包括，黎小伍、朱应平：《试论扩大全国人大常委会的立法权》，《法学》1996 年第 3 期，等等。

第三章

宪治

第一节 宪法与国家治理

一、国家治理的合法性基础

合法性基础是国家治理有效展开的基础，是推进国家治理体系和治理能力现代化的一个前置性条件。正如福山所见，仅仅依靠“技术治理手段”，不可能走出“无力或失败国家”的陷阱。[①] 因此，国家治理体系的完善、国家治理能力的提升，必须要以夯实国家治理的合法性基础为前提。

对于国家治理的合法性基础，我国政治学界已有一些初步的相关论述。譬如，有的学者认为，我国国家治理的战略选择应当着眼于三个要素：价值引导、制度统合与组织支撑。所谓“价值引导”，主要是指主流意识形态“引领多元的社会文化与生活样式，实现低成本的有效治理”。[②] 这样的“战略选择”，虽未直接论及国家治理的合法性基础，但其中的“价值引导”与国家治理的合法性基础已有某些关联。还有学者从“国家运动”的角度，提到了国家治理的

---

① Francis Fukuyama, The Imperative of State - Building, Journal of Democracy, Vol. 15, Number 2, April 2004, pp. 17 - 31.

② 唐皇凤：《大国治理与政治选择：当代中国国家治理的战略选择》，《天津社会科学》2005 年第 3 期。

合法性，认为合法性“是指社会改造的目标和手段应该符合社会期待，以赢得社会的认可、支持和忠诚”。[①] 这种关于“合法性”的界定，主要体现了一种社会学、政治学的进路与立场。

相比之下，西方文献中的相关论述更加聚焦、更具针对性。譬如，美国学者福山从国家建构的角度，认为应注意“涉及国家概念中的四个方面：（1）组织的设计和管理；（2）政治体系的设计；（3）合法性基础；（4）文化和结构因素”。其中，“合法性基础”在理论上属于政治学，旨在强调国家能力与合法性具有直接的联系。福山还说，“20 世纪末，苏联开始解体，国家能力大大弱化，其原因正是其专制性质使其政体在公民眼中丧失了合法性”。[②] 这就提醒我们，合法性基础是国家建构的重要组成部分，当然也是国家治理应当考虑的重要主题。

影响更大的论述出自马克斯·韦伯，他说：“一切经验表明，没有任何一种统治自愿地满足于仅仅以物质的动机或者仅仅以情绪的动机，或者仅仅以价值合乎理性的动机，作为其继续存在的机会。毋宁说，任何统治都企图唤起并维持对它的‘合法性’的信仰。”[③] 韦伯在此所说的“合法性”是什么意思呢？哈贝马斯的解释是：“至少要满足两个条件，一种统治才可以说是合法的。这两个条件是：（1）必须从正面建立规范秩序；（2）在法律共同体中，

---

① 冯仕政：《中国国家运动的形成与变异：基于政体的整体性解释》，《开放时代》2011 年第 1 期。

② ［美］福山著：《国家构建：21 世纪的国家治理与世界秩序》，黄胜强、许铭原译，中国社会科学出版社 2007 年版，第 23—26 页。

③ ［德］韦伯著：《政治与社会》（上卷），林荣远译，商务印书馆 1997 年版，第 239 页。

人们必须相信规范秩序的正当性，即必须相信立法形式和执法形式的正当程序。”① 在这里，韦伯、哈贝马斯虽然论述的是统治的合法性，但也可以用来解释国家治理的合法性。这就是说，任何国家治理，都必须唤起并维持对它的合法性的信仰。没有足够的合法性基础，不可能形成有效的统治，亦不可能形成有效的国家治理。

可见，强化国家治理的合法性基础，是中外政治学界的一个共识。但在我国法学理论界，这个问题却没有得到积极的回应；对于法学理论来说，不关心国家治理的合法性基础，显然是一个疏漏。当前，尤其值得注意的是，在法治中国建设的整体背景下，国家治理与法治具有一定的同构性，因为说到底，法治的核心指向，就是通过法的国家治理。在理论和实践中，国家治理与法治虽然有不同的目标定位，但法治却构成了国家治理展开的主导性方式。因此，国家治理的合法性基础，既是一个政治学问题，更是一个法学问题，更应当在法学理论、法治理论的框架下得到有效的回应。

站在法学的立场上看，应当如何强化国家治理的合法性基础？我们的回答是：国家治理的合法性基础应当由法来奠定，但是，最终还需要由宪法来奠定。因为宪法是根本法、最高法，也是安邦治国的总章程。而且，在当代中国的法律体系中，宪法之外的其他重要法律的第一条，一般都写有“根据宪法，制定本法”的字样。这就是说，宪法是其他法律合法性、有效性的终极依据与根源。既然法律的合法性基础都离不开宪法的支撑，那么，国家治理的合法性基础也需要通过宪法来奠定。因此，要从理论和实践的层面上强化

① ［德］哈贝马斯著：《合法化危机》，刘北成、曹卫东译，上海人民出版社2000年版，第128页。

国家治理的合法性基础，首要的问题就是要看到宪法与国家治理合法性基础之间的特殊关联。着眼于此，有必要对中国宪法支撑国家治理合法性基础的方式进行专门的探讨，希望以此从法学、法治的立场上深化“国家治理的合法性基础”这一时代命题。

着眼于宪法对国家治理合法性基础的支撑，可以看到，中国现行宪法的开端与结尾两个部分，已经从两个不同的方面，为国家治理的合法性基础提供了有效的支撑。其一，在宪法的开端，宪法序言以历史叙事的方式，通过历史规律的建构，为国家治理的合法性奠定了基础；其二，在宪法的结尾，宪法关于国旗、国歌、国徽、首都的规定，以符号叙事的方式，通过国家认同的强化，为国家治理的合法性奠定了基础。对于我国宪法“从头至尾”为国家治理的合法性基础提供支撑的方式，兹论证如下。

二、宪法序言、历史规律与国家治理的合法性基础

宪法序言对于国家治理合法性基础的支撑方式，有待给予专门的揭示。在宪法学界，在一些代表性学者的代表性论著中，很少专门讨论宪法序言。譬如，龚祥瑞的《比较宪法与行政法》一书提到了宪法在内容上的特点，但并不谈论宪法序言。[①] 王世杰、钱端升的《比较宪法》一直享有盛誉，它论述了宪法的形式特征、实质特征，亦不讨论宪法序言。[②] 凯尔森注意到了宪法序言，但他对宪法序言的价值评价很低。他说：“被称为宪法的那一文件的一个传统

---

① 龚祥瑞：《比较宪法与行政法》，法律出版社2003年版，第21页。

② 王世杰、钱端升：《比较宪法》，中国政法大学出版社1997年版，第2—3页。

部分是一个庄严的导言，一个所谓的‘序言’，它表达了该宪法意图促进的政治的、道德的和宗教的各种观点。这一序言通常并不规定对人的行为的任何固定规范，因而也就缺乏法律上有关的内容。它具有一种与其说是法学上的性质倒不如说是意识形态的性质。如果将它去掉的话，宪法的真正意义通常也不会起丝毫变化。序言用来给宪法一种更大的尊严并因而也就给予一种加强了的实效。”① 由此看来，凯尔森眼里的宪法序言是可有可无的，至少也是无足轻重的。

代表性学者不太关心宪法序言，一个根本的原因在于：宪法序言不是法律条款，不具备法律规范的外在特征，似乎可以排除在法律规范之外，顶多也只是法律或宪法的边角，至少不是宪法学理论关注的核心内容。这样的集体无意识，尽管事出有因，却是偏颇的。名重学界的凯尔森囿于其纯粹法学的立场，低估宪法序言的价值，依然是偏颇的。实际上，宪法序言尽管不是宪法的正文，但却并非无关紧要。宪法序言虽然并不直接规定相关主体的权力、权利与义务，但却是宪法，甚至是整个法律体系的逻辑起点，同时也是国家治理合法性基础的逻辑起点，或者说，宪法序言“是新制度建立和实行的基础及根据”，其“重要功能是为国家政权提供合法性依据”。②

国家治理第一个需要解决的问题，不是治国者采取什么方式、运用什么手段来处理国家事务。实现国家治理的前提是合法性基

① ［奥］凯尔森著：《法与国家的一般理论》，沈宗灵译，中国大百科全书出版社 1996 年版，第 289 页。

② 胡锦光、韩大元：《中国宪法》，法律出版社 2007 年版，第 109 页。

础，它要解决这样一个问题：国家治理的责任主体（治国者、主政者、主权者）治理国家的合法性依据是什么？《论语·子路》中说：“名不正则言不顺，言不顺则事不成。”如果把国家的治理看作是一件需要做成之事，那么，在做成这个事情之前，首先就需要“正名”。“正名”的实质，就是要解决“合法性基础”的问题，这是国家治理的第一推动力，也是实现国家治理的第一步。

为了说明这个问题，让我们从历史中寻找经验。让我们先回顾汉朝初年的情势：继秦而起的汉王朝在经历了数十年的休养生息之后，面临着“如何实现国家治理”这个根本性的问题。秦王朝的国家治理模式已经被证明是错误的，新的国家应当如何治理？应当怎样思考这个问题？面对这样一些根本性问题，作为主权者代表的汉武帝提出了“求天命与情性”的要求，这其实就是要寻求国家治理合法性基础。对于这个问题，董仲舒提供了最有效的回答。他说：“《春秋》之中，视前世已行之事，以观天人相与之际，甚可畏也。国家将有失道之败，而天乃先出灾害以谴告之；不知自省，又出怪异以警惧之；尚不知变，而伤败乃至。以此见天心之仁爱人君，而欲止其乱也。”① 按照这样的“天人相与论”，国家治理的合法性基础就是天道，亦即法天而治：“天道之大者在阴阳：阳为德，阴为刑；刑主杀而德主生。是故，阳常居大夏，而以生育养长为事；阴常居大冬，而积于空虚不用之处。以此见天之任德不任刑也。天使阳出布施于上而主岁功，使阴入伏于下而时出佐阳。阳不得阴之助，亦不能独成岁。终阳以成岁为名，此天意也。王者承天意以从

① 〔汉〕班固撰，〔唐〕颜师古注：《汉书》，中华书局2000年版，第1901页。

事，故任德教而不任刑。刑者不可任以治世，犹阴之不可任以成岁也。为政而任刑，不顺于天，故先王莫之肯为也。今废先王德教之官，而独任执法之吏治民，毋乃任刑之意与!”[1] 董仲舒由此得出的结论是，国家的治理，必须从秦代的刑名之治，走向儒家的德教之治。

为什么要实行儒家的德教之治？董仲舒提供的理论依据就是“天人相与论”[2]。一个人格化的天，与代表主权者的君主，是相互感应的。德教之治是天意的体现与要求，上天为德教之治提供了终极性的理据，因此，新的国家治理就应当以“天意”或“天人相与论”作为理论基础。为什么刘氏君主可以治理汉家天下？因为这是上天的意志。由于董仲舒的这套理论深刻地满足了当时的汉帝国以及随后的历代君主对于国家治理的合法性基础的内在需要，因而得到了广泛而持久的运用。从汉朝到清朝，在差不多两千年的时间里，国家治理的合法性基础，基本上都是依据董仲舒的“天人三策”。打个比方，“天人三策”几乎可以说是两千年帝制中国的“宪法序言”。

董仲舒的“天人相与论”对国家治理合法性基础的支撑，就相

---

① 〔汉〕班固撰，〔唐〕颜师古注：《汉书》，中华书局2000年版，第1904页。

② 对于“天人相与论”，冯友兰写道：“董仲舒所要做的就是为当时政治、社会新秩序提供理论的根据。照他的说法，由于人是天的一部分，所以人的行为的依据，一定要在天的行为中寻找。他采用了阴阳家的思想，认为天与人之间存在密切联系。从这个前提出发，他把主要来源于阴阳家的形而上学的根据，与主要是儒家的政治、社会哲学结合起来。”（冯友兰：《中国哲学简史》，北京大学出版社1996年版，第166页。）

当于今日的宪法序言对国家治理合法性基础的支撑。较之于董仲舒提供的“天人相与论”，中国宪法序言提供的国家治理的合法性基础和理据是“历史规律论”。按照现行宪法起草者彭真的想法，宪法序言需要“概括中国现代史上的四件大事”，其中，“第一件是辛亥革命，废除了封建帝制，创立了中华民国。第二件，是推翻了帝国主义、封建主义和官僚资本主义的统治，取得了新民主主义革命的胜利，建立了中华人民共和国。……第三件，是完成了生产资料私有制的社会主义改造，确立了社会主义制度。第四件，是现在还在进行的经济建设取得了重大的成就”。在这“四件大事”中，只有“第一件大事，是孙中山先生领导的。后三件，都是中国共产党领导全国人民，在马列主义、毛泽东思想指引下，取得胜利的”。①

彭真的这番话，最后凝聚成宪法序言中的文字：“一九四九年，以毛泽东主席为领袖的中国共产党领导中国各族人民，在经历了长期的艰难曲折的武装斗争和其他形式的斗争以后，终于推翻了帝国主义、封建主义和官僚资本主义的统治，取得了新民主主义革命的伟大胜利，建立了中华人民共和国。从此，中国人民掌握了国家的权力，成为国家的主人。”宪法序言还说：“中国新民主主义革命的胜利和社会主义事业的成就，是中国共产党领导中国各族人民，在马克思列宁主义、毛泽东思想的指引下，坚持真理，修正错误，战胜许多艰难险阻而取得的。”彭真构想的这篇宪法序言，得到了学界的高度评价，譬如，“许崇德认为，彭真对 1982 年宪法若干理论

① 郝在今：《为共和国第四部宪法呕心沥血》，《民主与法制》2002 年第 10 期。

创新问题作出了五大贡献：其一，现行《宪法》把中国五千年历史浓缩在篇幅不大的《序言》里，并且重点突出了20世纪‘四件大事’，从而烘托出了国家总任务提出的历史背景，这是彭真的大手笔。……”①

“彭真的大手笔”传递出宪法序言的核心旨趣：中国现代史上的大事，无论是前期的新民主主义革命还是后期的社会主义事业，尤其是中华人民共和国的建立，都“是中国共产党领导中国各族人民……取得胜利的”。这就是说，一部中国现代史主要是“中国共产党领导中国各族人民取得胜利”的历史；新中国的成立同样是“中国共产党领导中国各族人民取得胜利”的结果。由此可以说明，一方面，中国现代史是中国共产党领导中国各族人民书写的；另一方面，是历史选择了中国共产党的领导。因为，“中国共产党领导中国各族人民取得胜利”是不以人的意志为转移的客观历史规律所决定的——正是在这里，我们可以体会到古老的“天人三策”在中国现行宪法序言中的回响：在“汉武帝—董仲舒”的世界里，按照“天人相与论”，是上天选择了刘汉王朝，刘汉王朝的建立是上天的意志；在中国宪法序言建构的世界里，按照“历史规律论”，是历史或历史规律选择了中国共产党的领导，选择了中华人民共和国，选择了中国人民。上天是客观的，历史规律也是客观的，都是不以人的意志为转移的。因此，中华人民共和国的建立、中国人民掌握国家权力、中国共产党的领导地位都是历史规律选择的结果。

由此，我们可以看到，在宪法序言建构的世界里，有中华人民

---

① 朱力宇、彭君：《彭真与新中国的民主法制建设》，《政法论丛》2013年第1期。

共和国，有中国人民，有中国共产党。三者都是历史选择的，都是不以人的意志为转移的客观历史规律所选择的。三者之间的关系是：需要治理的国家是中华人民共和国，国家治理者是中国共产党领导的中国人民。这是宪法序言建构的世界，也是国家治理展开的世界，国家治理的合法性基础就是这样奠定的。

三、符号条款、国家认同与国家治理的合法性基础

在宪法文本中，国家治理的合法性基础不仅可以通过历史性的叙述来奠定，还可以通过符号性的叙述来奠定，那就是宪法关于国旗、国歌、国徽、首都的规定对于国家治理合法性基础的支撑。

在关于国家治理的相关研究文献中，几乎找不到涉及国旗、国歌、国徽、首都的论述。同样，流行的宪法学论著也几乎不讨论国旗、国歌、国徽与首都。然而，现行宪法却专门辟出一章（第四章），对这几个要素做出专门的规定。2004 年《中华人民共和国宪法修正案》还特别增加了有关国歌的条款。因此，第一百三十六条就变成了两句话："中华人民共和国国旗是五星红旗。中华人民共和国国歌是《义勇军进行曲》。"再加上第一百三十七条的规定："中华人民共和国国徽，中间是五星照耀下的天安门，周围是谷穗和齿轮。"以及第一百三十八条的规定："中华人民共和国首都是北京。"这就构成了《中华人民共和国宪法修正案》第四章的全部内容。规定国旗、国歌、国徽、首都的第四章，与《宪法》关于总纲的第一章、关于公民基本权利与义务的第二章、关于国家机构的第三章并列起来，这就表明，第四章的内容也是《宪法》不可分割的一个组成部分，因而也是实现国家治理的一种安排。在推进国家治理体系和治理能力现代化的进程中，《宪法》第四章主要是以符号

化的叙述，通过强化国家认同，夯实了国家治理的合法性基础。

无论是国旗、国歌还是国徽，都是国家的象征性的符号，都是关于国家的符号化的表达方式。在宪法上明确规定这些国家符号，有助于强化全国民众对于国家的归属感。正如《宪法》的修订者所言："赋予国歌的宪法地位，有利于维护国歌的权威性和稳定性，增强全国各族人民的国家认同感和国家荣誉感。"① 这句话其实已经揭示了国旗以及国歌、国徽、首都对于国家治理的合法性基础的意义。因为，国旗、国歌、国徽这样的符号在人类的政治生活中是必不可少的。国家的治理，从最直观的角度来看，就是符号化的治理。哲学上的研究已经表明，"符号化的思维和符号化的行为是人类生活中最富于代表性的特征，并且人类文化的全部发展都依赖于这些条件，这一点是无可争辩的"。②

在中国政治文明的早期，通过符号以夯实国家治理的合法性基础，已经得到了自觉的实践。在《尚书·虞书·益稷》篇中，舜就已经开始挖掘、运用这样的符号性资源，他说："以五采彰施于五色，作服，汝明。予欲闻六律五声八音，在治忽，以出纳五言，汝听。"这几句话是说，舜希望制作不同的服饰来体现不同的名分，使上下尊卑从人的服饰上就可以看出来。在服饰的设计上，不同的图案、不同的样式都有特定的政治含义，实际上是给每个人都贴上了一个符号或标签，强化了人的生存方式的符号性。舜还希望分辨

① 王兆国：《关于〈中华人民共和国宪法修正案（草案）〉的说明》，《人民日报》2004年3月9日第2版。

② ［德］卡西尔著：《人论》，甘阳译，上海译文出版社1985年版，第35页。

不同的音乐，因为不同的旋律也有不同的政治含义。音乐有助于调动人的情绪，因此，运用音乐的能力，就是一种政治能力，就是一种国家治理能力。对音乐的敏感，就是对政治的敏感。“舜的这种看法，虽然显得有些神秘，但是，却具有重要的原创意义：打通了音乐与政治的联系，强化了音乐的政治功能。舜的这两点理论思考，开启了后世的制礼作乐。一般认为，作为制度的制礼作乐出自西周初年的周公，但是，通过阅读《益稷》，可以看到，舜以服饰分等级、以音律辨治乱，其实已经描绘了礼乐文明的雏形。”①

传统中国的礼乐文明在政治实践中的直观体现，就是通过符号强化国家治理的合法性基础。无论是“礼”还是“乐”，都是某种象形符号或声音符号。符号化的“礼”与“乐”见之于中国现行宪法，就是国旗、国歌、国徽，当然也可以包括首都。这里我们只以国歌、国徽、国旗为例，就它们的国家认同功能，以及对国家治理合法性基础的支撑，略做阐释。

按照宪法的规定，作为国歌的《义勇军进行曲》由田汉的词与聂耳的曲这两个要素所构成。其中，田汉的词以文字为载体，更准确地说，是以一首诗的形式呈现出来的；至于聂耳的曲，则是通过一段旋律来表达的。从符号的视角来看，文字是一种符号，声音也是一种符号。在各种各样的文字符号中，最有感染力的是诗，诗不但是最美的文字符号，它同时还可以作为表达感情、振奋精神、沟通思想、凝聚意志的重要载体，以至于风尘仆仆地奔走于各诸侯国的“至圣先师”孔子，竟也不惜花费心血来删定《诗经》。他说：

① 喻中：《风与草：喻中读尚书》，北京大学出版社2011年版，第37页。

“诗三百，一言以蔽之，曰，‘思无邪’。”① 在孔子的心目中，诗这种文字符号对于建构一个理想社会、治理一个理想国家的积极意义，也就可想而知了。如果说诗是最优美的文字符号，那么，在千变万化的声音符号中，最有感染力的当首推音律。律者，均布也，它本身就包含了整齐划一、和谐有序的意义。孔子当年坚决地反对“郑声”，“恶郑声之乱雅乐也”，② 偏爱“韶”乐，以至于“在齐闻《韶》，三月不知肉味”，③ 正是看到了《韶》这样的声音符号所具有的强烈的教化功能、秩序建构功能、国家治理功能。

国歌正是文字符号与声音符号的统一体。宪法对国歌的正式确认，一方面有助于提升国歌在国民心中的地位。另一方面，通过一次又一次地奏响国歌、传唱国歌，“国家在我心中”将会成为一种广泛的集体意识。在这个过程中，国歌作为国家的一种符号化表达，不但会通过理智，而且会通过情感，更加深入地走进民众的内心世界，民众对于国家的归属感，也将日渐一日地加深。当人们越来越感到自己属于这个国家的时候，就意味着国家治理的正当性基础越来越坚实。反之，当人们对国家越来越没有归属感的时候，也就是这个国家趋于分崩离析的时候。一个分崩离析的国家，谈何“国家治理的合法性”？谈何“国家治理”？

国歌对于国家治理合法性基础的支撑，也就是国旗、国徽对于国家治理合法性基础的支撑。因为在很多场合，国旗、国歌、国徽这几个符号性的事物是同时使用的。当然，与体现国歌的文字符

① 陈晓芬、徐儒宗译注：《论语·大学·中庸》，中华书局2015年版，第16页。
② 陈晓芬、徐儒宗译注：《论语·大学·中庸》，中华书局2015年版，第214页。
③ 陈晓芬、徐儒宗译注：《论语·大学·中庸》，中华书局2015年版，第79页。

号、声音符号相比，国旗、国徽更多地体现为象形符号。无论是单独使用某一种国家符号，还是合并使用某几种国家符号，都有助于强化国家认同，强化国家治理的合法性基础。

让我们看一个使用国徽的典型案例：福建省建宁县法院里心法庭作为一个典型的乡镇派出法庭，"在绵延600公里的大山深处，在20年时间里擎起神圣的国徽、撑起司法的天平，这本身就是在实现着一种价值"①。在实现一种什么价值呢？回答是：强化国家认同，夯实国家治理的合法性基础。因为，正是由于里心法庭持续不断的实践活动，代表国家的国徽才在绵延600公里的大山深处被擎起，并被这个地区的民众所熟知、所理解、所敬重，里心法庭擎起的国徽成为国家在大山深处的一个载体。方圆600公里的民众通过里心法庭擎起的国徽，直观地感受到了国家的存在，国家也由此进入山区民众的日常生活。"不仅如此，政治国家还理解他们的喜怒哀乐，还在切实有效地排解他们自己难以解决的矛盾和纠纷。可见，通过里心审判方式，政治国家的合法性、合理性和正当性，不是更少而是更多地得到了大山深处的民众的承认。另一方面，里心审判方式的有效运用，有助于促使里心地区的社会秩序和人际关系更趋和谐，国家借此而实现了对里心地区的有效治理。"② 在这里，国家既通过法庭审判实现对于里心地区的治理，同时也在借助国徽之类的国家符号强化国家认同，强化国家治理的合法性基础。

国旗、国歌、国徽、首都作为象征国家的符号，它们的存在就

① 吕坤良、梅贤明、杨怀荣、修晓贞：《地偏法不远——福建建宁法院里心法庭调查》，《人民法院报》2004年6月10日第5版。

② 喻中：《乡土中国的司法图景》，法律出版社2013年版，第77页。

意味着国家的存在。它们在宪法中被明确规定，既是传统中国的礼乐文明在现代中国的“历史遗留物”，同时也是通过符号强化国家治理合法性基础的集中体现。从根本上说，国歌演唱、国旗飘扬、国徽高悬的终极功能，就在于通过国家认同，实现国家治理。国旗、国歌、国徽的尊严与国家治理的合法性是联为一体的。

正是由于这个缘故，无论是在中国还是在其他国家，在政治实践、法律实施过程中，都特别看重国旗、国歌、国徽这些国家符号的价值。正如审理焚烧国旗案的美国联邦最高法院首席大法官伦奎斯特所言：“200 多年来，美国国旗作为我们民族的象征，有着独一无二的地位。”“不论是和平还是战时，国旗都是我们国家的象征。”① 虽然时至今日，由于种种原因——譬如，精英价值观对于大众价值观的制衡作用，宪法维护表达自由或言论自由的第一修正案为焚烧国旗提供的模糊空间，等等——在美国焚烧国旗依然不会受到惩罚，保护国旗的文字还没有成为宪法条款，但是，通过护旗派人士积极推动的声势浩大的护旗运动，美国国旗对美国民众的感召力、凝聚力，在这个过程中反而增强了。这从另一个侧面也说明了国旗这样的符号在国家治理中具有不容忽视的功能，那就是：通过强化国家认同，通过强化国家对民众的精神感召力，增强了国家治理的合法性基础。

四、结论及延伸性讨论

以上分析表明，中国宪法对国家治理合法性基础的支撑方式主要有两种：第一，宪法以历史叙事的方式，通过历史规律的建构，

---

① 转引自东来：《在美国焚烧国旗是否合法?》，《读书》1995 年第 10 期。

为国家治理提供了终极性的合法性依据；第二，宪法以符号叙事的方式，通过国家符号的彰显、国家认同的强化，进一步夯实了国家治理的合法性基础，这就是根据上文得出的基本结论。与此同时，我们对于宪法以及国家治理的合法性基础，还可以做出两点延伸性的讨论。

一方面，对于法学理论、法治理论来说，应当看到宪法文本的边缘地带所承载的特殊价值。

在宪法文本中，公民权利与国家机构占据了中心地带，是学术研究的主要对象。相比之下，《宪法》的序言以及《宪法》关于国旗、国歌、国徽的规定，近似于宪法的边缘地带。近年来，我国学界虽然推出了若干论述《宪法》序言的学术文献，① 但从总体上看，《宪法》序言的法理意义仍未得到充分的揭示。事实上，《宪法》序言既是国家治理的合法性基础的源头，亦是整个法律法规的合法性及效力的终极依据。打个比方，《宪法》序言就像整个法律体系得以悬挂、得以附丽的天花板上垂下来的一个挂钩，只有通过《宪法》序言这个“挂钩”，作为整体的法律才建立起与法律之外的政治、社会、文化之间的精神关联。再打个比方，如果把宪法以及根据宪法制定出来的法律体系看成是一个庞大的文本，那么，《宪法》序言就是这个庞大文本的第一句话，这“第一句话”已经在相当大的程度上决定了整个文本（整个法律体系）的走向、风格。譬如，美国宪法以“我们人民”开始，就意味着，这是一个建

① 譬如，钱锦宇：《宪法序言、国家梦想与政制建构》，《法学论坛》2013 年第 4 期；殷啸虎、李莉：《宪法序言的功能与效力研究》，《上海交通大学学报》（哲学社会科学版）2004 年第 6 期；等等。

基于社会契约理论的宪法文本和法律体系。中国宪法以历史叙事开始，就表明这是一个建基于历史规律的宪法文本和法律体系。可见，在法学理论中，应当对作为整个法律体系的“第一句话”的宪法序言予以更多的重视。

较之于《宪法》序言，《宪法》第四章得到的关注相对更少。法学家忽视《宪法》第四章的原因，很可能是这些关于国家符号的规定似乎没有制度意义，至少没有法学家们通常理解的那种制度意义。但是，《宪法》第四章作为宪法文本的“压轴”部分，也是宪法的重要组成部分。追根溯源，正如前文所述，宪法关于这些国家符号的规定，其实根源于一个伟大的传统，那就是礼乐文明。在上古时代，国家治理的基本方式就是“制礼作乐”，这种以礼和乐为核心的国家治理方式，主要就是通过符号化的方式展现出来的。对国家符号、政治符号的彰显，正是国家建构、国家治理的重要方式。从这个角度来看，《宪法》第四章对于国家建构、国家治理的价值与意义，还有待于更进一步地揭示。

另一方面，就国家治理的合法性基础来看，还应当进一步挖掘宪法资源，为国家治理的合法性奠定更加坚实的基础。

国家治理的合法性基础离不开宪法和法律的支撑。但是，在宪法和法律的体系中，除了规定相关主体的权利义务（或权力责任）的实体性规范、程序性规范，还应当看到，无论是宪法还是法律，都包括了一些不直接规定权利义务（或权力责任）的法律成分。在一般性的法律、法规中，经常会包含一些象征性的法律条款。① 在宪法文本中，则有《宪法》序言、《宪法》第四章。这样一些宪法

① 喻中：《象征性法律及其意义》，《社会科学研究》2004 年第 6 期。

文字虽然不同于直接规定权利义务（权力责任）的宪法条款，但它们却为国家治理的合法性提供了更具基础性的论证。它们对于国家治理合法性的意义，就像影视作品中的“底色”，又像音乐作品中的“执拗低音”，还像历史意识中的“古层”。① 它们为国家治理的合法性基础提供了根本的支撑。

第二节　国家治理及其宪法资源

一、问题的提出

改善国家治理是当代中国极其紧迫、极其重要的现实问题、焦点问题。改善国家治理既是实践提出的要求，同时也是理论创新的要求。

从实践中看，国家治理的系统性、整体性、协同性还有待于进一步提高。在政治治理方面，对权力腐败的治理偏重于事后的惩罚，在制度性预防方面显得相对滞后，还没有建立起有效的腐败预防机制。在社会治理方面，由于社会治理机制的系统性不足，有一些地方在维稳与维权之间进退失据，导致维稳与维权之间的矛盾难以化解。在人与自然的关系上，由于环境保护与经济发展之间的协

① 刘文星：《丸山真男历史意识的“古层”论简析》，《日本学刊》2009年第1期。

同性不够，在经济持续增长的同时，生态环境却日益恶化，导致人与自然的关系偏离和谐。在人与人的关系上，由于纠纷解决系统的协同性不足，人与人之间的利益冲突不能得到及时有效的化解，相关国家机构化解利益冲突、维护公平正义的能力还有待提高，等等。诸如此类的问题，都说明国家治理无论是就系统性而言还是就整体性而言，都还有较大的改进空间。恩格斯曾说："在现代国家中，法不仅必须适应于总的经济状况，不仅必须是它的表现，而且还必须是不因内在矛盾而自己推翻自己的内部和谐一致的表现。"①国家治理也是这样，不能因为内在矛盾而推翻自己内部的和谐一致，否则，就会损害国家治理能力。

从理论上看，以国家治理为主题的研究文献虽然较多，② 但是，这些相关的研究都存在着一个共同的缺陷：没有把国家治理与宪法紧密地结合起来，没有从宪法的角度来论述改善国家治理的可能性。无论如何，在一个法治国家，脱离宪法来谈国家治理，都是一

① 《马克思恩格斯选集》（第四卷），人民出版社1972年版，第483页。

② 譬如，[美] 福山著：《国家构建：21世纪的国家治理与世界秩序》，黄胜强、许铭原译，中国社会科学出版社2007年版；[法] 福柯著：《安全、领土与人口》，钱翰、陈晓径译，上海人民出版社2010年版；[日] 岩崎正洋：『ガバナンス論の現在：国家をめぐる公共性と民主主義』，勁草書房，2011；[日] 秋山和宏、岩崎正洋：『国家をめぐるガバナンス論の現在』，勁草書房，2012；[日] 山本啓：「市民社会・国家とガバナンス」，『公共政策研究』5，特集：市民社会の公共政策学，2005；Philip A. Kuhn. Origins of the modern Chinese states, Stanford, California, Stanford University Press, 2002; Linda weiss, Globalination and National governance: Antinomy or Interdependence? Review of international Studies, Vol. 25, Dec, . 1999, pp. 59 – 88.

个理论上的疏漏。因为宪法作为国家治理的总章程，是实现和改进国家治理的重要资源。宪法由于其独特的系统性、整体性、权威性，“不仅可以决定立法的机关和程序，而且在某种程度上，还可以决定未来法律的内容”①，这就意味着，宪法对于国家治理的系统性、整体性、协同性，具有不可替代的保障、促进作用。

在法治中国建设的背景下，宪法对改进国家治理具有重要意义。因为法治的要义，就是运用法的治理，就是依法实现国家治理。而在法的体系和视野中，最重要的法就是宪法。这就是说，法治的核心指向，就是运用宪法实现国家治理。法治当然也要运用民法、刑法等部门法来实现国家治理，但是，民法、刑法等部门法主要是实现局部性的国家治理的依据，宪法则是实现系统性、整体性的国家治理的依据，因为宪法本身就是对国家治理的系统性、整体性的规划。正是由于宪法对于国家治理的系统性、整体性、协同性具有特殊功能，因此，应当运用宪法资源来改善国家治理，应当运用宪法资源推进国家治理体系和治理能力的现代化。

为了回答宪法如何促进国家治理的系统性、整体性、协同性的问题，为了解决如何挖掘宪法资源以改进国家治理、提升治理能力的问题，我们的基本思路和逻辑结构是：首先从历史演进的角度，回顾宪法对于国家治理的促进作用，概括宪法学知识对于国家治理的知识贡献，展示运用宪法资源实现国家治理的经验积累与理论遗产。在此基础上，结合当代中国国家治理的现实需要，着眼于国家治理的迫切需要，从两个不同的维度，分析宪法在国家治理中的功

---

① ［奥］凯尔森著：《法与国家的一般理论》，沈宗灵译，中国大百科全书出版社 1996 年版，第 143 页。

能：宪法规定的基本制度为国家治理提供了制度体系方面的资源，宪法规定的组织结构为国家治理提供了组织结构方面的资源。接下来，还有一个至关重要的问题需要认真对待，那就是，作为一个前置性命题，应当在尊重执政党领导地位的前提下，依据宪法建构国家治理的体制与机制。最后，应当立足于改革的大背景，厘清宪法与国家治理之间的互动关系，强调以制度创新的观念来看待宪法资源对国家治理的效用。

二、国家治理对宪法资源的运用：历史考察与现实需要

从历史上看，无论是西方还是中国，都面临着国家治理的艰巨任务。近现代以来，为了走出困境，解决国家治理的核心问题，中国和西方各国都习惯于运用宪法资源提高国家治理能力，化解国家治理中出现的危机，从而留下了若干值得注意的经验和教训。有必要在正视这些经验教训的基础上，看到当代中国国家治理的现实需要，以及这种现实需要为挖掘运用宪法资源、改进国家治理留下的空间。

（一）西方历史上的国家治理及其对宪法资源的运用

西方国家是近现代宪法的先行者，也是运用宪法资源实现国家治理的先行者。在代表性的西方国家中，英国被视为近代宪法的萌生地。尽管英国宪法呈现出不成文宪法的外在特征，但是，一部英国宪法演进史，就是一部运用宪法资源实现国家治理的历史。其中，1215 年的《大宪章》作为英国宪法的源头，就以政治契约的

形式，解决了国王约翰与贵族、自由民、教会之间的利益冲突，[①] 通过限制王权化解了当时的治理危机。此后，1628 年的《权利请愿书》、1689 年的《权利法案》、1701 年的《王位继承法》等宪法性文件，则反映了议会对王权的持续不断的限制。1911 年及 1949 年的《议会法》则是下议院对上议院的权力限制。通过制定实施这一系列宪法性法律文件，有效地化解了不同利益群体之间的矛盾，实现了对各种利益群体的有效整合，形成了议会主权、法律主治的国家治理结构，在数百年的时间里，持续不断地提升了英国的国家治理能力和综合国力。

正是由于英国宪法成功地解决了国家治理中的难题与危机，在改善国家治理的实践中发挥了显著的作用，英国宪法受到了思想界的高度推崇。在英国思想家戴雪看来，英国宪法“是神秘而不可强以言语形容的政治功业”，甚至“是一种神物，无论本国人民或外国人民，万一竟有不能即时理会之处，论者亦只应加以敬畏，而不生贰心”。[②] 这种饱含敬畏的言辞，足以显示英国宪法对英国民众的感召力，以及英国民众对英国宪法的向心力。当所有英国人都信仰英国宪法，都服从英国宪法的支配时，就意味着宪法已经充当了英国国家治理的重要资源。正是鉴于英国宪法对英国国家治理的作用，我国思想家梁启超也对英国宪法赞赏有加，甚至称其为“完全

---

① 当时的英国国王约翰（1167—1216）即位之后，增加了新的税种，掠夺下级封建领主的土地，严重超越了当时英国的统治秩序所许可的边界，威胁到贵族、教会等各个阶级的利益，引发了这些阶级的强烈反击，从国家治理的角度来看，就导致了一场治理危机。

② ［英］戴雪著：《英宪精义》，雷宾南译，中国法制出版社 2001 年版，第 86 页。

无缺”之宪法。①

如果说英国宪法持续地、稳健地改善了英国的国家治理，妥善地实现了国家整合，那么，美国1787年宪法则是应对治理危机的产物。正如托克维尔所见，在美国1787年宪法颁布之前，“每个殖民地都成了一个独立共和国，都要求享有完全的主权。邦联政府被它的宪法弄得软弱无力，不再有共同的危险感作为它的支柱，眼看着船舶上悬挂的国旗被欧洲大国凌辱而毫无办法，而且当时也没有足够的力量去对待印第安人和支付独立战争时期所举债款的利息。在邦联政府就要毁灭时，它正式声明自己无能为力，并向制宪权呼吁”。这就是说，濒临毁灭的邦联政府已经不能有效地治理这个政治共同体了。在国家治理快要崩溃之时，在国家治理能力跌入谷底之际，美国人转而求助于一部新的联邦宪法，希望以此完善国家治理体系和提升治理能力。在华盛顿的主持下，美国制宪会议“经过长期的深思熟虑，终于建议人民接受至今仍然治理着美国的那部基本大法”。②

在思想史上享有较高地位的《联邦党人文集》，就是当时的立宪者为新宪法鼓与呼而写下的篇章。按照联邦党人的逻辑，“目前的邦联政府不足以维持联邦”，③ 不足以应付内外矛盾，亟待制定新宪法；只有建立新的国家治理体系，才能拯救这个新生的国家。

① 梁启超：《各国宪法异同论》，载《梁启超全集》，北京出版社1999年版，第318页。

② ［法］托克维尔著：《论美国的民主》（上卷），董果良译，商务印书馆2009年版，第125—126页。

③ ［美］汉密尔顿、杰伊、麦迪逊著：《联邦党人文集》，程逢如、在汉、舒逊译，商务印书馆1997年版，第71页。

在联邦党人的努力下，1787 年宪法制定出来了，很快就在提升美国国家治理能力方面发挥了显著的作用。美国社会很快就形成了“一种对其原则不加分辨的、近乎盲目的崇拜”，认为美国宪法“用一纸文件的统治取代了国王的统治”。① 甚至是身为制宪当事人的华盛顿，亦在 1788 年颇有几分自负地指出：“新宪法至少有一点可取之处，就是采取了比人类迄今所建立的任何政府所采取的还要多的防范和其他难以逾越的措施，以防止走向暴政。在凡人的世界中，不能期望完美无缺，但是现代的人类在国家治理方面已有明显进步。即使目前呈现给美国民众的政府体制在实验中发现未能达到应有的完美程度，还可以根据宪法随时加以改进。”“根据已经审议成熟的结果，我只想再多说一句，要么通过新宪法，要么回到绝对的无政府状态并承受其可悲的恶果，别无其他选择。”② 美国二百多年来的国家治理实践已经验证了华盛顿的这番话。事实上，正是在 1787 年宪法设置的治理框架下，美国的国家治理能力迅速提升，并成为 20 世纪以来的世界第一强国。倘若要追根溯源，那么，美国的强国之道就是美国的国家治理之道，它就浓缩在 1787 年诞生的美国宪法中。

英国的不成文宪法促进了英国的国家治理能力，美国的成文宪法提升了美国的国家治理能力。这两个国家的宪法都促成了国家治理体系的改善，与本国的国家治理相得益彰。相比之下，近代法国

① ［美］考文著：《美国宪法的高级法背景》，强世功译，三联书店 1996 年版，“序言”，第 1—2 页。

② ［美］华盛顿著：《华盛顿选集》，聂崇信、吕德本、熊希龄译，商务印书馆 1983 年版，第 239、240 页。

则留下了更多的教训。自18世纪后期到19世纪，法国不断爆发革命，长期在立宪君主制、专制君主制与民主共和制之间反复“翻烧饼”。在相当长的时间里，法国政治动荡，宪法更换频繁，[①] 国家治理乏善可陈，长期走不上正轨。背后的原因虽然是多方面的，但是，不善于运用宪法资源以资国家治理，不能不说是一个重要的原因。

让我们以1848年法国宪法为例稍做分析。这部在1848年法国革命中诞生的宪法虽然确认了民主共和制，但由于它的内在矛盾，导致其未能改善法国的国家治理。对此，马克思在《1848年至1850年的法兰西阶级斗争》一文中已有专门的分析：“这个宪法的主要矛盾在于下面这点：它通过普选权给予了政治权力的阶级正是它要使它们的社会奴役地位永恒化的那些阶级——无产阶级、农民阶级和小资产阶级，而被它剥夺了维持旧有社会权力的政治保证的阶级正是它批准具有这种权力的那个阶级——资产阶级。资产阶级的政治统治被宪法勉强塞进民主主义的框子里，而这个框子时时刻刻都在帮助资产阶级的敌人取得胜利，并使资产阶级社会的基础成为问题。宪法要求前者不要从政治的解决前进到社会的解放，要求后者不要从社会的复辟后退到政治的复辟。”[②] 这些内在的矛盾，在宪法内部造成了相互撕裂的效果，既是国家治理不善的原因，甚至也是革命失败的原因。

---

① 法国历史上一共颁布了15部宪法，在1789年的《人权宣言》之后，先后有1791、1793、1795、1799、1804、1814、1815、1830、1848、1852、1870、1875、1946、1958年宪法。其中1958年宪法为现行宪法。

② 《马克思恩格斯选集》（第一卷），人民出版社1972年版，第427—428页。

不过，虽然法国宪法在改进国家治理方面走过了一条曲折的道路，但法国人孟德斯鸠在《论法的精神》一书中阐述的宪法理论，却对其他西方国家特别是美国的宪法及其国家治理产生了深远的影响，成为西方各国完善国家治理体系的重要理论资源。

概而言之，英、美、法诸国在运用宪法资源促进国家治理方面积累的经验教训与理论学说，为当代中国运用宪法资源实现国家治理提供了若干镜鉴，其中蕴藏的宪法智慧和治理智慧可以批判地汲取。

（二）中国历史上的国家治理及其对宪法资源的运用

如果说西方的宪法是原生的，那么现代中国的宪法主要是借鉴移植的结果。从发生学的角度来看，宪法在现代中国萌生，就是为了化解国家治理危机、提升国家治理能力。

传统中国没有现代意义上的宪法，传统中国主要是依据儒家建构的治理框架，有效地回应了国家治理的需要。但是，到了清朝末年，随着传统的天下体系转换成现代的万国体系，儒家治理框架已经不足以有效地实现国家治理了。“秦之儒者，法术刑名。汉之儒者，曲学阿世。宋之儒者，不近人情。元之儒者，进退失据。”[①] 正是在儒家坍塌、儒者跌落的过程中，启蒙思想家们提出了立宪救国的新思路。其中，严复主张：“今日所谓立宪，不止有恒久之法度已也，将必有其民权与君权，分立并用焉。”[②] 严复在此所说的“立宪”，就是要用新的治理框架更新传统的国家治理体系。在

① 郑大华点校：《新政真诠：何启、胡礼垣集》，辽宁人民出版社 1994 年版，第 10 页。

② 王栻主编：《严复集》（第四册），中华书局 1986 年版，第 940 页。

1898 年的一份奏折中，康有为断定“东西各国之强，皆以立宪法开国会之故”，他相信，在宪法设定的框架下，各种国家制度相互配合，各种国家机构相互支撑，全国人民“合为一体，国安得不强?”①。严复、康有为的这些言论代表了清末中国的一种声音：运用宪法资源来完善国家治理，实现国家富强，他们把强国的希望、提升国家治理能力的希望，都寄托于对宪法资源的运用上。

正是看到了西方各国宪法对西方国家治理能力所产生的正面效应，清朝末年亦开始了创制宪法的尝试。1908 年的《钦定宪法大纲》、1911 年的《宪法重大信条十九条》，都是因此而诞生的。但是，在积重难返的背景下，这两部宪法性法律文件都没有为改善清末的国家治理发挥应有的作用。民国建立之后，宪法对于国家治理的意义同样在当时社会取得了广泛的共识。从孙中山到袁世凯，从北洋军阀到南京的国民党政权，尽管立场不同，理念各异，却有一个最大公约数：都在制定自己的宪法，都希望运用宪法资源改善国家治理。但是，由于种种原因，这些宪法同样没有在改善国家治理方面发挥应有的作用，国家治理也一直没有走出体制性瓶颈。

作为临时宪法，1949 年的《中国人民政治协商会议共同纲领》在制度上、组织上为新中国奠定了基本的治理框架。几年之后，为了改善国家治理，国家又制定了 1954 年宪法。在论及这部宪法时，毛泽东指出：这部宪法“总结了最近几年来社会改革、经济建设、文化建设和政府工作的经验”，“用宪法这样一个根本大法的形式，把人民民主和社会主义原则固定下来，使全国人民有一条清楚的轨

---

① 中国史学会主编：《戊戌变法》（第二册），上海神州国光社 1953 年版，第 236 页。

道，使全国人民感到有一条清楚的明确的和正确的道路可走，就可以提高全国人民的积极性”。[①] 毛泽东在此指出了两点：（1）1954年宪法总结了国家治理的相关经验；（2）它有助于提高全国人民的积极性，从而为中国特色的社会主义制度奠定了很好的基础。

至于现行宪法，自1982年颁布实施以来，已经在维护国家统一、民族团结、社会稳定方面发挥了强大的作用，在国家治理方面产生了极为深刻的影响，已经构成了当代中国推进国家治理体系和治理能力现代化的重要资源。

（三）进一步挖掘宪法资源改进国家治理的空间

中国现行宪法虽然在规范国家治理秩序、提升国家治理能力方面发挥了强大的作用，但是，宪法的作用还有待于进一步发挥，国家治理还有待于进一步挖掘宪法资源。在国家治理的实践过程中存在的诸多问题，譬如，有法不依、执法不严、违法不究在一些地方和部门依然存在，关系人民切身利益的执法司法问题还比较突出，特别是国家治理在系统性、整体性、协同性方面存在的问题，都需要进一步运用宪法资源来加以解决。只有强化宪法对国家治理的规范性，才能更好地解决国家治理实践中存在的问题。因此，应当根据国家治理的迫切需要，进一步拓展运用宪法资源改进国家治理的空间。

国家治理的迫切需要是什么？对此，中外学者已经从不同的角度提供了不同的回答，我国有学者强调了规范权力、保护权利、价

① 《毛泽东选集》（第五卷），人民出版社1977年版，第126、129页。

格机制三要素。[①] 西方文献中，韦伯重视科层制的官僚体制，[②] 福山偏好组织的设计与管理、政治体系的设计等因素，[③] 福柯认为，由制度、程序等构成的"总体"，一系列治理特有的"装置"，还有治理的过程与结果，对于治理来说都很重要。[④] 在借鉴这些理论观点的基础上，我们认为，我国国家治理的迫切需要主要包括两个方面：完善的制度体系，以及完善的组织结构。

一方面，当代中国的国家治理还需要更加完善的制度体系。

制度体系是由制度构成的，那么，制度是什么？韦伯认为，制度主要是指"惯例"与"法律"。[⑤] 罗尔斯"把制度理解为一种公开的规范体系"。[⑥] 按照诺思的观点，"制度是人类设计的，构造着政治、经济和社会相互关系的一系列约束"。[⑦] 舒尔茨主张"将制

---

① 任剑涛：《国家治理的简约主义》，《开放时代》2010 年第 7 期。

② ［德］韦伯著：《支配社会学》，康乐、简惠美译，广西师范大学出版社 2004 年版，第 65 页。

③ ［美］福山著：《国家构建：21 世纪的国家治理与世界秩序》，黄胜强、许铭原译，中国社会科学出版社 2007 年版，第 23 页。

④ ［法］福柯著：《安全、领土与人口》，钱翰、陈晓径译，上海人民出版社 2010 年版，第 91 页。

⑤ ［德］韦伯著：《政治与社会》（上卷），林荣远译，商务印书馆 1997 年版，第 64 页。

⑥ ［美］罗尔斯著：《正义论》，何怀宏等译，中国社会科学出版社 1988 年版，第 50 页。

⑦ ［美］诺思著：《制度、制度变迁与经济绩效》，刘守英译，上海三联书店 1994 年版，第 3 页。

度定义为一种行为规则，这些规则涉及社会、政治和经济行为”。[①]制度法理论认为，制度这个概念“是用规则或通过规则表述的，规则的任何出现、发展或进化的过程都可能是制度的出现、发展或进化的过程”。[②] 把这些观点综合起来，我们认为，制度主要体现为具有约束力的规则。将各种制度组合起来就构成一个体系，亦即制度体系。从功能上看，制度体系构成了国家治理的制度保障，而且是体系性、规则化的制度保障。

在数十年的实践中，中国已经建立了一系列实现国家治理的制度体系，但是，现行的制度体系在系统性、整体性、协同性方面还有待于进一步完善。譬如，保障党的领导、人民当家做主与依法治国辩证统一的制度，推动人与自然和谐发展的制度，协调市场机制与政府监督的制度，科学有效的权力制约与监督制度等，都需要进一步完善与优化。这就提出了建构更加合理的制度体系的必然要求。如何科学建构国家治理的制度体系，是下面将要讨论的问题，但制度体系作为国家治理的迫切需要，是国家治理的基石。

另一方面，国家治理还需要更加完善的组织结构。

从功能上说，国家治理的组织结构是实现国家治理的物质载体。“组织结构的设计是按照能最有效地分配和协调各种活动的要

---

① ［美］舒尔茨：《制度与人的经济价值的不断提高》，载［美］科斯等著：《财产权利与制度变迁：产权学派与新制度学派译文集》，刘守英译，上海三联书店 1994 年版，第 253 页。

② ［英］麦考密克、［奥］魏因贝格尔著：《制度法论》，周叶谦译，中国政法大学出版社 1994 年版，第 19 页。

求进行的。”① 在国家治理的视野中，相对于制度体系的完整性、逻辑性、系统性，组织结构具有能动、相互作用的性质和特征。相对于制度体系所呈现出来的内部各种制度相互并列，甚至是相互平行的特征，组织结构更多地是由角色不同、功能互补的主体组合而成的。如果说，制度体系是由制度、规则构成的，那么，组织结构就是由机构与人组合而成的。在组织结构中，各个主体之间相互交往也相互依赖，相互冲突也相互妥协，共同维系着一个有机的组织结构关系。通过组织结构内部各种主体之间的有效整合、有效运转，才能最终实现国家治理的目标。

作为国家治理的一个重要方面，组织结构还有待于进一步完善。譬如，在行政执法领域，还存在着多头执法、权责交叉的问题；在司法领域，还存在着司法机构受制于地方干扰的问题；等等。这些在组织结构层面上存在的问题，已经妨碍了国家治理能力的提升。因此，构建更加完善的组织结构、提供更加有力的组织保障，对于国家治理来说是不可或缺的。

要改进当代中国的国家治理，必须坚持“两手抓”：既要构建更加完善的制度体系，还要构建更加完善的组织结构。两者之间，制度体系解决了国家治理的框架问题，是对国家治理的总体安排；组织结构是国家治理的物质载体。两者尽管各有指向，但它们作为国家治理的两大支柱，有一个共同的特点：都应当运用宪法来建构。因为宪法既是制度体系的渊源，也是组织结构的渊源。宪法蕴含着推进国家治理体系和治理能力现代化的巨大能量，因此，应当

---

① ［美］卡斯特、罗森茨韦克著：《组织与管理：系统方法与权变方法》，傅严等译，中国社会科学出版社2000年版，第288页。

从制度体系建设、组织结构建设两个方面着手，进一步激发宪法对于国家治理的潜能。这个过程，也是全面贯彻实施宪法的过程。

三、运用宪法资源完善国家治理的制度体系

全面贯彻实施宪法，本质上就是全面实施宪法规定的基本制度。宪法规定的基本制度，在宪法演进史上，呈现出一个逐渐丰满的发展过程。早期的宪法，主要是对基本政治制度的规定，主要是对政治权力的安排与规划。到了19世纪，特别是20世纪以后，宪法规定的基本制度开始从政治制度逐渐扩展至经济制度、文化制度、生态制度等方面。在当代，各个国家的宪法几乎都对国家治理的各项制度进行了全方位的建构。中国现行宪法也不例外。对于完善当代中国国家治理的制度体系，中国宪法提供了可靠的资源。中国宪法已经以根本法、最高法的形式，规划了国家治理的制度体系。

从内容上看，我国宪法已经对国家治理的制度体系进行了全面的规定：政治制度、经济制度、文化制度、生态制度。这几个方面的基本制度所构成的制度体系，组成了国家治理的制度体系。

（一）政治制度与政治治理

政治制度指向宪法的政治要素①，主要在于确立、搭建国家的政治框架。通俗地说，就是要解决国家权力的制度安排。这显然是一个需要运用宪法来解决的制度问题。美国德鲁大学的里默教授认

① 所谓宪法的政治要素，在宪法学家施米特的笔下，主要是指民主制、君主制、贵族制、议会制。详见［德］施米特著：《宪法学说》，刘锋译，上海人民出版社2005年版，第三章《近代宪法的政治要素》。

为，制定宪法就意味着“对于政治领域的创造性突破”，而创造性突破就意味着“对麻烦问题的成功解决”。[①] 在里默看来，1787 年诞生的美国宪法，就是对美国政治领域的“创造性突破”，这部宪法规定了美国政治权力的三大支柱——立法、行政、司法及其相互关系，以及联邦与各州之间的相互关系，成功地解决了美国当时的“麻烦问题”。

在中国现行宪法中，“总纲”部分是对基本政治制度的规定，是对中国“政治领域的创造性突破”，其他章节关于政治问题的规定，是对“总纲”相关规定的具体化。较之于美国宪法，中国宪法对于中国“政治领域的创造性突破”主要体现在：第一条关于国家性质的规定：“中华人民共和国是工人阶级领导的、以工农联盟为基础的人民民主专政的社会主义国家。”第二条关于人民主权的规定：“中华人民共和国的一切权力属于人民。人民行使国家权力的机关是全国人民代表大会和地方各级人民代表大会。人民依照法律规定，通过各种途径和形式，管理国家事务，管理经济和文化事业，管理社会事务。”以及第三条关于人民代表大会制度的规定：“中华人民共和国的国家机构实行民主集中制的原则。全国人民代表大会和地方各级人民代表大会都由民主选举产生，对人民负责，受人民监督。国家行政机关、监察机关、审判机关、检察机关都由人民代表大会产生，对它负责，受它监督。”还有第四条关于民族问题的规定：“中华人民共和国各民族一律平等。国家保障各少数

① ［美］里默：《宪法与 1787 年政治领域的一种创造性突破》，载［美］汤普森主编：《宪法的政治理论》，张志铭译，三联书店 1997 年版，第 4—5 页。

民族的合法的权利和利益，维护和发展各民族的平等团结互助和谐关系。”这几个方面的问题堪称当代中国最基本的政治问题，这几个宪法条款构成了中国政治制度的基本内容，是实现政治治理的主要依据。

为了实现对政治的有效治理，为了提升国家的政治能力，还应当在宪法规定的基本政治制度的框架下，进一步完善人民代表大会制度、政治协商制度、基层民主制度，还应当加快政府职能转变、司法体制改革、人权保障机制、权力制约与监督机制等方面的制度建设，通过各项具体的政治制度，充实我国宪法规定的基本政治制度。

（二）经济制度与经济治理

规定经济制度是宪法发展的产物。在历史上，早期的宪法几乎都是关于政治制度的规定，一般不规定经济制度或经济生活。譬如美国1787年宪法，几乎就没有经济制度方面的具体内容。① 但是，自20世纪以来，特别是以1919年制定的德国《魏玛宪法》作为标志，宪法不仅要解决政治问题，还要规定经济生活，② 从此以后，经济制度成为宪法中的重要组成部分。与此同时，关于“经济宪

---

① 但有关于征税权等方面的规定。譬如，美国1787年宪法第一条之第八款关于国会权力的规定，即国会有权“赋课并征收直接税、间接税、关税与国产税”，等等。从根本上说，宪法的变迁与税制的变迁具有很大关联性。这是另一个问题，此处不再展开。

② 1919年德国《魏玛宪法》第五章题目是“经济生活”，众多的条款主要涉及经济关系（第一百五十二条）、所有权（第一百五十三条）、继承权（第一百五十四条）、土地之分配及利用（第一百五十五条），以及征收、劳力、公共福利、劳动关系等方面的内容。

法”的研究也受到了学界的广泛关注。譬如，德国弗莱堡学派的代表人物欧肯认为：“我们必须把经济宪法理解为对于一个共同体的经济生活的秩序的总决定。”① 按照我国学者的归纳，所谓“经济宪法就是按照市场经济的原则和规律建立起来的，保障公民经济权利与自由、制约国家经济权力的根本法规范，以及据此形成的宪治经济秩序”。② 可见，学术理论中的“经济宪法”主要是指调整经济生活的宪法规范，作为基本经济制度的主要依据，“经济宪法”在于实现对于经济的治理。

我国宪法中的经济条款集中体现在第六条：“中华人民共和国的社会主义经济制度的基础是生产资料的社会主义公有制，即全民所有制和劳动群众集体所有制。社会主义公有制消灭人剥削人的制度，实行各尽所能、按劳分配的原则。国家在社会主义初级阶段，坚持公有制为主体、多种所有制经济共同发展的基本经济制度，坚持按劳分配为主体、多种分配方式并存的分配制度。”这个宪法条款规定了所有制形式、分配方式，构成了我国经济制度的基石性条款，用前文引证的欧肯的话来说，这个条款是关于我们这个“共同体的经济生活的秩序的总决定”。以这个条款为基础，从第七条至第十八条，在十多个条款中，中国宪法以较大的篇幅对中国的国有经济、农村集体经济、城乡土地、非公有制经济、公共财产、私有财产、市场经济、国有企业、集体经济组织、外国企业等经济现象分别进行了宪法上的定位，从而勾画了我国基本经济制度的总体框

① ［德］欧肯：《国民经济学基础》，左大培译，商务印书馆2010年版，第92页。

② 赵世义：《经济宪法学基本问题》，《法学研究》2001年第4期。

架。通过这些基本的经济制度，当代中国的经济秩序得以建构起来，治理经济的基本制度得以建构起来。

在宪法规定的基本经济制度的框架下，为了实现对于经济活动的有效治理，还应当进一步完善有关市场规则、价格机制、金融市场、财税体制、城乡发展一体化等方面的具体制度，以丰富我国的经济制度。

（三）文化制度与文化治理

政治、经济与文化密切相关，不可分割，“文化提供了各种政治、经济、社会力量得以运行的背景；反过来，制度、社会关系或历史事件规定了文化得以显现自身的方式”。[①] 因此，与政治制度、经济制度相互并列的，还有文化制度。宪法规定的文化制度主要在于治理共同体的文化生活，甚至包括对思想、意识形态的治理。虽然，从某种应然的立场上看，文化、思想应当是自由的，似乎应当排除在“被治理”之外。譬如，马克思当年针对普鲁士的“书报检查令”就提出了尖锐的批判。[②] 马克思的批判当然是成立的。但从另一方面来看，在现实的国家治理过程中，任何一个国家事实上都会宣扬某种特定的文化、思想、意识形态。而且，在现实世界中，文化领导权、意识形态领导权对于任何国家来说都是至关重要的。[③] 说到底，一个立体的制度体系既包括政治制度、经济制度，也包括文化制度。对文化的治理，既构成了国家治理的一个面相，

---

① Peter R. Moody Jr. , Trends in the Study of Chinese Political Culture, The China Quarterly, Vol. 139, September, 1994, pp. 731 - 740.

② 《马克思恩格斯全集》（第一卷），人民出版社 1995 年版，第 111 页。

③ 参见 Antonia Gramsci, Selections from the Prison notebooks, : Lawrence & Wishart, London, and international publishers, New York, 1971.

同时也是文化制度应当承担的功能。

在我国宪法中，着眼于文化治理的基本文化制度主要体现在第十九条至第二十四条，这几个条款分别涉及教育事业、科学事业、医疗卫生事业、（狭义的）文化事业、精神文明事业。其中，关于精神文明的第二十四条就颇具中国特色：“国家通过普及理想教育、道德教育、文化教育、纪律和法制教育，通过在城乡不同范围的群众中制定和执行各种守则、公约，加强社会主义精神文明的建设。国家倡导社会主义核心价值观，提倡爱祖国、爱人民、爱劳动、爱科学、爱社会主义的公德，在人民中进行爱国主义、集体主义和国际主义、共产主义的教育，进行辩证唯物主义和历史唯物主义的教育，反对资本主义的、封建主义的和其他的腐朽思想。”这样一个宪法条款，体现了国家治理的一个维度：对包括思想、文化、道德、理想在内的精神文明的治理。这样一个针对精神文明的宪法条款，作为我国基本的文化制度的组成部分，在其他国家的宪法中也可以找到对应物。譬如，德国《魏玛宪法》第一百三十五条规定：“联邦内居民得享有完全之信教自由及良心自由。凡清静之宗教演习，应由宪法保障及由国家保护之。”第一百三十七条还规定：“不立国教。宗教团体设立之自由，应保障之。”这样的条款同样是对精神文明的治理，可以归属于德国当时的基本文化制度。

在我国宪法规定的基本文化制度的框架下，为了改进对于文化的治理，文化管理制度、文化市场制度、公共文化服务制度、对外文化交流制度、国家文化安全制度等方面的具体制度，都是我国文化制度建设的题中应有之义。

（四）生态制度与生态治理

宪法上的生态条款作为调整人与自然、当代人与后代人之间关系的宪法规范，构成了生态制度的基础和依据。通过完善生态制度，可以实现生态治理的目标。最近几十年来，“由人与人的社会秩序向人与自然的生态秩序扩展，由环境资源的代内公平享有向环境资源的代际公平享有迈进，由发展经济的绝对自由向相对自由推移和由对个人价值的承认向对其他生命物种种群价值的承认拓展”,[①] 宪法中的生态条款及其支撑的生态制度，无论是在宪法中，还是在国家治理的制度体系中，其重要性都得到了显著的提升。

因此，旨在保护生态环境、实现生态治理的生态制度，作为国家治理的制度体系的一个重要环节，早已受到了各国宪法制定者的高度重视。譬如，早在 1874 年，《瑞士联邦宪法》第二十四条已经做出了这样的规定：“联邦对于森林及筑堤有最高监督权。联邦对于山川的管理与修筑以及水流发源地的造林工程给予支持。关于维持此类工程以及保护现有森林，由联邦颁布条例加以规定。”该宪法第二十五条规定：“联邦有权制定关于渔猎的法律，特别为保存山林中的禽兽以及对农业与森林有益的鸟类有权制定法律。”20 世纪中叶以后，各国宪法竞相强化了生态制度建设，譬如 1949 年的《德意志联邦共和国基本法》第七十四条、1975 年的《希腊共和国宪法》第二十四条等等，都规定了本国的基本生态制度。到 21 世纪初，已有 60 多个国家在宪法中做出了保护生态环境的规定。

我国现行宪法亦不例外。我国《宪法》规定的生态制度主要见于第九条：“国家保障自然资源的合理利用，保护珍贵的动物和植物。禁止任何组织或者个人用任何手段侵占或者破坏自然资源。”

---

① 陈泉生、张梓太：《宪法与行政法的生态化》，法律出版社 2001 年版，第 77 页。

这是自然资源保护制度的宪法依据；还有第二十五条："国家推行计划生育，使人口的增长同经济和社会发展计划相适应。"这个条款规定的计划生育制度，构成了我国治理、调整人口数量与资源环境承载量之间的相互关系的宪法规定；还有第二十六条："国家保护和改善生活环境和生态环境，防治污染和其他公害。国家组织和鼓励植树造林，保护林木。"这几个宪法条款，支撑了我国治理生态的生态制度。

在宪法规定的基本生态制度下，应当进一步健全自然资源资产产权制度和用途管制制度，完善生态保护红线制度，完善资源有偿使用制度和生态补偿制度，完善生态环境保护管理体制，等等。通过完善我国的生态制度，可以改进我国的生态治理。

综上所述，根据我国宪法的相关条款，可以看到支撑我国国家治理的制度体系包括政治制度、经济制度、文化制度、生态制度，它们分别着眼于对政治的治理、对经济的治理、对文化的治理、对生态的治理。对于国家治理的制度体系的这四个组成部分，经 1999 年宪法修正案产生的《宪法》第五条第一款已经做出了概括性的规定："中华人民共和国实行依法治国，建设社会主义法治国家。"这个条款是对国家治理的制度体系提出的总体性要求。按照这个总体性的宪法条款，无论是对政治、经济的治理，还是对文化、生态的治理，都必须"依法治理"。无论是政治中国、经济中国还是文化中国、生态中国，都必须走向法治中国，亦即走向社会主义的法治国家。

四、运用宪法资源完善国家治理的组织结构

组织结构是国家治理的物质载体，那么，如何建构国家治理的

组织结构？我们认为，评判国家治理的组织结构是否合理，一个总体性的标准是，看它是否有利于推进国家治理体系和治理能力的现代化。分而述之，国家治理的组织结构是否合理，还要看它能不能提升国家机构的履职能力，能不能提升国家公民依法管理国家事务、经济社会文化事务、自身事务的能力，能不能实现国家机构与国家公民之间的沟通协调。根据这些标准，我们发现，中国现行宪法已经为组织结构的建立完善提供了一个成熟、稳定的框架，那就是由国家公民与国家机构组成的二元化的组织结构。

（一）国家公民与国家机构的二元划分

在流行的宪法理论中，习惯于把“公民权利”作为一个相对独立的理论板块来论述，[①] 做出这种安排的依据是，中国现行《宪法》第二章的标题就是“公民的基本权利和义务”。但是，从组织结构来看，中国宪法实际上区分了两类主体：国家公民与国家机构。宪法通过对国家公民进行组织化的建构，规定国家公民可以做什么、应当做什么，构成了组织结构的一个单元；宪法通过对国家机构进行组织化的建构，规定国家机构应当做什么、必须做什么，构成了组织结构的另一个单元。而且，这两个单元之间的沟通机制，也可以运用宪法资源来建构。

在这里，我们把公民称为国家公民，有两个方面的考虑：一方面，公民都是国家公民。正如《宪法》第三十三条所规定的：“凡具有中华人民共和国国籍的人都是中华人民共和国公民。”按照这样的表达方式，公民的法律意义就是国家公民（也可以称为共和国

---

① 譬如，［英］马歇尔著：《宪法理论》，刘刚译，法律出版社2006年版，第146页。

公民)。在各种学术或官方文本中，虽然都使用简称的“公民”，但是，从宪法上看，“公民”的完整内涵是国家公民，“国家”是“公民”之前的被省略了的修饰词。对此，费希特对“国家公民”概念的运用是颇有深意的，他说：“每个国家公民都必然有财产。如果其他人不承认他的财产，那么，他也不会放弃对其他人的财产的要求，因为这种放弃只能是相互的；这样，他就可能不签署国家公民契约。”① 康德亦认为，“公民，即国家公民”。② 但是，在我国的学术文献中，人们习惯于把国家权力与公民权利加以对举，③ 或者是把国家义务与公民权利进行对举，④ 很少有人强调公民作为国家公民的属性；即使有个别论者把“国家公民”与“地区居民”加以对举，⑤ 其目的也主要在于强调公民在法律面前人人平等的属性，并不在于强调公民的国家属性。针对这种理论，我们希望以完整的“国家公民”概念，强调公民在法律性质上对于国家的依赖

---

① [德] 费希特著：《自然法权基础》，谢地坤、程志民译，商务印书馆2004年版，第197页。

② [德] 康德著：《历史理性批判文集》，何兆武译，商务印书馆1990年版，第188页。

③ 吴家清：《公民权利与国家权力的宪法学定位》，《法商研究》1999年第3期。

④ 龚向和：《国家义务与公民权利的根本保障——国家与公民关系新视角》，《法律科学》2010年第4期。

⑤ 唐鸣、陈荣卓：《论我国农民工法律地位的双重格局：以国家公民与地区居民为分析框架》，《内蒙古社会科学》2006年第5期。

性，或者说，在通常情况下，公民总是国家公民。①

另一方面，强调公民是国家公民，强调公民的国家属性，其实还想指出，国家公民是国家治理的一种元素，国家公民是国家治理的组织结构中的一个单元。反之，如果淡化公民的国家属性，如果淡化公民与国家的关系，实质上就是取消了公民，当然也谈不上国家治理。譬如《鲁滨孙漂流记》描写的孤岛上的“星期五”，就不是公民，因为他跟国家这种政治性建制没有任何关系，他处在国家治理的组织结构之外。

既然公民都是国家公民，按照我国宪法文本的逻辑，与国家公民形成对应关系的组织结构单元则是国家机构。我国宪法把国家公民与国家机构分章规定的这种格局，可以组成一种国家治理的二元化的组织结构：国家公民与国家机构。

（二）国家公民及其权利义务

国家公民是国家治理的组织结构中的一个单元。国家公民与人民不同。人民是国家的治理者，人民也是神圣的主权者，人民还是一个整体性的概念，因此，在政治理论与法律理论中，一般不讲对于人民的治理，或者说，一般不把人民作为治理的对象。但是，国

① 当然有例外，譬如无国籍人，就不是任何国家的公民。但是，一方面，这样的无国籍人毕竟只是少量的例外；另一方面，无国籍人在他们所居住的国家或地区，也要服从当地的法律，在法律上，这样的人其实是权利受限（譬如，没有选举权）、义务缩减（譬如，不需要服兵役）的“残缺人”。至于“世界公民”，则不是一个实证意义上的法律概念，仅仅是一个文化概念，譬如康德的《世界公民观点之下的普遍历史观念》，就是一个关于“世界公民”概念的权威文本。详见［德］康德著：《历史理性批判文集》，何兆武译，商务印书馆1990年版，第1页。

家公民作为平等的、均质化的个体，是实现国家治理的一种组织单元。国家治理的一个核心目标，就是把众多的国家公民整合起来，整合成为一个政治的、经济的、文化的、精神的共同体。这个治理目标的实现，可以借助宪法设置的两个环节。其一，宪法通过国籍这种建制，为共同体内的每个个体都赋予国籍，从而把所有的个体都变成了国家公民。因此，国家公民绝不是自然形成的，也不是一个自然事实，而是宪法建构的结果。① 其二，宪法通过设定公民的基本权利和基本义务，为所有的国家公民规定了行为模式——正如《宪法》第三十三条所说："任何公民享有宪法和法律规定的权利，同时必须履行宪法和法律规定的义务。"宪法上的这种规定，旨在让所有的国家公民都共享一套相同的行为模式，数量众多的国家公民由此就得到了有效的整合，这种整合就是治理。

在现行《宪法》中，从第三十三条至第五十条，都是关于公民权利的规定。在这些宪法条款中，主要规定、确认了国家公民的平等权、政治权利、宗教信仰自由、人身自由、社会经济权利、文化教育权利、监督权与请求权等等。其中，平等权主要是指国家公民在法律面前一律平等的权利（第三十三条）。政治权利主要是指选举权和被选举权，以及言论、出版、集会、结社、游行、示威的权利（第三十四、三十五条）。宗教信仰自由是国家公民自主地信仰宗教的权利，"任何国家机关、社会团体和个人不得强制公民信仰宗教或者不信仰宗教，不得歧视信仰宗教的公民和不信仰宗教的公

---

① 在传统中国，没有现代意义上的宪法，也就没有现代意义上的平等的、均质化的国家公民。传统中国对个体的划分标准是文化：华夏、蛮夷、禽兽。

民”（第三十六条）。人身自由主要包括生命权、人身自由不受侵犯、人格尊严不受侵犯，以及住宅安全、通信自由等方面的权利。社会经济权利主要包括国家公民的财产权、劳动权、休息权、社会保障权。文化教育权利主要包括受教育权、文化权利。除了这些普遍性的权利，《宪法》还规定了对于特定国家公民的特殊保护，譬如对妇女、儿童、老年人、残疾人、华侨的特殊保护。《宪法》通过确认这些“基本权利”，其实是规定了国家公民“可以做什么”。

在一些权利本位主义者看来，“权利是王牌”，譬如在美国，“理查德·爱泼斯坦这样的保守主义者强调财产权的基本作用；罗纳德·德沃金这样的自由主义者强调受到平等关注和尊重的权利；欧文·费斯这样的集体主义者强调的则是弱势群体的权利。我们不要让明显的差异遮住我们的双眼，从而看不到把它们联系在一起的共同理念。无论什么样的权利是基本权利，他们都一致同意，美国宪法首先以及最主要涉及的是对权利的保护”①。尽管权利本位主义者的这些看法受到了广泛的赞同，但是，从国家治理的角度来看，设定权利其实是整合国家公民、实现国家治理的一种宪法安排，是实现国家治理可以依赖的一种宪法技术。

设置义务也是整合国家公民的宪法安排与宪法技术。关于公民的基本义务，主要见于《宪法》第五十二条至第五十六条的规定。其中，第五十二条规定了维护国家统一和民族团结的义务。第五十三条规定了遵守宪法和法律的义务，同时还要求国家公民“保守国家秘密，爱护公共财产，遵守劳动纪律，遵守公共秩序，尊重社会

---

① ［美］阿克曼著：《我们人民：奠基》，汪庆华译，中国政法大学出版社 2013 年版，第 10—12 页。

公德”。第五十四条规定了维护国家安全、荣誉和利益的义务。第五十五条规定了依法服兵役的义务。第五十六条规定了国家公民的纳税义务。这些义务，作为宪法确认的基本义务，主要在于规定国家公民“应当做什么”或“必须做什么”。

“没有无义务的权利，也没有无权利的义务”①，宪法通过基本权利与基本义务的设置，为所有的国家公民划出了行动的边界。国家公民在这个边界之内行动，都是自由的。宪法设定的权利义务对于整合国家公民的意义，就仿佛河流两边的堤岸，约束着河水往前流淌。如果河水始终在堤岸之内流淌，不泛滥到堤岸之外，那就意味着实现了对河水的有效治理。古史传说中的“大禹治水”，就是把神州大地上四处奔流、四散无序的水整合到一些河流之内，让大水受到堤岸的有效约束。大禹治水的原理，与现代国家对于众多个体的整合之道是相通的。概而言之，宪法以国籍的名义，为众多的个体赋予国家公民的身份，同时也把众多的个体整合成为一个政治、文化的共同体，在此基础上，通过基本权利和基本义务的设置，为众多个体规定了行动边界，由此形成“一个又有集中又有民主，又有纪律又有自由，又有统一意志、又有个人心情舒畅、生动活泼，那样一种政治局面”，② 这种局面的形成，就意味着国家公民这个组织结构单元得到了有效的整合与治理。

（三）国家机构及其权力责任

对国家公民的整合主要通过宪法设定的权利义务机制，对国家机构的治理遵循了同样的宪法逻辑，只不过是把国家公民的权利与

① 《马克思恩格斯选集》（第二卷），人民出版社 1972 年版，第 137 页。

② 《毛泽东选集》（第五卷），人民出版社 1977 年版，第 456 页。

义务换成了国家机构的权力与责任。权力与责任是一体两面的关系，对于国家机构来说，它的权力就是它的责任。宪法文本中使用的“职权”一词，就是关于权力与责任的整合性的表达。因为“职权”一词，既包含了权力，也暗含着责任。

关于国家机构的有效治理，现行宪法设置了两个步骤。第一步，对国家机构进行了类型化的处理。按照宪法的规定，国家机构主要包括以下几种类型：（1）国家权力机关，指各级人民代表大会及其常务委员会；（2）国家元首，指中华人民共和国主席；（3）国家行政机关，指各级人民政府；（4）国家军事机关，指中央军事委员会；（5）民族自治地方的自治机关；（6）国家审判机关，指各级人民法院；（7）国家检察机关，指各级人民检察院；（8）国家监察机关，指各级监察委员会。这些不同类型的国家机构既各司其职，又相互关联，组成国家机构的整体框架。这种关于国家机构的宪法安排，既实现了国家机构的组织化、结构化，同时也建构了国家治理的直接责任主体，因为，无论是对政治、经济的治理还是对文化、生态的治理，都离不开国家机构的有效运作。

第二步，对于不同国家机构，宪法用较大的篇幅列举了其各自的权力与责任，以及它们之间的相互关系。譬如，全国人民代表大会是全国人民的代表机关，是行使国家立法权的机关，也是全国人民行使国家权力的最高机关，它的常设机关是全国人民代表大会常务委员会。中华人民共和国主席是国家元首。国务院是中央人民政府，是最高国家权力机关的执行机关，是最高国家行政机关。中央军事委员会是最高军事领导机关，是统一领导和指挥全国武装力量的机关。在地方机构中，在地方各级人民代表大会和地方各级人民政府之外，还在民族自治地方设立了自治机关，亦即自治区、自治州、自治县的人民代表大会和人民政府。根据《宪法》的规定，这些自治机关享有更多的自治权，譬如，民族自治地方的人民代表大会有权依照当地民族的政治、经济和文化的特点，制定自治条例和单行条例（第一百一十六条），自治机关有管理地方财政的自治权（第一百一十七条），等等。至于人民法院和人民检察院，分别是国家的审判机关和法律监督机关，分别独立行使国家的审判权和检察权。

这些关于国家机构的宪法规定，对于国家治理可以产生两个方面的支持。一方面，是对国家机构本身的治理。不同的国家机构可以做什么（权力）、应当做什么（责任）都得到了明确的规定。把这些不同的宪法条款勾连起来，不同国家机构之间的相互关系也得到了明确的规定。另一方面，国家机构既是国家治理的对象，同时也是实现国家治理的责任主体。因为，各种国家事务及公共事务都需要国家机构去处理。譬如，人民法院作为处理纠纷的国家机构，它通过自己的审判活动，可以定纷止争，把不确定的社会关系重新确定下来，这就在一定维度、一定层面上实现了国家治理。

（四）国家公民与国家机构之间的沟通机制

如果说宪法已经设定了国家治理的组织结构，那么，作为组织结构的两个单元，国家公民与国家机构之间的沟通机制是什么？对此，现行宪法已经做出了精准的安排，其中的核心机制就是税收与选举。

税收作为国家公民与国家机构之间的沟通机制主要体现在《宪法》第五十六条的规定中：“中华人民共和国公民有依照法律纳税的义务。”税收作为国家公民与国家机构之间的沟通机制，可以在法理上得到有效的论证。因为，税是把国家公民与国家机构黏合在一起的最真实的纽带。当税款还存留在国家公民的手中时，它是国家公民的个人财产；但是，就在国家公民把个人财产缴纳给税务机构的一刹那，国家公民的个人财产就变成了国家税收。如果没有国家公民缴纳的税，国家机构就无法产生，更无法运转。正是依靠国家公民缴纳的税，国家机构才可能为国家公民提供众多——现在则是越来越多的“公共产品或转移支付”。[①] 公共产品绝不是免费的，它是国家公民以纳税的方式来“埋单”的——从这个角度来看，公民的纳税并不是无偿的，因为纳税是为公共产品支付的对价。由此我们发现，正是税收充当了国家公民与国家机构之间的沟通机制与联系纽带，《宪法》第五十六条既是整合国家公民的宪法资源，也是沟通国家公民与国家机构的宪法资源。

选举作为国家公民与国家机构之间的沟通机制主要体现在《宪法》第三十四条：年满十八周岁的国家公民“都有选举权和被选举权”。按照宪法条款以及选举法、组织法的相关规定，由国家公民经过层层选举，产生全国人民代表大会和地方各级人民代表大会，再由全国人民代表大会和地方各级人民代表大会分别选举产生中央人民政府和地方各级人民政府、最高人民法院和地方各级人民法院、最高人民检察院和地方各级人民检察院，等等，国家机构由此形成。与此同时，政府、法院、检察院又反过来向同级人民代表大会及其常务委员会报告工作，并接受其监督，各级人民代表大会的代表则对选举他的选民（国家公民）负责。正是通过选举制、代表制等宪法制度，国家公民与国家机构之间建立了常态化的交往关系

---

① ［美］布坎南、布伦南著：《宪政经济学》，冯克利译，中国社会科学出版社 2004 年版，第 9 页。

与沟通机制。从这个角度来看，《宪法》第三十四条及相关宪法性法律既是整合国家公民的宪法资源，同时也是沟通国家公民与国家机构的宪法资源。

通过税收和选举这两种核心的宪法制度，可以在国家公民与国家机构两个单元之间实现有效的沟通与整合，国家治理的组织结构，由此得到了有效的整合。因此，从国家治理的要求来看，为了进一步完善国家治理的组织结构，必须强化税收与选举对于国家治理的建构功能。

五、执政党依宪治理：完善国家治理的关键环节

上文的分析表明，国家治理作为一个系统性、整体性的事业，离不开宪法资源的挖掘利用。因此，应当运用宪法资源来改进国家治理。不仅国家治理的制度体系离不开宪法的支持，完善国家治理的组织结构，也需要对宪法资源的充分运用。分析至此，是否穷尽了宪法促成国家治理的限度？回答是否定的。因为，还有一个更重要、更关键的问题有待于进一步思考：由于国家治理是在执政党的领导下展开的，那么，如何挖掘宪法资源以加强和改善执政党对国家治理的领导呢？

在当代中国的语境下，在推进国家治理体系和治理能力现代化的过程中，执政党始终处于一个核心地位。国家治理体系中的一个关键环节、一个前置性安排，是执政党对国家治理的领导。正如有的学者所指出的："国家治理，实际上是在政权属于人民的前提下，中国共产党代表和领导人民执掌政权、运行治权的体系和过程；是指在坚持、巩固和完善我国政治经济根本制度和基本制度的前提下，科学民主依法有效地进行国家和社会管理；是指坚持中国共产

党总揽全局、统筹各方的格局下的治国理政。”① 按照这样的界定，同时也按照《宪法》序言中的相关论述，国家治理体系的核心和实质是执政党领导人民治国理政。中国现行宪法就是执政党领导人民制定的，已经反映了执政党对于国家治理的认知。在代表执政党，同时也是代表中国人民的宪法制定者看来，现行宪法有利于实现国家治理，因为宪法是安邦治国的总章程，或者说，是国家治理的总章程，是国家治理的体系化表达。

强化执政党依宪治国理政，有必要通过宪法或宪法性文件，对执政党的治国理政活动及其相互关系予以更具体的规定。无论是从理论上还是从实践中看，这样的方向都是可行的，也是必要的。其他国家也提供了类似的经验。譬如，联邦德国 1974 年出台的《政党法》规定了政党的宪法地位、政党的内部组织、选举中候选人的提名、选举经费、账目公开，等等。对此，我国学者指出，“由于该法对政党的地位、作用和内部组织做了这样一些法律规定，实际上政党就相当于国家机关了”②。这种“政党国家机构化”的趋势很值得注意。这种趋势和实践的效果，得到了学界的积极评价，譬如，已有学者概括地指出：“德国政党法公布迄今刚满二十年，其成效令人满意!”③ 虽然这些看法仅仅是学术见解，仅仅是一家之言，而且这些国家的政党制度与中国的政党制度具有本质性的区别，但是，这些国家的政治法律实践还是提供了执政党依法治理、

① 王浦劬：《科学把握国家治理的含义》，《光明日报》2013 年 12 月 29 日。

② 龚祥瑞：《比较宪法与行政法》，法律出版社 2003 年版，第 284 页。

③ 陈新民：《德国公法学基础理论》（上册），山东人民出版社 2001 年版，第 274 页。

依宪治国理政的有益经验。

从源头上看，政党确实不同于国家机关。但是，执政党按照宪法和法律的要求治国理政，执政党依宪领导国家治理，却是一个必然的趋势。而且，在当代中国，执政党的国家化也是一种客观存在的现象，执政党已经承担了核心的国家职能。尤其是在中国共产党十八届三中全会做出的《中共中央关于全面深化改革若干重大问题的决定》出台以后，可以看到，党中央的决定几乎规划、涵盖了国家治理的所有领域，执政党作为国家治理的直接责任主体的趋势更加明显。在这种情况下，从宪法学的角度，强调执政党依宪领导国家治理、依宪治国理政，既有助于提升国家治理的有效性，也有助于加强党的建设，还有助于推进我国宪法的发展。

宪法是国家治理的重要资源，国家治理体系的完善、国家治理能力的现代化必须倚重宪法。然而，要更好地发挥宪法资源对于国家治理的作用，要更好地运用宪法资源提升国家治理能力，就必须在宪法的框架下，进一步强化执政党依宪治国理政。

一方面，有必要把执政党依宪执政、依宪治国理政写进宪法或宪法性文件，并辅之以相关的具体规定，以之协调执政党依宪治国理政与其他国家机构治国理政的关系，从宪法的层面上对执政党领导国家治理做出权威性的安排。这种宪法上的安排既是对国家治理的制度体系的完善，也是对国家治理的组织结构的完善，因为执政党对国家治理的领导既是一个制度问题，也是一个组织问题。另一方面，充分运用宪法资源完善执政党对国家治理的领导，有助于在一个关键环节上改进国家治理、提升治理能力。为了实现这个目标，还可以更新既有的立法理念，总结党政联合立法的经验，通过党政联合立法的方式，为执政党依宪治国理政提供更丰富、更适合的法律资源、制度资源。在条件还不成熟的情况下，可先以不成文宪法或宪法惯例来看待，因为宪法惯例也是宪法的重要组成部分。[①]在当下的国家治理实践中，也应当把其作为一项基本的宪法原则或宪法惯例来看待。这是国家治理体系中的一个关键环节，同时也是我国宪法实施中的一个关键环节。

六、结论及延伸性讨论

以上我们从国家治理面临的现实问题着眼，论述了运用宪法资源实现国家治理的历史经验与现实需要，从制度体系与组织结构两个不同的方面，论述了宪法资源对国家治理的全方位支持，与此同时，还特别强调了执政党依照宪法领导国家治理的必要性和可能性。概而言之，宪法对推进国家治理体系和治理能力现代化的意义主要体现在三个方面：（1）充分挖掘宪法资源，能够为执政党领导国家治理提供坚实的制度支持和组织保障；（2）宪法已经为国家治理的各项制度搭建了基本的框架，能够满足国家治理对制度体系的需要；（3）从组织结构的角度看，宪法能够为国家机构履行治理责任、为国家公民参与国家治理提供基本的保障。这就是可以得出的基本结论。与此同时，还想就宪法与国家治理的关系做出两点延伸性的讨论。

第一，在改革与转型不断深化的整体背景下，在宪法与国家治理之间，始终存在着互动关系。在此还要强调国家治理对宪法资源的挖掘，强调宪法资源对国家治理的效用，强调宪法在国家治理体系中的基础性地位。同时，我们还应当看到，国家治理的改进也会

① 喻中：《宪法社会学》，中国人民大学出版社2016年版，第30页。

推动宪法的发展。宪法并不是凝固不变的，一部有生命力的宪法总是会随着政治、经济、社会、文化的发展而不断发展。宪法的发展有两种主要的模式：（1）通过宪法修正案的方式，从文本上修改完善宪法，实现宪法的发展；（2）在宪法文本不做改动的前提下，以新的宪法惯例、政治惯例的形式，实现宪法的发展。这两种模式没有高下之分，它们都有助于宪法的发展。同时，这两种模式的宪法发展，都依赖于国家治理体系的完善和国家治理能力的提升。换个角度来看，系统性、整体性、协同性的国家治理实践，其实就是一个国家的活生生的宪法。在实践过程中，如果国家治理的制度体系、组织结构不断优化、不断完善，形成了某种相对定型的成果，就为宪法的发展提供了一个良好的契机。当然，宪法的发展又会反过来以更高的标准，为国家治理提供更好的支持、更好的保障。这样，就在变革的时代背景下，形成了宪法与国家治理之间的良性互动关系。当前，无论是理论界还是实务界，都应当自觉地促成两者之间的这种良性互动关系。

第二，应当以改革创新的精神来看待通过宪法的国家治理。国家治理需要挖掘、运用宪法资源。梁启超就曾说过，宪法的“西语原字为 the constitution，译意犹言元气也。盖谓宪法者，一国之元气也”①。改进国家治理确实离不开作为“一国之元气”的宪法。改进国家治理与宪法之间还存在着相互推动的关系。在实践中，国家治理是一个动态的过程，解决新问题、化解新矛盾常常是提升国家治理能力的契机和标志。在国际国内形势剧烈变动的复杂背景下，

---

① 梁启超：《立宪法议》，载《梁启超全集》，北京出版社 1999 年版，第 405 页。

要解决新问题、化解新矛盾，难免触碰到宪法文本。在这种情况下，应当以理论创新、制度创新、组织创新的精神来处理国家治理与宪法之间的关系，既要在宪法的框架下实现国家治理的创新，也要以国家治理的创新来促进宪法的发展。国家治理的创新，既体现在制度体系的创新，譬如党对国家治理的领导制度的创新；同时也体现在组织结构的创新，譬如，整合党政机构，设立中央国家安全委员会，就体现了组织结构的创新。从宪法的角度来看，应当更新传统的宪法观念。应当看到，中国是成文宪法国家，但作为成文宪法国家的中国也有很多不成文宪法或宪法惯例，譬如，执政党对国家治理的全方位的领导，就是一条坚实的不成文宪法、政治惯例或宪法惯例。正如马克思所言："如果说宪法为了理论上的冠冕堂皇而表述得有点笼统，那么政府和国民议会的存在难道不正是为了在各个具体场合对宪法进行解释和运用吗?"① 在当代中国的语境下，"有点笼统"的宪法需要党政机构在各个"具体场合"对其进行解释与运用——这种面向实践、面向过程的宪法观，有助于为中国宪法推进国家治理创新和治理能力现代化提供更加广阔的思想空间。

第三节　宪政的中国形态

在近代以来的中国，梁启超讲宪政，孙中山讲宪政，毛泽东也

① 《马克思恩格斯选集》（第一卷），人民出版社 1995 年版，第 423 页。

讲宪政。从清末至当下，一百多年来，中国主流法理学者、宪法学者、政治学者，几乎都论述过宪政。自梁启超以降，经过五至六代中国思想者的传承，宪政已经成为一个具有深厚历史积淀的社会科学概念，已经成为中国现代政治传统中的一个要素。但是，在今日的中国，在某些时候，在某些层面，宪政还面临着“合法化危机”，并引发了激烈的争论。① 这是为什么？这背后的原因值得深思。这就说明，对于当代中国语境下的宪政，对于宪政的中国形态与当代形态，各方还没有取得共识，宪政还迫切地需要重新理解、重新审视。

当下的全面依法治国，为重新理解中国的宪政形态提供了契机，也为宪政共识的形成提供了可能。有必要把两者结合起来：从宪政的角度理解全面依法治国，从全面依法治国的角度理解宪政。通过这样的结合，不仅可以深化对于全面依法治国的理解，还可以借此描绘宪政的中国形态。为了实现这个理论预期，我们首先回溯宪政概念在近代中国的萌生，在此基础上，分析百年以来宪政在中国呈现出来的三种意涵。接下来，通过反思流行的宪政话语背后的思维误区，进而对宪政的理论内涵与中国形态做出正本清源的界定。

一、宪政概念在近代中国的萌生

数千年来，中国一直都是一个开放的、善于吸收外来文化的国度。譬如，来自异域的佛教文化，就已经全面融入中国社会与中国

① 详见林来梵、褚宸舸：《中国式“宪政”的概念发展史》，《政法论坛》2009 年第 3 期。

文化。近代以来，源出于西方的民主、科学、自由、平等、人权等概念，经过一百多年的演进历程，也融入了中国的政治、经济、社会与文化。与民主、科学、自由、平等、人权相伴而来的，还有宪政这个概念。从源头上说，宪政不是中国传统思想文化中固有的概念，不是中国这片土地上自然萌生出来的事物。按照学者的归纳，"此理念与制度皆出自西域而非生于本土，故中国之宪政理念源于传播，中国之立宪始于模仿"[①]。这一点，大概不会有什么疑义。那么，在近代以来的中国语境中，宪政的概念与理念缘何产生，又是怎样流传下来的呢？让我们稍做回顾。

19 世纪中叶，甚至在鸦片战争以前，一些敏感的思想家就已经体会到即将到来的天崩地裂般的危机与剧变。在这些得风气之先的人物中，龚自珍可以算作杰出代表。在他的著作里，就已经提出了政治改革的主张，他说："一祖之法无不敝，千夫之议无不靡，与其赠来者以劲改革，孰若自改革？"[②] 1842 年，鸦片战争失败后，更多的有识之士开始"睁眼看世界"，试图从西方国家的经验中寻求救亡图存之策。譬如魏源，在强调"师夷长技以制夷"的同时，就关注了西方的政治制度。在《海国图志》一书中，魏源以推崇的态度，向国人介绍了英国的议会制度、美国的大选制度。大致与魏源同时代的徐继畬、梁廷楠等人，也曾以各自的视角向中国人介绍了英美诸国的政治制度。

---

① 梁治平：《宪政与分权·总序》，载［美］汤普森编：《宪法的政治理论》，张志铭译，三联书店 1997 年版，第 1 页。

② 龚自珍：《龚自珍全集》，王佩诤校，上海古籍出版社 1975 年版，第 6 页。

洋务运动期间，一些洋务派官员在举办近代军事工业的过程中，也强调要学习西方的政治制度。譬如，时任福建按察使的郭嵩焘认为："窃谓西洋立国，有本有末，其本在朝廷政教，其末在商贾。造船、制器，相辅以益其强，又末中之一节也。"[①] 在郭嵩焘看来，英国的"立国之本"就是它的议会制度。马建忠强调了西方的分权制度，他说："其定法、执法、审议之权，分而任之，不责于一身，权不相侵。故其政事纲举目张，粲然可观。"[②] 陈炽倾慕于英德"合君民为一体，通上下为一心"的君主立宪政体，[③] 认为这是英国、德国富国强兵、纵横四海之根源。在这个时期，为了自强与救亡，宣扬西方的政治制度成为流行一时的政治风尚、思想风尚、文化风尚。据熊月之考证，中国历史上第一个向清政府建议开设议院之人，是曾经出使多国的崔国因，他认为，开设议院是自强的关键。[④] 与崔国因同时代的郑观应也认为，"富强之本，不尽在船坚炮利，而在议院上下同心，教养得法"[⑤]。郭嵩焘、马建忠、陈炽、崔国因、郑观应等人的议论，虽然还没有直接提出宪政这个词，但他们的政治主张，都可以贴上"宪政"这个标签，因而，他们的议论代表了宪政观念在近代中国的滥觞，同时也塑造了汉语中的宪政概念的早期品格：借助宪政实现富强。

---

① 中国史学会编：《洋务运动》（第一册），上海人民出版社 1961 年版，第 142 页。

② 马建忠：《上李伯相言出洋工课书》，郑大华点校：《采西学议：冯桂芬马建忠集》，辽宁人民出版社 1994 年版，第 160 页。

③ 赵树贵、曾丽雅编：《陈炽集》，中华书局 1997 年版，第 66 页。

④ 熊月之：《中国近代民主思想史》，上海人民出版社 1986 年版，第 130 页。

⑤ 夏东元编：《郑观应集》（上册），上海人民出版社 1982 年版，第 233 页。

甲午中日战争的失败，进一步强化了中国人的危机意识，同时也抬升了当时的日本政制对近代中国的感召力。一些维新派人士开始把日本的政治改革模式作为效法的对象。其中，康有为提出的具体思路就是立宪法、开国会，实行立法、行政、司法三权分立。他说："东西各国之强，皆以立宪法开国会之故，国会者，君与国民共议一国之政法也。盖自三权鼎立说出，以国会立法，以法官司法，以政府行政，而人主总之，立定宪法，同受治焉。"① 在康有为看来，只要实现了这样的政治改革，中国的富强就将指日可待。

随着《辛丑条约》的签订，中国的民族危机更趋严重，大批知识分子纷纷出国，对西方（包括日本）的思想、政治与文化获得了更广泛的了解。他们办报纸、写文章，鼓吹民权、提倡自由。他们把中国的丧权辱国归咎于传统的政治制度，要求通过"立宪"的方式伸民权、抑君权。其中，梁启超的《论专制政体有百害而无一利》、邹容的《革命军》等论著，可以视为这个时期的代表性言论。

1906年前后，持保守立场的康有为、梁启超、杨度等人认为，中国政治的发展方向应当是"君主立宪"，甚至是"开明专制"，也就是在保留君主的前提下，制定宪法。正是在这一年，清朝政府正式宣布"预备立宪"，并表示："今我国亦惟仿行宪政，大权统于朝廷，庶政公诸舆论，以立国家万年有道之基。"② 清政府同时

① 中国史学会主编：《戊戌变法》（第二册），上海神州国光社1953年版，第236页。

② 吴经熊、黄公觉：《中国制宪史》（上），商务印书馆1947年版，第12—13页。

还下令在中央筹设资政院，在地方设立咨议局。“开国会、立宪法”终于从政论家的言论变成了清廷的政治选择，从纸面文字变成了政治实践。不过，尽管当时的立宪派反复呼吁，多次请愿，朝廷允诺的“仿行宪政”仍迟迟没有兑现。

但在当时的革命派看来，要在中国实行立宪，必须通过革命，改变君主专制制度。革命派的代表人物是孙中山，他的理论被概括为三民主义。其中，民权主义是指推翻君主专制政体，“今者由平民革命以建国民政府，凡为国民皆平等以有参政权。大总统由国民共举，议会以国民公举之议员构成之，制定中华民国宪法，人人共守。敢有帝制自为者，天下共击之”①。三民主义在政治制度上的具体表达，就是“权能分治”，意思是，权力有“政权”与“治权”之分，“政权”交给人民，即为民权，“治权”交给政府，就是政府权。与“权能分治”相联系的，还有“五权宪法”。

1907 年，清政府设立了具有议会性质的资政院，其中既有“钦选议员”，也有“民选议员”。稍后又颁布了两个宪法性文件：《钦定宪法大纲》与《宪法重大信条十九条》。1911 年辛亥革命之后，变换频繁的每一个北洋政权，几乎都制定了宪法，也设立了具有议会性质的机构。1922 年，胡适、蔡元培等 16 人联合发表了《我们的政治主张》，阐述了他们对于政治改革的设想：要求一个“宪政的政府”“公开的政府”“有计划的政府”，“凡是社会上的优秀分子，应该为自卫计，为社会国家计，出来和恶势力奋斗”。这

① 孙中山：《孙中山选集》（上卷），人民出版社 1956 年版，第 69 页。

就是著名的“好政府主义”。[①] 此外，在20世纪20年代的中国，还出现了联邦制与省宪运动，以及与此相关的“联省自治”。

1928年，张学良东北易帜之后，中国从形式上实现了国家的统一。国民党政府随即宣告孙中山所谓的“军政”时期结束，开始进入“训政”时代。所谓“训政”，就是由国民党督率民众建设地方自治，所有国家大事，全部由国民党负责。这一年，国民党制定了《训政纲领》，正式确认了“训政”制度。但这样的政治制度遭到了一些人士的反对，胡适、罗隆基等人要求制定约法，保障人权。在此压力之下，国民党政府于1931年制定了《训政时期约法》。在稍后的1936年，国民党政府还公布了一个“宪法草案”，但由于一直没有召开国民大会，这个草案也就搁置了下来。1938年，国民党政府设立具有议会性质的国民参政会，给共产党人和其他人士提供了一个发表政见的合法场所。1939年，中共及其他党派的参政员在国民参政会上，正式提出了《定期召集国民大会制定宪法实行宪政案》。这个议案通过后，成立了一个由罗隆基主持的“国民参政会宪政期成会”，其主要工作是修正1936年的“宪法草案”，并送交国民参政会讨论。在这个过程中，黄炎培等民主党派领袖发起过几次宪政问题的座谈会，主题是保障人权、实施宪政。1944年，周恩来发表《关于宪政与团结问题》的演讲，认为要实施宪政，必须保障人权，开放党禁，承认直接民权，召开国民大会，实施宪法。1945年，中国共产党人发表了《对目前时局的宣言》，主张召集由各派人士参加的会议，商定民主政纲，成立民主联合政府。重庆谈

---

① 胡适：《胡适文存》（第二集），首都经济贸易大学出版社2013年版，第262页。

判之后，国民党政府召开了国民大会，制定了1946年的《中华民国宪法》，并宣布1947年12月25日正式实施宪政。由于当时处在国共两党大决战的环境下，国民党政府为了给“总统”授予更多的权力，又在1948年制定了一个“动员戡乱时期临时条款”。就在这个“条款”通过的次日，国民大会举行了总统选举，蒋介石当选为宪法上的总统，但是，他主持的政权很快就在中国大陆全面崩塌了。

通过以上这番简要的回顾，可以发现，中国近现代史上的宪政，既是一种思潮，也是一场政治运动。宪政作为思潮，主要存在于19世纪末期以后的思想家、政论家的著述中，它的具体诉求主要是设议会、立宪法、抑君权、伸民权、实行三权分立，等等。宪政作为一种政治运动，主要存在于自清末开始的维新变法、出国考察、设立国会、颁布宪法、保障人权等一系列的政治活动中。

现在回过头去看，一百多年的中国近现代政治史，虽然跌宕起伏，但是，其中的宪政概念其实并不复杂，更不深奥。在传播宪政理念的过程中，宪政的核心内容主要就是指开设议会、制定宪法。当然，在不同的时代，人们又增加了另外一些内容，譬如，康有为的“三权分立”、邹容的“兴民权、抑君权”、孙中山的“五权宪法”与“权能分治”、胡适等人的“保障人权”与“好政府”，乃至于“地方自治”“开放党禁”，等等。但是，宪政的核心内容还是开设议会、制定宪法。

在汉语文献中，我找到的较早直接讨论“宪政”一词的重要思想家是梁启超。梁启超在1899年写成的《各国宪法异同论》一文中认为：“宪政（立宪君主国政体之省称）之始祖者，英国是也。英人于700年前，已由专制之政体，渐变为立宪之政体。虽其后屡生变故，殆将转为专制，又殆将转为共和。然波澜起伏，几历年载，卒能无恙，以至今日。非徒能不失旧物而已，又能使立宪政体益加进步，成完全无缺之宪政焉。”在这篇比较宪法学文献中，梁氏还将英国的宪政与其他各国的宪政进行了比较：“其余欧洲大陆之各国，亦于近古以来，次第将变专制而为立宪。不幸为君主及贵族所压制，其收效不能比英国。……（法国）屡次转变，糜烂不堪。其余各国，亦相继骚乱，政体频变。盖各国宪政之成就，不过数十年耳。若英国之宪政则不然。自近古以来，非如各国之有大骚动，故能次第进步，继长增高。又各国之宪政，多由学问议论而成，英国之宪政，则由实际上而进，故常视他国为优焉。英人常目他国之宪法为纸上之宪法，盖笑其力量之薄弱也”，而且“宪政之国，在欧洲则除俄罗斯、土耳其之外，其余各国皆是也。在亚洲则日本是也”。①

在此时的梁启超看来，“宪政”就是“立宪君主国政体”的简称，欧洲各国，除俄罗斯、土耳其之外，都是宪政国家。在众多的宪政国家中，英国的宪政历史悠久、完美无缺，主要原因在于，它是在实践中一步一步地演进而成的；欧陆诸国的宪政只有数十年历史，成就较低，主要原因在于，这些国家的宪政是由学问议论而成的——这似乎也印证了中国的一句老话：“纸上得来终觉浅，绝知此事要躬行。”

被梁启超誉为完美无缺之英国宪政，美在何处？核心就是议会制度。在梁启超那里，议会既然是宪政的核心，就应当借用过来，

① 梁启超：《各国宪法异同论》，载《梁启超全集》，北京出版社 1999 年版，第 318 页。

作为中国走向富国强兵的政治构想。其实，早在 1896 年，梁氏就在《古议院考》一文中披露了自己的这种思想：“问泰西各国何以强？曰：议院哉，议院哉！问议院之立，其意何在？曰：君权与民权合，则情易通；议法与行法分，则事易就。二者斯强矣。”[①] 他甚至认为，“有国会谓之宪政，无国会谓之非宪政，筹办国会谓之筹办宪政，不筹办国会不谓之筹办宪政”。[②] 这就是说，宪政的核心就是国会。

近代中国的主流思想界认为，为了救亡，必须自强。西方各国强大的根源，就是因为他们设了议会、立了宪法、实行了三权分立。西方各国以及日本都依靠设立议会、制定宪法强大起来了，被动挨打的中国也希望通过模仿这一套政治制度变得强大起来，这就是近代中国思想界普遍认同的基本逻辑，也是那个时代形成的宪政观念。

二、百年以来宪政在中国的三种意涵

通过以上的梳理，我们对于近代中国的宪政，特别是它的起源，可以获得一种语境化的把握与理解。以此为基础，我们可以进一步分析百年以来宪政概念在中国的三种意涵：从早期的实现富强的工具，到后来的符号化的图腾，再到当下的收纳各种“好东西”的百宝箱。

---

① 梁启超：《古议院考》，载《梁启超全集》，北京出版社 1999 年版，第 61 页。

② 梁启超：《论政府阻挠国会之非》，载《梁启超全集》，北京出版社 1999 年版，第 2269 页。

（一）实现富强的工具

自近代以来，中国作为一个多民族国家的整体目标、核心追求是实现富国强兵，从民族危亡的边缘地带走出来。用邓小平的话来说，就是“有能力永远岿然屹立于世界民族之林”[①]。借用西方学者史华兹对严复的研究，就是要“寻求富强”。史华兹概括地指出：“在随着甲午战争失败而来的严重危机的气氛中，‘富强’的口号和一切有关的联想，赢得了统治阶级中大多数明智人士的默许。”[②]可见，富强才是救亡图存语境下的最真实的国家目标。在这样的国家目标面前，宪政概念的基本指向，就是充当实现富强的手段与工具。

宪政在它的原产地——西方各国，被一些人附加了自由、人权之类的价值，[③] 但它传播到近代中国之后，这些被附加的价值消解了，至少是大部分消解了。宪政被颇具实用理性的中国人当作了一种手段。正如学者所言：“宪政在中国并不被看作是一种纯粹的政治追求，中国的实践者和思想家从来也不单纯地探求宪政在西方所具有的那些价值，而首先是与国家的富强联系起来，把宪政看作是达到这一目标的重要工具。”[④]

因此，在近代中国人看来，宪政之值得期待，值得引进，只是

① 《邓小平文选》（第三卷），人民出版社 1993 年版，第 323 页。

② ［美］史华兹著：《寻求富强：严复与西方》，叶凤美译，江苏人民出版社 1996 年版，第 16 页。

③ 有学者认为，这是一种操控意识形态正当性话语的手段，是西方中心主义的重要组成部分。详见强世功：《中国宪政模式？——巴克尔对中国“单一政党宪政国”体制的研究》，《中外法学》2012 年第 5 期。

④ 王人博：《宪政的中国语境》，《法学研究》2001 年第 2 期。

因为宪政导致了西方的富强。换言之，在近代中国人的视野中，在宪政与国家富强之间，存在着一条清晰的因果关系链条：因为宪政，所以富强；宪政为因，富强为果。这种因果关系是普遍适用的，既适用于西方，也适用于中国。因此，中国要想结出“富强之果”，就必须先培植出“宪政之因”。这就是近代中国的逻辑。按照这种逻辑，宪政不是目的，宪政就是一种工具、一种手段。工具化的宪政，是早期宪政的基本征候。

而且，通过进一步的分析还可以看到，宪政虽然被当作实现富强的一种工具，但它并非唯一的工具，在近代中国那一段特有的神殿空寂的历史时期，为了实现以富强为核心的国家目标，宪政之外的其他工具受到了几乎同等的重视，譬如法治。同样是在梁启超的论著中，他在强调议院、宪政的工具价值的同时，也强调了法治的工具价值，他说：“法治主义，为今日救时唯一之主义。”① 按照这种说法，宪政作为富强工具的价值，甚至还要排在法治之后。

尤其值得注意的是，近代中国的实践表明，持续了半个多世纪的以宪政为旗号的宪政运动，似乎也没有真正地推动中国靠近富强这个核心目标。因为，自清末以后的各类政权，几乎都设立了议会、制定了宪法，几乎都在政权体系中，大致区分了立法权、行政权与司法权。也就是说，在正式制度中，自从《钦定宪法大纲》颁行之后，特别是在辛亥革命以后，中国已经实践了预期中的宪政——因为，议会也设了，宪法也立了。但是，20 世纪早期的中国，并没有因为设立了议会、制定了宪法，就实现了富强的目标。这就

---

① 梁启超：《中国法理学发达史论》，载《梁启超全集》，北京出版社 1999 年版，第 1255 页。

是说，宪政作为实现富强的工具的价值与意义，其实并没有得到证实。作为富强工具的宪政，并没有取得成功。

（二）符号化的图腾

19世纪末20世纪初，议院、宪法、三权分立这样一些产自西方的经验，一方面被视为宪政的要素，另一方面则是被当作救亡图存的手段、寻求富强的工具引进国门的。在当时东西强弱对比悬殊的严峻形势之下，与西方的“坚船利炮”携手并行的宪政要素（议会、宪法），很快被中国人贴上了“先进”“真理”的标签。由于政论家们的言论日渐深入人心，以“设议会、立宪法”为核心的宪政在中国人眼里逐渐成为一个积极的、正确的“好东西”。与之相反，“不设置议会、不制定宪法”则变成了政治上落后、错误的代名词。以至于在国内的政治实践中，原本作为富强之工具的宪政，逐渐获得了某种符号性的价值与意义：象征着真理与进步。作为宪政核心要素的宪法与议会，逐渐变成了一种政治图腾：为政治的正当性、合法性提供支持。工具形态的宪政，进而异化成为符号化的图腾。

让我们结合史实，做一些分析。晚清政府宣布“仿行宪政”，做出靠近宪政要素的姿态，目的就在于，试图让议会、宪法这样的政治符号为穷途末路的晚清政权增添正当性依据。袁世凯的真实意图是把自己从民国总统重新变成帝国皇帝。在这个过程中，袁世凯就充分利用了宪法和议会这样的政治符号：他成为“洪宪皇帝”，得到了“国民代表大会”的全票支持，并有“宪法”上的依据，因而是一个正当的、合法的皇帝。北洋政权时期，几乎每一个执政者都制定了自己的宪法，都设立了议会性质的机构，这就是说，这些执政者都打出了宪政这种符号化的政治图腾。1928年以后，国民党政权实行的尽管是“训政”，但也要制定一个《训政时期约法》，原因只在于，不这样做，就看不见符号化的政治图腾，政权的合法性就是有疑问的。反之，只要有宪法、有议会，就足以表明，这是一个合法的、正当的政权。这就是宪政概念在近代中国的一种征候：符号化的图腾。

按照人类学家的看法，“图腾便是一种类的自然物，野蛮人以为其物的每一个都与他有密切而特殊的关系，因而加以迷信的崇敬”，“这种崇拜盛行于北美印第安人及澳洲土人中，在别处也常有遗留的痕迹”。[①] 作为人类学中的基本概念，图腾以及图腾崇拜也可以借用于政治人类学，用来解释政治实践中的某些现象。在近代中国，对于议会、宪法这些宪政要素的依赖感，在相当程度上就是人类学中的图腾崇拜在中国近代政治领域中的折射。对于近代中国的政治主体来说，制定了宪法、设置了议会，就相当于他们在对内对外事务中获得了一张身份证——有资格进行正当的、合法的政治活动的身份证。在他们看来，倘若没有这样的身份证，就只能被排斥在新的政治殿堂之外；有了这张身份证，军阀就变成了正当的民国总统。这种已经图腾化了的宪政，因其“神秘化”，因其给人带来的某种“依赖感”，已经偏离了宪政作为富强工具的指向。

其实，宪政并非图腾，宪政并无神奇的魅力。从社会科学的角度来看，无论哪种宪政，都只是一种区域性的实践，并无普适意义。在这里，让我们结合英国的宪政演进历程，就梁启超眼中的宪政的典型形态及其发生学做一些剖析。

如果从1215年的《大宪章》算起，英国宪政的历史已有八百

---

① 林惠祥：《文化人类学》，商务印书馆2000年版，第233页。

年。这段漫长的宪政史或政制演进史，本质上就是经济上的优势者逼迫政治上的优势者（君主，以及贵族）逐步让权的历史。最初，是大贵族阶层要求限制国王的权力，以确保贵族和僧侣的特权。从中世纪末期到资本主义革命时期，出现了一个新的趋势：新兴的资产阶级要求在国家的权力体系中占据更多的份额，从而使君主的权力受到进一步的限制，与此同时，大贵族和上层僧侣的特权也受到了进一步的限制。英国的议会主权，就是在这个此升彼降的过程中形成的。

因此，英国宪政的实质，就是在八百年间，英国的大贵族、新兴的资产阶级前后相继地、成功地限制甚至剥夺了君主权力，压缩了贵族与僧侣权力之后所形成的一种政治格局，是八百年来英国各种政治势力反复洗牌之后形成的一个相对稳定、趋于平衡的格局。近代中国的一些思想者，譬如梁启超，把这样的政治格局视为典型的、完美的宪政，但却没有意识到，这个看似完美的“典型宪政”不过是对英国政制演进史、一种自然演进的政治传统的一个事后总结而已。

也许有人会认为，英国的宪政有普适意义，譬如议会主权、司法独立等，都可以为别国所借鉴。对此，我们的看法是，议会主权、司法独立的概念、理念当然可以借用，就像宪政的概念可以借用一样。但在借用这些概念的同时，我们必须看到，英国议会主权、司法独立的具体制度、运行技术永远不可能被复制，因为英国人的历史背景、文化环境、思维习惯、行为模式、信仰方式、价值观念等都不可复制。这就意味着，宪政这个概念，大家都可以用，但由宪政这个概念所指代的英国政治的实体内容（包括体制、规则、运行技术及其他内容）不可能被复制。这就是说，英国的宪政并无神奇的魅力，其他任何国家的宪政也没有神奇的魅力。符号化、图腾化的宪政，是宪政被异化的结果。

（三）收纳“好东西”的百宝箱

20 世纪 80 年代以后，宪政理论在中国再次繁荣起来。学者们投入了极大的热情阐释宪政，由此形成了形形色色的宪政概念。下面我们分而述之。第一，有学者认为，宪政的本质可以概括为一个实体要素，那就是“限政”，① 意思是，宪政就是限制政府权力或国家权力，或简而言之，“宪政 = 限政”。第二，一些辞书认为，宪政包括两个实体要素，一是宪法，二是民主政治，② 意思是，“宪政 = 宪法 + 民主”。第三，有学者认为，宪政应当包括三个实体要素——民主、法治、人权，③ 亦即“宪政 = 民主 + 法治 + 人权”；或者是另外三个实体要素——自由、民主、法治，因为，“自由、民主和法治即构成了宪政的基础因子，三者就宪政而言不可或缺”。④ 第四，有学者认为，宪政包括四个实体要素：宪法、民主政治、法治、人权；⑤ 或者是制宪、民主、法治与人权。⑥ 第五，

---

① 刘军宁：《共和·民主·宪政》，刘军宁等编：《市场社会与公共秩序》，三联书店 1996 年版，第 41 页。

② 辞书上的表述是：宪政是“以宪法为中心的民主政治”。详见《宪法学词典》，山东大学出版社 1989 年版，第 692 页；《宪法词典》，吉林大学出版社 1988 年版，第 351 页。

③ 李步云：《论宪法》，社会科学文献出版社 2013 年版，第 58 页。

④ 范进学：《中国特色社会主义宪政发展论》，上海人民出版社 2010 年版，第 9 页。

⑤ 李龙、周叶中：《宪法学基本范畴简论》，《中国法学》1996 年第 6 期。

⑥ 胡锦光、韩大元：《中国宪法》，法律出版社 2007 年版，第 35 页。

还有学者认为，宪政应当包括五个实体要素，它们分别是人民主权的宣示、法治与分权制衡的政府、违宪审查机构的设立、稳定的司法独立制度、尊重和保障个人权利；① 或者是另外五个要素——法治、人民主权、民主、分权与制衡、人权。②

可见，在当代中国主流学者的代表性著述中，宪政包含的实体要素可以从一个逐渐增加到五个，甚至更多。而且，同样是持“四要素说”的学者，你的“四要素”又不同于他的“四要素”。同样是持“单一要素说”的学者，有的强调“限政”，有的强调“民主”。尽管都主张“三要素”或“五要素”，但此“三要素”不同于彼“三要素”，此“五要素”又不同于彼“五要素”。学者们不仅在宪政的实体要素问题上持论多端，关于各个实体要素与宪政之间的逻辑关系的理解也不一样。譬如，如前所述，一些学者认为，民主是宪政之内的一个要素，即宪政包含了民主；但是，也有学者认为民主并不是宪政所包含的一个要素，他们将民主与宪政视为相互并列的概念，并由此提出了一个等式——“民主 + 宪政 = 理想的政制”，③ 按照这个等式，民主在宪政之外，是一个与宪政相互并列、比肩而立的概念。

以上这些不同的观点，还仅仅是就当代中国学者提出的宪政概念所做的挂一漏万式的列举，如果搜罗更多的相关文献，宪政的实体要素问题将会更加难以捉摸。这样的理论现状表明，在当代中国

---

① 信春鹰：《宪政：现代宪法的精髓》，李步云主编：《宪法比较研究》，法律出版社 1998 年版，第 149—151 页。

② 钱福臣：《宪政哲学问题要论》，法律出版社 2006 年版，第 3—21 页。

③ 张文显、信春鹰：《民主 + 宪政 = 理想的政制——比较宪政国际讨论会热点述评》，《比较法研究》1990 年第 1 期。

的理论学说中，关于宪政这个概念，并无准确的实体性内涵，宪政所包含的实体要素或构成要素，在一定程度上是随意添附的结果，这就意味着，当代中国的宪政概念尚未形成明确的指向。

造成这种弥散性的宪政概念的原因在于，在一些学者的潜意识里，宪政已经成为"好政治""理想的政治"的代名词，宪政既然代表了"理想的政治"，那就物以类聚，把"看上去很美"的"好东西"，诸如民主、自由、法治、人权、市场经济、权力制衡、司法独立等，都作为实体要素纳入宪政这个概念之中。20 世纪 80 年代以来的宪政概念，就这样变成了一个贮藏各种"好东西"的百宝箱。这就是百年以来宪政概念在中国出现的第三种值得注意的征候。

有一种流行的观点认为：现代中国有宪法，但没有宪政。这个判断就是"百宝箱式的宪政"之产物。试想，如果你的"宪政百宝箱"里装着"三权分立"，但在中国的土地上又找不到"三权分立"，于是你失望地得出结论：由于中国没有"三权分立"，所以中国没有宪政。这样的判断、这样的结论，显然是不能成立的。因为宪政并不是贮藏各种"好东西"的百宝箱，更何况，百宝箱里的"好东西"都是按照你自己的偏好收纳的。譬如，如果按照前文述及的梁启超的理解，宪政就是"立宪君主国政体"，当代中国当然没有那样的宪政，也不可能有那样的宪政；不但中国没有，美、德、法诸国也没有。如果宪政的标准就是"有国会"，那么，百年以来中国都可以称为"宪政中国"，因为从清末的资政院到当代的人民代表大会，都是国会或国会性质的机构。如果宪政的标准是美国式的"三权分立"，那就意味着要否定中国宪法明文规定的人民代表大会制度，这可能吗？这样的"宪政"不是恰好构成了对中国宪法的直接违犯吗？

那么，能不能把自由、民主、人权、法治、平等、公正之类的“好东西”作为有无宪政的判断标准呢？一方面，在这些“好东西”之间，本身就存在着内在的冲突。譬如，苏格拉底被判处死刑，可以说是民主、法治的胜利，但却是自由、公正的失败。因此，倘若把这些相互冲突、指向各异的要素或“好东西”放置在一起充当“是否有宪政”的判断标准，只会造成更大的混乱、更多的模糊。另一方面，自由、民主之类的“好东西”本身就是多样化、多元化的，根本就没有固定的模式，而且，任何社会、任何国家都没有绝对的民主或自由——这就像卢梭的名言所揭示的：“人生而自由，但无往不在枷锁之中”。① 换言之，“在枷锁中”是人的常态，你走出了这种枷锁，就会走进另一种枷锁，枷锁无处不在，怎么可能有绝对的自由？概而言之，自由、民主之类的“好东西”，同样不可能为“有无宪政”提供一个实体性的评判标准。由此可见，在当代中国的语境下，宪政这个概念根本就没有形成确切的内涵。学者们想象的宪政，就是一个收纳各种好东西的百宝箱，凡是“好”的、“正确”的要素（概念），都放进去。

三、宪政话语背后的思维误区

先后出现的三种意涵表明，尽管经历了一百多年的演进，当代中国的宪政概念依然没有形成清晰的内涵。然而，值得注意的是，宪政虽然还未成为一个得到严格论证的社会科学概念，但这个概念

---

① ［法］卢梭著：《社会契约论》，何兆武译，商务印书馆 1980 年版，第 8 页。

的诱惑力又相当强，牵动了很多人的心智，进而衍生出一个庞大而混杂的宪政话语体系。其中，很多人还以虔诚的姿态信仰宪政。甚至一些学者，也像信仰宗教那样信仰宪政这个概念，把这个寻常的概念送上神坛，加以神化。这是很奇怪的一个现象。因为学者与宗教信徒还是有本质区别的。由此就产生了一个值得我们思考的问题：宪政概念的神奇魅力是怎么产生的？宪政为何会成为图腾？宪政为什么会获得“神”的地位？“宪政神”是怎么产生的？在流行的宪政话语的背后，到底存在着一些什么样的思维误区呢？归纳起来，主要有以下几点。

（一）虚构因果关系

从发生学的角度来看，近代中国之所以很快接受了源出于西方的宪政概念，及其所指代的欧美政治制度中的某些元素，原因就在于：当时的中国人（譬如梁启超）已经把宪政当作了一剂救亡图存的灵丹妙药，认为只有宪政才能救中国，认为只有宪政才能让中国富强起来——宪政就像救苦救难的观世音菩萨。为什么宪政能让中国富强起来？因为宪政的功效已经得到了验证：西方各国之所以富强，就是因为它们有宪政这个好东西，宪政是西方各国富强的根本原因。这样的思维和推理，虽然在近代中国很流行，但严格说来，它是虚构因果关系的产物。西方的富强是因为宪政吗？是因为制定了宪法、设置了议会、限制了权力、保障了权利、维护了自由，结果就富强起来了，是这样的吗？显然不是。在西方的富强与中国人想象的宪政之间，其实并没有严格的因果关系。在不同的国家之间，富强的程度都是相对的。一个国家能否处于相对富强的地位，与这个国家是否有“宪政”没有必然联系。在古代中国的战国时代，秦国相对富强，但秦国的富强与一些中国人期待的宪政没有任何关系。中国知识界的代表人物长期认为英国是最成熟的宪政国家，但20世纪以后的英国，显然不是全球最富强的国家。英国曾经一度是全球最富强的国家，但英国的“完美宪政”并不能维系它的这种最富强的地位。同样，当今美国的富强也与中国人想象的宪政没有直接的因果关系。我们只能说，某个国家因为种种原因，譬如工业革命、宗教伦理、海外殖民、海外贸易等等，成功地取得了相对于别国更加富强的地位，但这种地位绝非这个国家事先规划了“宪政”并实施了“宪政”的结果。

（二）把特殊作为一般

中国知识界关于宪政的想象，实际上是以西方强势国家作为原型的。哪个国家最强势，哪个国家就被选为宪政的主要原型。在19世纪，英国最强势，是“日不落帝国”，英国的宪政就是19世纪末期梁启超眼中最完美的宪政；在20世纪，美国最强势，美国的宪政就是当代学者眼中最具典型意义的宪政。美国有相对典型的三权分立，因此，宪政的一般特征就包括了三权分立；英国一度盛行议会主权，因此宪政的一般特征就包括了议会主权；英、法、美诸国在自己的宪法性文件或政治宣言中提出了自由、人权等概念，因此，宪政的一般特征就包括了自由、人权，以及民主、法治、三权分立、司法独立，等等。但这样的思维方式是禁不起推敲或质疑的，在逻辑上是不能成立的。它的问题在于：把某个特定国家在某个特定时期宣扬的某种价值，或形成的某种制度当作一种普遍性的、放之四海而皆准的普适性价值或普适性制度，并没有理论上的依据，是不能成立的。把多个国家在不同时期所宣扬的、所形成的各种价值或制度叠加在一起，仅仅是一种物理意义上的汇聚、堆积，并不意味着这些价值或制度就可以组合、拼凑成为一个有生命力的、血脉相通的、典型的、标准的“宪政”，这与文学创作中典型形象的产生方式具有本质上的区别。在文学创作中，你可以把这个人的脸、那个人的胳膊、第三个人的背影、第四个人的声音、第五个人的性格等要素拼凑起来，形成一个丰满的文学形象，但是，政治社会中的制度却不可能如此拼凑而成。从这个角度来说，百年来中国理论思潮中沉淀下来的宪政概念，在一定程度上模仿了文学创作中的虚构手法。有鉴于此，我们在继续使用宪政概念的过程中，就有必要注意，现在流行的宪政概念在相当程度上是“把特殊当作一般”这种思维方式的产物，是简单拼凑、物理堆积的产物。

（三）混淆实力与真理

近现代以来，西方是有实力的，19 世纪的英国、20 世纪的美国，都在相当程度上充当了最强势国家的角色。但是，力量并不是知识，更不是真理。透过中国知识界对源出于西方的宪政概念的依赖，可以发现，一些人陷入了一个思维误区：把实力与真理混淆起来了。回顾中国近代史可以发现，直至 19 世纪中叶，中国人依然认为，虽然西方有坚船利炮，但是，中国固有的政教制度依然是真理的载体。所谓“师夷长技以制夷”即是指，虽然西方在“坚船利炮”方面值得我们学习，但“夷夏之别”还是彰显了中国政教制度的优越性，也意味着最高的真理依然还在中国人手中。但是，经历了洋务运动，特别是 1894 年的甲午中日战争以后，中国人已经失去了对于固有的政教制度的信心。相反，由后来的宪政一词所指代的西方政教制度，逐渐成为真理的载体与化身。然而，值得我们反思的是：为什么会形成对宪政所指代的西方政教制度的精神依赖与心理崇拜？根本的原因就在于：与西方的政教制度相互携手的，是那个时代的中国人无法抵御的军事实力、科技实力、经济实力。这个道理，也许可以用“有实力才有魅力”来解释，也许还可以用“爱屋及乌”的心理来解释：因为爱一处房子，所以也爱那房顶上的乌鸦；同理，因为敬畏英美等国的军事实力、科技实力、经济实力，也敬畏与这些实力相伴随的政教制度。当然，与“爱屋及乌”不同的是，中国对西方的政教制度的敬畏感来得要晚一些，是中国主流思想界抵抗了半个世纪之后才举手投降的。然而，即便如此，我们依然要指出：军事实力、科技实力、经济实力并不等同于真理，“坚船利炮”与宪政一词所指代的西方政教制度有一些关联，但并不必然相关。因此，有反思能力的社会科学研究，应当把两者割裂开来，宪政的归宪政，其他的各自归属于相应的领域。

（四）重个体轻整体

一些人对宪政的强调，其实是对自由的强调。我们认为，自由是一种积极的价值，维护和保障自由是绝对正当的，也是必要的，甚至是迫切的。但是，从个体的、个体自由的角度来解释政治与法律，只能解释政治与法律的一个侧面。政治与法律从根本上说是整体之事、群体之事、众人之事，应当强调个体与整体并重。应当看到，即使是在西方经典性的自由主义论著中，自由也是指“社会所能合法施用于个人的权力的性质和限度”①，在这个定义的背后，有一个未经言明的主体：群体性的国家。也就是说，即使是西方自由主义的主要代言人，也注意到了群体或国家的主体地位。然而，在中国的一些论者看来，自由是宪政的首要价值，而且，他们把自由单纯地理解为个体的自由。这就陷入了另一个思维误区：看到了

① ［英］密尔著：《论自由》，程崇华译，商务印书馆1996年版，第1页。

个体，忽视了整体。他们没有看到，政治、法律要解决的根本问题，就是人的群体化生存的问题；一切政治、法律问题都应当从人的群体性、整体性来理解。如果抛开群体性、整体性，仅仅着眼于人的个体性，仅仅着眼于人的个体化生存，当然也是可以成立的，但由此衍生出来的问题，就不是政治、法律问题，而是艺术、心灵之类的问题。因此，讨论中国的宪政，着眼于国家、群体、整体的立场更为合理，即使要从个体的角度出发，也不是自由而是责任，不是权利而是义务，更有助于诠释中国的政治与法律，更有助于诠释中国的宪政。

（五）激情压倒理性

在流行的宪政话语体系中，还反映了一种值得注意的思维方式：宗教般的激情压倒了学术理性。关于政治、法律问题的学理论述，本来应当具有理性的、节制的、反思的、包容的品质，但在宪政话语体系中，恰恰不是这样，过于浓烈的情绪已经压倒了理性。特别是在一些网络媒体中，理性、节制的言论因其平实、朴实，感召力反而有限。在一些人看来，这样的言论“不过瘾”；在很多人的预期中，那些批判性、颠覆性、令人血脉偾张的言论更值得接受，那些理想主义的、浪漫主义的、文人气质的、诉诸道义的、唯美倾向的、情感化的言论更值得期待，这些都反映了宪政舆论的非理性——而且是固执的非理性。然而，一个思维上的误区就在这里显现出来：把政治、法律问题转化成为伦理、道义、境界问题，甚至是艺术方面的问题，甚至是宗教信仰的问题。必须看到，政治、法律问题的一个基本品质就是现实性。在政治、法律领域，有一些“不唯美”“不纯洁”的现象，是一种永远无法改变的常态。激情有它的正面意义，特别是在艺术领域、宗教领域，但在关于政治、法律的言说中，如果激情压倒了理性，如果以充满激情的方式叙说宪政，虽然可以宣泄情绪、激起宗教般的信仰，却不是进入政治、法律问题的学术理论门径，也不是关于宪政问题的社会科学的理解。

要走出关于宪政的思维误区，并不意味着要反对宪政这个概念。在当代中国，宪政作为一个在百年历史中积淀下来的社会科学概念，其正当性是不容否认的。一方面，宪政一词，在中国已经成为一个约定俗成的概念，已经成为中国政治理论、法律理论中的一个范畴，是分析中国政治、法律问题的一个工具性概念，具有理论意义，它的内涵的伸缩性、模糊性，也使它具有一定的包容能力、涵盖能力。另一方面，宪政作为源出于西方的一种理念与文化，它也是西学研究的一个范畴；研究西方的政治、法律，宪政也是一个绕不开的概念。基于这两个方面的原因，对宪政概念的研究，还有进一步深化的必要。

四、宪政的理论内涵与中国形态

上文追述了宪政概念在中国的萌生，论述了百年来宪政在中国呈现出来的三种意涵，剖析了在宪政思维中应当走出的误区。在此基础上，可以对宪政的理论内涵与中国形态做出阐释。

（一）宪政的理论内涵

宪政的理论内涵，旨在解释“宪政是什么”或“如何理解宪政”，有必要从宪政的内在特征、外在表现、确切含义三个不同的方面，对宪政做出正面的界定。

首先，从内在特征来看，宪政的特征是协商、平衡、稳定、秩序，也就是说，宪政可以理解为各种政治力量在相互协商的基础上形成的某种平衡而稳定的政治秩序——按照学者关于美国政治特征的归纳，就是“不断从改良和妥协中化解矛盾，避免了暴力革命、军事政变和其他方式的无序的政权更替”。① 宪政当然也可以作为一个目标来追求、来建设。但是，宪政的目标并不是一个实体性的目标，而是一个程序性的目标。所谓宪政建设，就是对各类政治力量、各种政治主体之间相互关系的优化和调整，使之达到平衡、稳定、有序的政治状况。宪政的对立面，是战争、暴力、政治失序、政治没有规则。因此，在一般意义上，宪政没有实体性的目标，宪政只是一个程序性的概念。作为程序的宪政，就是按照一定的规则、程序，妥善地协调各种政治关系、有效地化解各种政治矛盾。在程序性宪政不断展开的过程中，一个国家的宪政形态会逐渐形成。但是，任何国家都不会抵达终极性的宪政形态，因为一切都在流变过程中。这是一个自然生长的过程，无法事先规划。因此，事先规定宪政必须包括某些实体性要素的理论，都是徒劳的，也是不得要领的。

其次，从外在表现来看，在世界范围内，宪政是多元化、多样性的，因为政治本身就是多元化的，宪法也是多样化的。世界各国的宪政，尽管可以共享宪政之名，但却不可能呈现出某种单一的模式。一个国家的宪政形态，其实就是国内各种主体之间相互交往、相互作用甚至是相互博弈的产物，它受制于一个国家的历史传统、规模大小、人口多少、经济状况、信仰方式等诸多因素。因此，一国宪政的具体形态只能在各种主体相互交往的过程中循序渐进地达

---

① 中国社会科学院科研局组织编选：《资中筠集》，中国社会科学出版社2002年版，第314页。

致、自然而然地生成。由于各个国家的宪法不同、政治形态各异，这就造成了各个国家的宪政形态都是各具特色的。一个国家就代表了一种宪政，任何两个国家的宪政形态都是相异的。英国与美国在政治上具有很大的亲缘性或家族相似性，但英美两国的宪政形态却具有明显的差异：英国保留了虚君，美国没有君主；英国崇尚议会主权，美国偏重三权分立；美国的联邦最高法院承担了司法审查的职能，英国没有这样的宪制安排；美国有成文的宪法，英国根本就没有成文的宪法。诸如此类的区别，足以让英美两国的宪政形态区分开来。按照同样的逻辑，德国的宪政不同于法国的宪政，韩国的宪政不同于朝鲜的宪政，新加坡的宪政也不同于日本的宪政。所有国家的宪政都是不同的。

再次，从确切含义来看，所谓宪政，就是依据宪法的政治。既然名曰宪政，怎能离开宪法本身来讨论？抛开宪法来谈宪政，所谈的还是宪政吗？美国的宪法并未规定两党制，因此，两党制并不是美国宪政的要素或特征，两党制与美国宪政没有直接的关系。而且，严格说来，美国的政党制度也不是两党制，而是多党制，因为美国在民主党、共和党之外，还有众多的政党。我们不能因为两党之外的其他政党掌握的资源相对较少，就否定它们的存在。同样，英国、法国、德国的宪法也没有规定两党制，因此，两党制也不是英国宪政、法国宪政、德国宪政的要素或特征。除了美国宪法列举或暗示了总统、议会、法院三种国家职能之外，西方其他国家的宪法几乎都没有规定“三权分立”，因此，“三权分立”亦不是绝大多数国家的宪政的特征。“两党制”或“三权分立”在当今世界所有国家的宪法中都找不到依据，怎么能说它们是宪政的要素？宪政的唯一要素是宪法本身，依据宪法本身运行的政治就是宪政，如此而已。因此，我们可以概括地说，宪法决定宪政，一个国家的宪法是怎么规定的，它的宪政形态就是什么。

（二）宪政在当代中国的基本形态

那么，中国的宪政形态是什么呢？我们的回答是：中国的宪政形态同样是流变的，因为中国的宪法是流变的。在 19 世纪末期以前，中国尚未引进宪政概念，因此，此前的情况暂且不论。在清朝末年，1908 年的《钦定宪法大纲》第一条已经规定了那个时代的中国宪政形态：大清皇帝统治大清帝国。辛亥革命之后建立的中华民国，它的宪政形态体现在 1912 年的《临时约法》中。1940 年，按照毛泽东在《新民主主义的宪政》一文中阐述的观点，中国的宪政形态应当是新民主主义的宪政，其具体内容就是抗日统一战线。[①]至于当代中国的宪政形态，则主要见于中国现行宪法的规定。中国现行宪法是怎么规定的，当代中国的宪政形态就是什么。按照中国现行宪法，在当下的中国，宪政的基本形态主要包括以下三个方面。

一是党的领导。美国宪法没有关于民主党与共和党的规定，亦没有关于任何政党的任何规定。其他国家的宪法也是这样。但是，中国现行宪法反复规定了中国共产党的领导。中国《宪法》序言以回顾历史的方式指出："一九四九年，以毛泽东主席为领袖的中国共产党领导中国各族人民，……，建立了中华人民共和国。"这是对中国共产党领导人民建立中华人民共和国这一历史事实的确认。《宪法》序言又说："中国新民主主义革命的胜利和社会主义事业的成就，是中国共产党领导中国各族人民，……取得的。"这既确

① 《毛泽东选集》（第二卷），人民出版社 2009 年版，第 733 页。

认了党的领导的历史，也确认了党的领导的现实，因为新民主主义革命的胜利是历史性的，但社会主义事业的成就却是一种现实。《宪法》序言还说：“中国各族人民将继续在中国共产党领导下，……，把我国建设成为富强民主文明和谐美丽的社会主义现代化强国，实现中华民族伟大复兴。”这是对未来的确认，未来的国家建设任务亦需要中国共产党领导中国人民来完成。由于中国现行宪法已经明文规定、反复强调了中国共产党的领导，因此，党的领导塑造了中国宪政的基本形态，党的领导是理解中国宪政的钥匙。

二是人民主权。对此，现行《宪法》第二条规定：“中华人民共和国的一切权力属于人民。人民行使国家权力的机关是全国人民代表大会和地方各级人民代表大会。人民依照法律规定，通过各种途径和形式，管理国家事务，管理经济和文化事业，管理社会事务。”宪法上的这一规定，其实就是人民主权，当然也可以概括为人民当家做主或人民主体地位。按照宪法，人民主权的实现形式就是人民代表大会制度。人民通过选举代表的方式，组成人民代表大会，再通过人民代表大会产生国家的行政机关、监察机关、审判机关、检察机关，国家的行政机关、监察机关、审判机关、检察机关通过向人民代表大会负责的方式，向人民负责。这样的人民代表大会制度，既是我国的基本政治制度，也是对人民主权的具体表达。

三是依法治国。现行《宪法》已经在第五条做出了明确的规定：“中华人民共和国实行依法治国，建设社会主义法治国家。”在当代中国，依法治国有特定的含义，依法治国是指党领导人民依照法律治理国家。而且，依法治国的核心是依宪治国，依宪治国的完整表达是党领导人民依照宪法治理国家。这就是说，依法治国并不是一个抽象的概念，更不是一个孤立的事业；依法治国是党的事业，是党领导人民治理国家的事业；在完成这个事业的过程中，必然会依据法律、依赖法律。这就是依法治国的完整含义。正是因为这个原因，依法治国必须坚持党的领导，必须坚持人民主体地位。

党的领导、人民主权、依法治国既是中国现行宪法的核心内容，也可以用来描述当代中国宪政的基本形态，同时也反映了中国宪政的最新形态。在党的领导、人民主权、依法治国三者之间，党的领导反映了中国宪政的特质，是中国宪政的第一原则。人民主权是当今世界几乎所有国家都承认的原则。作为一个基本的理念，人民主权反映了世界各国宪政的共性。不过，在制度层面，各国宪政中实际运行的人民主权就各具特色了。在中国，人民主权体现为人民代表大会制度。在美国，人民主权体现为总统大选、议会选举，美国的审判机构不但不必对人民负责，反而是制衡多数民众的一种制度安排，是“防止民主偏离正轨的最坚强壁垒”。① 可见，尽管都承认人民主权，但人民主权的实现形式又是千差万别的。至于依法治国，它与其他国家的共同点在于，都强调法治，这是一个普遍性的因素，是带有共性的东西。但当代中国的依法治国、法治不同于其他国家的地方在于，当代中国的依法治国与法治是在中国共产党的领导下展开的一种国家治理活动，其他国家的法治则没有这个特点。这就是说，塑造中国宪政形态的三个方面，有的体现了各国宪政的共性，譬如人民主权的基本理念、法治的基本观念，有的体现了中国特色，譬如党的领导、人民代表大会制度、党领导人民依照法律治理国家等等。

---

① ［法］托克维尔著：《论美国的民主》（上卷），董果良译，商务印书馆 2009 年版，第 303 页。

从历史过程来看，中国宪政的这个新形态是逐渐形成的。从中华人民共和国建立开始，党的领导就已经形成，因为中华人民共和国就是党领导人民建立的。以人民代表大会制度为载体的人民主权，主要是通过1954年宪法得以完善的。在1954年宪法之前，人民主权主要是通过《中国人民政治协商会议共同纲领》与人民政协制度来体现的，那是一种过渡性的宪政安排。至于依法治国，主要是从20世纪70年代末期开始兴起的，党的十一届三中全会可以视为依法治国兴起的一个标志性事件。从那以后，依法治国的趋势越来越明显，党领导人民治理国家越来越依靠宪法和法律。1997年，在党的十五大报告中，正式确立了依法治国的方略。1999年，在宪法修正案中，正式在宪法层面确认了依法治国。2014年，党的十八届四中全会做出了《中共中央关于全面推进依法治国若干重大问题的决定》。从依法治国到全面推进依法治国，更加凸显了依法治国的价值和意义。至此，中国宪政的三个核心要素得以清楚明白地展示出来，而且，三个要素不可分割、联为一体。由此可以得出的结论是：在当下，宪政的中国形态就是党的领导、人民主权与依法治国的有机统一。

第四章

宪 法

第一节 中国宪法文本中“可以”一词的研究

一般认为，宪法的主要任务在于调整国家权力与公民权利的关系。一方面，宪法要划定国家权力的范围，即规定在一定范围之内，国家“可以”做什么。这里的“可以”，旨在向作为整体的国家或作为局部的国家机构授予权力。另一方面，宪法还要规定公民权利的范围，即公民“可以”做什么。一言以蔽之，无论是国家权力的范围还是公民权利的边界，都与“可以”这个寻常的词语密切相关。也就是说，“可以”作为一个授权性规范的标志性词语，在宪法文本中占据着一个特殊的地位，构成了国家权力与公民权利从实在法上得以发生的一个重要的关节点。因此，宪法文本中的“可以”一词，值得从学理上给予特别的关注，因为，它可以成为理解中国宪法的一把钥匙。

我们将要考察的宪法文本是第五届全国人民代表大会第五次会议于 1982 年 12 月 4 日通过的，经过 1988 年 4 月 12 日、1993 年 3 月 29 日、1999 年 3 月 15 日、2004 年 3 月 14 日、2018 年 3 月 11 日五次修正之后，基本上保持了这样一个众所周知的框架：一段 1800 多字的“序言”之后，依次是“总纲”“公民的基本权利和义务”“国家机构”“国旗、国歌、国徽、首都”四个部分。通过文字检索，我们发现，在整个宪法文本中，作为授权性规范的标志性用语，“可以”一词先后出现过 14 次。然而，值得我们注意的是，寄居在这个宪法文本之不同条款中的“可以”，却包含了不同的法律意义。因此，下文的结构大致是：首先对宪法文本中先后出现的“可以”一词的含义做出语义探讨，然后将不同意义的“可以”进行归类分析，最后通过宪法文本中的“可以”这个词语来分析透视当代中国宪法的文化特征。

一、中国宪法文本中“可以”一词的不同意义

“可以”在中国宪法文本的序言和多个条款中先后出现过，这些“可以”包含了不同的词义与法意。经过不完全的考察，其间的差异有必要先行辨明。

（1）《宪法》序言中写道：“社会主义的建设事业必须依靠工人、农民和知识分子，团结一切可以团结的力量。”

这里的“可以”，从词义上看，包含了两个方面：它既表示“可能或能够”，同时也有“许可”或“认可”的意思。[①] 如果只从表面上看，“团结一切可以团结的力量”这句话，似乎可以理解为“可能或能够团结的力量都要团结”。但是，这只是它的第一层含义。事实上，是否属于团结的“力量”，必须经过事先的审查或判断。如果某些“力量”没有达到审查者预先设定的标准的要求，那就属于不能团结的对象，这是“可以”的第二层含义，也是这条规范更深刻的政治意义。换言之，在“团结一切可以团结的力量”这句话的背后，实际上还暗示：如果被判断为“不可以团结的力量”，或没有被“认可”为“可以团结的力量”，那就不能团结。

① 参见罗竹风主编：《汉语大词典》（第三卷），汉语大词典出版社 1989 年版，第 32 页。

这种情况是完全存在的，它为《宪法》序言中的另一段话所证明："在我国，剥削阶级作为阶级已经消灭，但是阶级斗争还将在一定范围内长期存在。中国人民对敌视和破坏我国社会主义制度的国内外的敌对势力和敌对分子，必须进行斗争。"这些"敌对势力和敌对分子"当然没有被认可为"可以团结的力量"。也就是说，这里的"可以"实际上包括了"可以"与"认可"两层意思。

（2）《宪法》第十条规定："国家为了公共利益的需要，可以依照法律规定对土地实行征收或者征用并给予补偿。"

从字面上看，这是一条比较典型的限制性的授权规范。通过这条规范，国家作为法律主体获得了依法征收或征用土地的有限权利或权力。然而，由于国家本身就是一个公共性的机构，包括征收或征用土地在内的一切国家活动，从应然的层面上看，都是为了公共利益的需要；在国家主义法律意识形态的支配下，所有的法律都出自国家或国家的法律创制机关，都是国家意志的集中体现。从历史上看，自 1982 年以来，甚至从 1949 年以来，国家对土地的征用权力或征收权力几乎也是绝对的。

（3）《宪法》第十条规定："任何组织或者个人不得侵占、买卖或者以其他形式非法转让土地。土地的使用权可以依照法律的规定转让。"

本款中的"可以"代表了一种授权性质的规定，即宪法授权土地的使用者有权利依照法律的规定转让其对于土地的使用权。不过，这样的授权却是极其严格的限制性授权。联系整个条款来看，首先，"可以转让"的授权是作为一种例外情况来规定的。因为，"任何组织或者个人不得侵占、买卖或者以其他形式非法转让土地"乃是一项原则性的规定。其次，土地"可以"转让，但必须依照法律，即必须以国家制定的相关法律作为前提；如果国家没有制定相关的法律或至少在制定相关法律之前，甚至在这些法律的实施细则出台之前，这个宪法条款所授予的权利只是一项纸面上的权利，还很难成为一项实有的权利。

（4）《宪法》第三十二条规定："中华人民共和国对于因为政治原因要求避难的外国人，可以给予受庇护的权利。"

这是一款针对外国人要求政治避难问题的规定。"可以"的主语是国家。国家可以根据各方面的因素（比如国家最高利益等等），决定是否给外国人提供庇护。这里的"可以"所授予的就不是一项权力，而是一种可以行使也可以放弃的权利。它表征的不是国家针对其他主体的一种支配性的能力，而是一种可以自主的自由。根据这项针对国家的授权性规定，要求避难的外国人的"受庇护的权利"，并不是一种法定的权利，甚至不是一种权利。

因为，一方面，按照《布莱克维尔政治学百科全书》，"权利这一术语主要有三种使用方式：第一，描述一种制度安排，其中利益得到法律的保护，选择具有法律效力，商品和机遇在有保障的基础上提供给个人。第二，表达一种正当合理的要求，即上述制度安排应该建立并得到维护和尊重。第三，表达这个要求的一种特定的正当理由即一种基本的道德原则，该原则赋予诸如平等、自主或道德等基本的个人价值以重要意义"①。其中，无论是权利的哪一种使用方式，都不适用于"受庇护的权利"。首先，外国人提出政治避难的要求，并不具有法律效力，也没有得到相应的制度安排；其次，要

① ［英］米勒、波格丹诺主编：《布莱克维尔政治学百科全书》，邓正来主译，中国政法大学出版社 2002 年版，第 711 页。

求政治庇护这一权利，并不必然会得到中国法律的维护；最后，仅仅提出了政治避难的要求，也不足以构成一种特定的正当理由。换言之，依据《布莱克维尔政治学百科全书》对权利的定义，结合宪法上对于国家的这条授权性规定，“受庇护”并不是一项权利。

另一方面，从我国占据主流地位的法学理论来看，尽管权利和义务联系的方式、程度、形态都是相当复杂的，但是，“权利与义务是相互关联的，即对立统一的。权利和义务一个表征利益，另一个表征负担；一个是主动的，另一个是受动的；就此而言，它们是法这一事物中的两个分离的、相反的成分和因素，是两个互相排斥的对立面。同时，它们又是相互依存互通的。相互依存表现为，权利和义务不可能孤立地存在和发展，它们的存在和发展都必须以另一方的存在和发展为条件”①。但在本条款中，与外国人“受庇护的权利”相联系、相对应的不是中国政府的义务，而是中国政府的权利；或者说，中国政府并没有一个“负担”或一个义务来对应外国人要求的“受庇护的权利”。这样，矛盾就出来了：要么，权利与义务并不必然是相互关联的，因为外国人的这一权利找不到与之相关联的义务；要么，外国人“受庇护的权利”根本就不是一项权利，或者说这样的权利不具有法律意义。

当然，我们也可以从另外一个角度来追问中国宪法的这一规定，那就是，为外国人提供政治庇护，到底是中国政府的一项权利（“可以”）还是一项义务（“应当”或“必须”）？从国家利益至上的观点来看，可以说它是一项权利，而且，这也是国家主权之体现，是民族自决权的题中应有之义。但是，如果着眼于整个人类的

① 张文显：《法哲学范畴研究》，中国政法大学出版社2001年版，第338页。

生存状态或国际人权保护事业，一个富于良知、有政治远见的主权国家不应当对发生在他国国内的暴政、政治迫害、宗教迫害袖手旁观；对于因这些原因而提出避难要求的外国人给予庇护，不仅是一种道德义务，也是国际公约和国际惯例中所规定的一种法律义务，[①]从理想的层面看，它也应当构成主权国家的一项人权义务或宪法义务。

（5）《宪法》第六十条规定："全国人民代表大会任期届满的两个月以前，全国人民代表大会常务委员会必须完成下届全国人民代表大会代表的选举。如果遇到不能进行选举的非常情况，由全国人民代表大会常务委员会以全体组成人员的三分之二以上的多数通过，可以推迟选举，延长本届全国人民代表大会的任期。"

本款规定是对全国人民代表大会常务委员会的一项限制性的授权规定，其中"可以"的意思是"有权力"。要行使这项权力，必须同时具备两项条件：第一，遇到不能进行选举的非常情况；第二，全国人民代表大会常务委员会以全体组成人员的三分之二以上的多数通过。尽管如此，对于全国人民代表大会常务委员会的这种授权仍有必要给予进一步的限制。因为，按期主持选出新一届的全国人大代表，乃是全国人大常委会对于全国人民所承担的一项法定义务，事关全国人民所享有的各种各样的宪法权利。如果没有或不能按期选举，事实上是对全国人民宪法权利（选举权及其他权利）的损害——而且还是一种没有救济途径、无法申诉、更不可能得到补偿的损害。

---

① 参见［德］魏智通主编：《国际法》，吴越、毛晓飞译，法律出版社2002年版，第316页。

（6）《宪法》第六十一条规定：“全国人民代表大会会议每年举行一次，由全国人民代表大会常务委员会召集。如果全国人民代表大会常务委员会认为必要，或者有五分之一以上的全国人民代表大会代表提议，可以临时召集全国人民代表大会会议。”

与前条规定一样，从文字上看，也是对全国人大常委会的授权，即“授予权力”。它实际上包含了两种情况：其一，全国人大常委会“认为必要”，就可以临时召集全国人大会议。这种授权的范围是极其宽泛的，“认为必要”几乎不算什么限制性条件。全国人大会议正常的开会频率是每年一次，但实际上，单就需要全国人大会议审议或决定的国家事务来看，每年仅仅召开一次会议是不够的。如果全国人大常委会根据国家的实际情况，“可以”临时召集全国人大会议，从总体上看，有助于树立全国人大作为最高国家权力机关的权威地位，可以进一步完善全国人大的议事制度，而且，对于中国特色的人民代表大会制度的建设也会产生积极的促进作用。其二，如果有五分之一以上的全国人大代表提议，全国人大常委会可以临时召集全国人大会议。这种情况下所使用的“可以”一词，既是对全国人大常委会的授权，同时也是对五分之一以上的全国人大代表的权利的限制。因为，即使有五分之一以上的全国人大代表提议临时召集全国人大会议，全国人大常委会也可以召集或不召集全国人大会议。五分之一以上的全国人大代表的提议，并不构成全国人大常委会临时召集全国人大会议的一项法定义务。

（7）《宪法》第七十一条规定：“全国人民代表大会和全国人民代表大会常务委员会认为必要的时候，可以组织关于特定问题的调查委员会，并且根据调查委员会的报告，作出相应的决议。”

通过这条规定，全国人大和全国人大常委会获得了组织关于特定问题的调查委员会的权力，这里的“可以”也是“有权力”的意思。但是，是否存在与这项特定权力相对应的责任呢？现行宪法以及其他法律都没有就此做出相应的规定。这里，必须注意公权力与私权利之间的一项区别：私权利可以自由处分，既可以行使，也可以放弃，而且，放弃权利也是行使权利的一种形式；与之相反，公权力总是针对某种特殊的社会需要而设定的，公权力以必须履行为原则，公权力的不履行即构成不作为，应当承担一定的法律责任。由于本条宪法规范所授予的乃是一项权力而非权利，有必要考虑全国人大或全国人大常委会在拥有这项权力或公权力的同时应当承担的责任问题。而且，从宪法的规定上看，全国人大常委会对全国人大负责并报告工作；从权力的来源上看，全国人大的权力来自全国人民，应当对全国人民负责。可以说，全国人大常委会在行使这项特定权力的同时，要求其承担相应的责任，现行法律与制度已经提供了足够的空间。

(8)《宪法》第七十九条规定：“有选举权和被选举权的年满四十五周岁的中华人民共和国公民可以被选为中华人民共和国主席、副主席。”

本条规范中的“可以”意为“有资格”，这是一种附带条件的授权性规范。有选举权和被选举权的年满 45 周岁的本国公民是“可以”的主语。显然，这是对公民的政治权利的一种宪法确认。

(9)《宪法》第八十二条规定：“中华人民共和国副主席受主席的委托，可以代行主席的部分职权。”

本条中的“可以”一词，表明向中华人民共和国副主席授予的不是公民权利，而是国家权力，即国家机构中的“国家主席”所行使的部分权力。与《宪法》第七十一条的规定一样，这里所授予的国家权力，依然没有同时规定相应的宪法责任。

（10）《宪法》第九十九条规定：“民族乡的人民代表大会可以依照法律规定的权限采取适合民族特点的具体措施。”

本条款中的“可以”存在两种解释的向度与可能性：一方面，这是对少数民族地区的基层权力机关的一种授权性规定，所授予的“权”仍然属于国家权力，因为权力的主体是“民族乡的人民代表大会”。另一方面，考虑到民族乡的人民代表大会在地方国家机构中所处的层次和少数民族的地域特点，这种授权也可以理解为对特定区域中的公民的政治自主权利的授予，体现了政治国家对公民社会、制定法对民间法的尊重。当然，这种尊重或让步也是极其有限的，因为，民族乡的人民代表大会可以采取的具体措施还必须依照法律规定的权限。

（11）《宪法》第一百条规定：“省、直辖市的人民代表大会和它们的常务委员会，在不同宪法、法律、行政法规相抵触的前提下，可以制定地方性法规，报全国人民代表大会常务委员会备案。”

本条款中的“可以”意为“有权力”，这一条款向地方立法机关授予了广泛的立法权力，使中国的立法体制形成了中央与地方的二元化发展趋势，对于当代中国的法律体系特别是地方法律体系的形成，产生了深远的影响。① 但是，尽管地方立法机关在行使这项权力、制定地方性法规的同时，有“不同宪法、法律、行政法规相抵触”的限制性条件，还附加了“备案”这样一道审查的程序，但是，由于没有建立起对地方立法的有效监督机制，地方立法机关在行使这项立法权力的过程中依然出现了不少问题，比如超越法定

① 参见喻中：《当代中国城市法的体系》，《社会科学研究》2002年第3期。

职权、维护部门利益、价值选择失当、地方保护主义等等。因此，依然有必要进一步强化地方立法权力行使过程中的问责制度。①

（12）《宪法》第一百二十条规定："民族自治地方的自治机关依照国家的军事制度和当地的实际需要，经国务院批准，可以组织本地方维护社会治安的公安部队。"

本条款中"可以"的主语是"民族自治地方的自治机关"，因此这也是一条向国家机关授予权力的规范。当然，民族自治地方的自治机关在行使这项权力的同时，必须满足三个限制性的附加条件：依照国家的军事制度、依照当地的实际需要和经过国务院的批准。但是，仅这三项限制还不够，因为民族自治机关组织维护社会治安的公安部队，不仅涉及本地公民的税收负担问题，还可能对本地公民的基本权利与自由造成一定程度的影响。因此，在授予民族自治地方的自治机关这项权力时，在上述三项限制条件之外，宪法以及相关法律制度还有必要充分考虑本地公民的意愿，特别应当尊重自治地方的人民代表大会的选择与意愿。

二、对中国宪法文本中"可以"一词的归类分析

通过上述辨析可以发现，中国宪法规范中"可以"一词确实蕴藏了丰富多彩的法律意义。都是授权性规范，而且都是限制性授权规范，但这些规范所"授"之"权"，这些授权的法律意义和法律后

---

① 方流芳教授认为，中国有错案追究制，但没有错法追究制，中国缺少一种机制去问责立法错误，立法错误造成的后果又是由立法者之外的人来承担，这是立法错误产生的重要原因。参见方流芳：《解读无人领会的语言：〈公司法〉第十二条第二款的诊断》，载梁治平编：《法治在中国：制度、话语与实践》，中国政法大学出版社2002年版，第325页。

果，却又具有显著的差异。为了顺利地走出宪法规范中“可以”一词的意义丛林，从而更清晰地把握“可以”一词之法律含义，有必要依据不同的标准，对“可以”一词的用法做出进一步的归类分析。

（一）“可以”在宪法文本各个部分中的分布情况

中国宪法文本共分五个部分。从下表中可以看出，“可以”一词在宪法文本各个部分中的分布极不均匀。在整个宪法框架中，“可以”在“国家机构”部分（第五十七条至第一百四十条）出现的频率最高，一共是9次，几乎占到了“可以”出现总数的三分之二；其次是在“总纲”部分（第一条至第三十二条），一共出现过4次；再次是在“序言”中，“可以”出现过1次。在专门授予公民权利的“公民的基本权利和义务”部分（第三十三条至第五十六条），以及“国旗、国歌、国徽、首都”部分（第一百四十一条至第一百四十三条），都没有使用过“可以”一词。

“可以”在宪法文本中的分布情况统计表

宪法文本的各个部分	序言	总纲	公民的基本权利和义务	国家机构	国旗、国歌、国徽、首都
“可以”出现的次数	1	4	0	9	0

根据这一组简单的统计数据，我们可以初步得出这样的结论：首先，关于国家机构“可以”做什么的授权性规范，已经占据了宪法文本中使用“可以”一词的绝对多数。也就是说，中国宪法文本中的“可以”一词，主要适用于对“国家机构”的授权，从而——至少从这个特定的视角来看——使授予权力成为宪法规范的重心。这种倾向，使中国现行宪法具有浓厚的“权力型”宪法而不是

"权利型"宪法的特点。其次，在《宪法》"总纲"部分中四次出现的"可以"，基本上也是对国家的授权，这一点，可以进一步强化"权力型"宪法的特点。

当然，我们必须承认，"可以"一词没有出现在有关公民基本权利的规范当中，并不意味着宪法对公民的基本权利有所忽视。事实上，《宪法》第二章就对公民的基本权利进行了列举，但这些关于基本权利的授权性规定是与关于公民的义务的规定混合在一起的。因此，中国《宪法》第二章强调了公民权利与公民义务的一致性与相互性。尽管现行宪法在"可以"一词之外，以其他用语专门规定了公民的权利与义务，但是，单就"可以"一词的使用范围来看，将中国现行宪法称为"权力型"或"国家主义型"宪法，仍然是成立的。对于这个判断，下面的分析还将提供进一步的佐证。

（二）"可以"的主语类型

在"可以"一词引导的句子中，"可以"的前面总有一个主语。这个主语，代表了某条授权性法律规范中权利或权力的拥有者。从"可以"的主语来看，在《宪法》序言及12条包含了"可以"的宪法规范中，明确或暗示地以国家或国家机构作为"可以"句型的主语的授权性规范，占到了11条（参见前引《宪法》序言、第十条、第十三条、第三十二条、第六十条、第六十一条、第七十一条、第八十二条、第九十九条、第一百条、第一百二十条）。也就是说，国家或国家机构"可以"做什么，构成了绝大多数以"可以"为标志的授权性规范的内容和目的。

与此形成鲜明对比的是，明确地以公民作为"可以"的主语的授权性规范，仅有1条，即第七十九条规定的："有选举权和被选举权的年满四十五周岁的中华人民共和国公民可以被选为中华人民共和国主席、副主席。”它授予符合条件的公民被选举为国家主席、副主席的政治权利。这一授予权利的规范尽管具有普遍的适用性，但是，由于这种特定职位（国家主席、副主席）的稀少，对于符合这个条件的绝大部分公民来讲，并不具有实际意义。当然，我们还必须指出，对于绝大部分公民不具有实际意义（指通过参加选举，真正当选为国家主席）并不意味着这项授权性规定不重要，恰恰相反，它构成了民主与法治中人人平等原则的一个重要表征。宪法文本中做出这样的规定，主要目的还在于传播一种民主、平等的政治法律理念。

（三）设定国家权力的两种“可以”

仅仅在为国家机构授予权力这个范围之内，“可以”的功能又指向了两个不同的方向：一是授予国家机构积极作为的权力；二是免除国家机构消极不作为的责任。

先看第一种情况。《宪法》第十条规定：“国家为了公共利益的需要，可以依照法律规定对土地实行征收或者征用并给予补偿。”这一条为国家积极主动地征收或者征用土地设定了权力。《宪法》第八十二条规定：“中华人民共和国副主席受主席的委托，可以代行主席的部分职权。”这一条为国家副主席积极主动地行使主席的部分职权提供了可能性。《宪法》第九十九条规定：“民族乡的人民代表大会可以依照法律规定的权限采取适合民族特点的具体措施。”这一条旨在授权民族乡的人民代表大会积极主动地采取适合民族特点的具体措施。《宪法》第一百条规定：“省、直辖市的人民代表大会和它们的常务委员会，在不同宪法、法律、行政法规相抵触的前提下，可以制定地方性法规，报全国人民代表大会常务委员会备案。”这一条旨在授权省级人大及其常委会积极主动地制定地方性法规。《宪法》第一百二十条规定:"民族自治地方的自治机关依照国家的军事制度和当地的实际需要,经国务院批准,可以组织本地方维护社会治安的公安部队。"这一条旨在授权民族自治机关积极主动地依照法定程序组织地方的公安部队。这些条款使用的"可以",都为相应的国家机构扩张其权力提供了宪法上的空间。

再看第二种情况。《宪法》序言中写道:"社会主义的建设事业必须依靠工人、农民和知识分子,团结一切可以团结的力量。"这就为不团结某些不可以团结的"力量"提供了依据。第三十二条规定:"中华人民共和国对于因为政治原因要求避难的外国人,可以给予受庇护的权利。"这就为国家免去了为外国人提供庇护的责任。依照《宪法》第六十条的规定,就为全国人大常委会没有按期选出下届全国人大代表免除了责任。依照《宪法》第六十一条的规定,就意味着,无论有多少全国人大代表提议临时召集全国人大会议,全国人大常委会都可以合法地不予召集。依照《宪法》第七十一条的规定,就意味着,即使出现了应当组织特定问题调查委员会的情况,全国人大和全国人大常委会也可以不组织这样的调查。这些条款中的"可以",实际上是从宪法上承认相关国家机构可以不做什么,或者说,不做出宪法中规定的某种行为也是合法的,因而也是不需要承担责任的。如此使用"可以"一词的后果是,法律责任中的宪法责任无规定、不明确、难追究。为什么学界反复呼吁的违宪审查制度迟迟不能出台?为什么违犯宪法的行为得不到制止,更得不到有效的法律救济?原因当然是多方面的,但从我们所持的文本分析、文本解释的视角来看,以"可以"为标志的授权性规范在设定权力时没有附加相应的责任,甚至以免除责任为己任,不能不说是一种可以修补的形式上的疏漏。

三、从“可以”一词看中国宪法的文化特征

将宪法文本中的“可以”一词，作为一个特殊的视角，用以评析当代中国宪法的状况，主要是考虑到“可以”一词联系着宪法的两大主题——这一点，构成了下文讨论宪法状况的基本语境。宪法的主题之一在于，宪法是公民权利的保障书。当宪法规定公民“可以”做什么，就意味着宪法向公民授予了相应的权利。宪法的主题之二在于，宪法是国家权力的控制器。当宪法规定国家机构“可以”做什么，就意味着宪法向国家机构授予了相关的权力。然而，除了授予权力，宪法更重要的价值是限制权力。即使是保障公民权利，也是通过限制国家权力的方式来实现的，如果宪法文本过多地规定国家机构“可以”做什么，将会削弱它在控制国家权力方面的价值。因此，国家“可以”做什么，不仅关涉国家权力本身，而且影响到公民个人的权利。正是注意到宪法文本中的“可以”一词具有双重功能，即既向国家或国家机构授予权力，也向公民个人授予权利，我们才可能通过“可以”一词的解释与比较，考察当代中国宪法的状况与特性。①

（一）在权力与权利的关系问题上，宪法倾向于权力先行而非

---

① 当然，有必要在此指出，授权性规范的表达方式，除了“可以”，还有“有……权利”“享有……权利”等用语。但是，“可以”一词给我们提供的视角仍然是有价值的。因为，刘红婴的统计数据已经表明，“‘可以’作为规定权力和权利的核心词，运用最为普遍”（参见刘红婴：《法律语言学》，北京大学出版社2003年版，第87页）。因此，对“可以”一词的剖析，是揭示宪法中的权力、权利及其相互关系的一种值得尝试的路径——尽管它不是唯一的或最优的路径，甚至是有缺陷的路径。

权利至上

宪法既要规范国家权力，更要保障公民权利。但从“可以”的分布情况看，由于绝大部分以“可以”为标志的授权性规范都是面向国家或国家机构的，因此，现行宪法明显偏重于为国家机构设定甚至扩张权力，不是权利至上而是权力先行构成了现行宪法的基本倾向。尽管《宪法》中也曾专门辟出第二章对公民的基本权利进行了规定（表达方式采用了“有……权利”“享有……权利”等用语），但是，无论是从这一章的标题，还是从其中规定的具体内容，都可以看出其特征：强调权利与义务的并重，凸显权利与义务的共存共生性，甚至是权利与义务的合二为一。[①] 如果不局限于第二章的范围，而是着眼于整个宪法文本，根据“可以”一词的使用情况，那么可以看出，“权利义务并重”构成了我国宪法的价值目标。

宪法的目的到底何在？权利与权力之于宪法，到底孰轻孰重？从主流法学理论上看，宪法应当以维护权利为重心。因此，权利相对于权力的优先性几乎成了近现代宪法理论的一致选择。

当然，必须承认，宪法中的权利与权力之关系也不是一成不变的，它也在随着时代的变化而变化，但这个变化趋势与其说是从“权利本位”转向“权利义务并重”，[②] 还不如说是更多地反映在以下三个方向上：个人本位的法理学正在让位于团体本位的法理学；政治权利向经济文化权利深入；“人权宣言”普及各国，并从国内

---

① 参见张庆福主编：《宪法基本理论》，社会科学文献出版社 1994 年版，第 545 页。

② 参见张庆福主编：《宪法基本理论》，社会科学文献出版社 1994 年版，第 528 页。

法推广到国际法。①

（二）在权力与责任的关系问题上，宪法注重授予权力而没有设定相应的责任

宪法的调整对象既包括了公民也包括了国家，国家与公民都是宪法关系中的主体。对于公民这类主体而言，《宪法》专辟一章规定其权利和义务，要求公民的权利和义务紧密相连甚至融为一体——理由是权利与义务不可分，那么，从逻辑上讲，这种“不可分”也应当适用于公民之外的另一类宪法主体，那就是国家或国家机构。换言之，国家或国家机构作为宪法关系中的主体，它的权利与义务也是不可分割的，国家在享有权利的同时必须履行义务。

当然，国家毕竟不同于公民，在公法关系中，国家的权利实质上体现为权力，国家的义务实质上是责任。权利与义务不可分的宪法理念对于国家来说，就转化成为权力与责任不可分，在为国家设定权力的同时，应当规定其相应的责任，即权责必须统一。但是，在以“可以”为标志的授权性规范中，向国家或国家机构的授权大部分都采取了只设定权力而不规定责任的形式。

正如凯尔森所言：“法律责任是与法律义务相关的概念。一个人在法律上要对一定行为负责，或者他为此承担法律责任，意思就是，他做相反行为时，他应受到制裁。”② 国家承担的宪法责任是以国家的义务为前提的。那么，国家的义务又是什么？简单地说，国家的义务就是满足公民权利的需要。公民权利、国家义务、国家

---

① 龚祥瑞：《比较宪法与行政法》，法律出版社2003年版，第132页。

② ［奥］凯尔森著：《法与国家的一般理论》，沈宗灵译，中国大百科全书出版社1996年版，第73页。

权力三者的关系是：公民权利的需要决定国家义务并进一步决定国家权力；国家权力服从于国家义务并进一步服务于公民的权利。这就要求：在确定顺序上，应当遵循先确定公民权利的需要，再确定国家义务，最后确定国家的权力；以国家义务的内容决定国家权力的内容；应当以国家义务的大小来确定国家权力的大小，不能赋予比国家义务更大的国家权力；在国家权力的目的上，应当以国家义务的履行为直接目的。① 总而言之，在宪法规范上，应当强调公民的权利，并以此为基础设定国家的义务，再根据履行义务的需要而设定权力，如果拥有这样的权力却没有履行相应的义务（不作为），或者将这些权力运用于与履行义务无关的领域（滥用权力），则应当承担相应的责任。总之，“如果我们一般地要求说明国家行动的定义和界限，就可以用一句很简单的话来回答：国家的行动就是维护各种权利”②。

（三）在权力与权力的关系问题上，宪法有分别设定的权力而不注重权力之间的相互制约

一般来说，宪法调整的内容大致可以分为两大部分：保障公民权利与约束国家权力。

作为控制国家权力的宪法，“必须对一切授予政府的权力，以及这些权力的分配、取得和行使方式有明确的规定，并确保政府权力（包括立法权力）的行使是在服从宪法和法律的前提下进行的；政府的权力尽管强而有力，但必须限定于公民权利范围之外；司法

---

① 参见陈醇：《论国家的义务》，《法学》2002 年第 8 期。

② ［英］鲍桑葵著：《关于国家的哲学理论》，汪淑钧译，商务印书馆 1996 年版，第 205 页。

或专门机构必须有能力对政府（包括立法机构）行为的合法性进行独立的审查”①。但是，在现行宪法以“可以”为标志的权力设定中，我们只看到各个国家机构特别是最高权力机构“可以……，可以……，也可以……”式的无边的授权，没有明确相互监督与制约的权力关系。从当代宪法的发展趋势来看，还有待完善。

（四）中国传统文化与苏联宪法文化构成了塑造中国现行宪法文本的两大文化资源

追根溯源，中国现行宪法文本是在中国传统的政治文化与苏联的法律理论共同主导之下降生的，是这两种文化资源共同塑造了中国现行宪法的精神、体制及其以“可以”为表征的授权规范。

先看中国文化传统中的权利与权力观念。中国古代文献中已有“权利”一词，但它的含义是指权势及货财，根本不具有近现代法律意义上的权利内涵。这就意味着，在漫长的中国文明史上，“权利”不但不可能成为大写的真理，而且根本就不具有“政治上的正确性”。无论是争名于朝还是夺利于市，都是熟读“四书五经”的正人君子所不齿的行径。在这样的文化背景之下，权利不值得提倡，更没有“至上”的价值。至于“中国古代之‘法’，根本与权利无缘，……若着眼于更广阔的社会背景，我们还可以指出，中国古代社会并没有需要保护（无论以何种方式）的公民权利一类东西，法律对于权利的分配与保障，自然也就无从谈起”。② 与权利的湮没无闻恰成对照的是权力的神圣性。传统中国所奉行的是“成

① 张文显：《法哲学范畴研究》，中国政法大学出版社2001年版，第159页。
② 梁治平：《法辨——中国法的过去、现在与未来》，贵州人民出版社1992年版，第137页。

王败寇”的逻辑：掌握权力，这一事实本身就足以说明权力拥有者已经得到了上天的眷顾；至于丢失权力，则是气数已尽的象征。问鼎于中原，祭鼎于庙堂，都是有志之士勉力为之的伟业，代表权力的那只“鼎”所具有的神圣性，由此可见一斑。

除了中国的传统文化，苏联的法律思想与宪法实践对于中国宪法文本前述特点的形成也产生了巨大的影响。据考证，“我们在新中国建立后不久就比较快地制定公布了选举法和宪法，而这和斯大林的建议是密切相关的”，而且，“1954 年宪法在政权组织形式、国家机构、公民基本权利与义务等方面，也大量移植了苏联的经验”，而在新中国初期的宪法理论研究方面，“中国移植苏联的成果更加普遍”。① 比如，苏联的法学理论认为，“在社会主义制度下，个人与社会、公民和国家的相互关系，不仅是以权利为基础，而且是以义务为基础”②。这样的观念几乎就是中国宪法文本所抱持的观念。也就是说，无论是苏联的宪法规范还是法律理论，几乎都为中国 1954 年宪法全面借鉴和吸收，并成为现行宪法的理论基础。

当然，在这里，我们也不宜对苏联（俄）的宪法全盘否定或静止地看待苏联（俄）宪法，而是必须注意到，苏联（俄）宪法本身也有一个逐渐演化的历程。大致说来，1918 年制定的苏俄宪法是革命刚刚获得成功之后颁布的，具有强烈的权利本位倾向。例如，在这部宪法的第二篇即“宪法总纲”中，不仅规定了劳动者享有的

---

① 何勤华、李秀清：《外国法与中国法——20 世纪中国移植外国法反思》，中国政法大学出版社 2003 年版，第 22 页。

② ［苏］马图佐夫等：《关于苏联公民法律义务问题的研究》，《法学译丛》1981 年第 3 期。

信仰自由、表达自由、集会自由、结社自由等各种自由与权利，而且还在每项自由权利之后，详细而具体地规定了各种保障措施。比如，其中的第十四条规定：为保障劳动者享有真正表达自己意见的自由，“俄罗斯社会主义联邦苏维埃共和国消灭出版事业对资本的从属关系，将一切有关出版报章书籍及其他任何印刷品的技术与物质手段一律交归工人阶级与贫农掌握，并保障此等印刷品在全国的自由传播”。这部苏俄宪法并没有确立权利与义务并重的价值模式。1924 年的苏联宪法主要是确认苏联的成立，也没有就公民的权利义务及相互关系做出规定。只有 1936 年的苏联宪法才开始辟出专章就公民的基本权利与义务做出规定。自那以后，强调权利与义务的并重或融合，以及对于权力的强调，就成为二战以后包括中国在内的各社会主义国家制宪过程中借鉴的蓝本。

四、小结

要对当代中国的宪法进行学术上的分析与评价，从理论上讲存在着多种视角、多个切入点。其中的每一个视角或切入点都可能存在着这样的问题：它既给我们提供了一条分析的路径，使我们有可能长驱直入，迅速而有效地抵达宪法的内在本质；但与此同时，它也会不可避免地暂时遮蔽了其他的分析路径，从而使得我们的分析视域、分析过程、分析得出的结论，都具有一定的片面性。即使我们的分析具有一定的穿透力，也只不过是某种片面的深刻而已。

从中国宪法文本中的“可以”一词着眼，展开对于中国宪法的透视，也面临着这样的两难处境。比如，我们只考察了“可以”一词，但与“可以”相近的“有……权利”“有……自由”等授权性法律用语，都不无遗憾地落在了我们的视界之外。本书意识到了这一点，但也无可奈何，因为，选择了这种分析路径，就意味着失去或暂时失去了其他的、也许是更好的分析路径。

遥想19世纪中叶，经典作家恩格斯也曾入木三分地描绘过英国的宪法状况，① 但他的着眼点却在于英国当时的社会生活，所秉持的乃是一种广义的法律社会学的立场。而我们通过对宪法文本中“可以”一词的探析与梳理，期望有助于增进对于当代中国宪法的理解，则是立足于文本解释的视野与方法。但愿上文的分析也在一定程度上达到了“片面的深刻”的程度。

第二节　关于人民代表大会筹备组的研究

2016年9月13日，第十二届全国人大常委会第二十三次会议做出决定，成立辽宁省第十二届人民代表大会第七次会议筹备组。成立这样一个筹备组的原因在于，辽宁省人大在选举产生全国人大代表的过程中出现贿选。辽宁省十二届人大共有619名代表，其中，涉及贿选的代表有523名，占全部代表人数的84%；辽宁省十二届人大常委会共有委员62名，涉及贿选的委员有38名，占全部委员人数的61%。由于涉案的省人大代表已由原选举单位接受其辞职或被罢免终止了代表资格，造成省人大及省人大常委会的组成人

① 恩格斯：《英国宪法》，载《马克思恩格斯全集》（第一卷），人民出版社1956年版，第678页。

员均不够半数，致使省人大、省人大常委会无法举行会议，当然也不能履行权力机关的职责。正是为了应对辽宁省出现的这种现实状况，全国人大常委会成立了辽宁省十二届人大七次会议筹备组，同时还规定了筹备组的四项职能：第一，对辽宁省第十二届人民代表大会代表资格终止的情况予以备案、公告；第二，对补选产生的辽宁省第十二届人民代表大会代表，根据代表资格审查委员会的报告，确认代表的资格或者确定代表的当选无效，并公布补选的代表名单；第三，召集辽宁省第十二届人民代表大会第七次会议；第四，需要由筹备组负责的其他事项。①

按照全国人大常委会的决定，此次设立的机构是“辽宁省第十二届人民代表大会第七次会议筹备组”。这虽然只是为一次会议的举行而设立的筹备组，虽然只是一起个案，但是，稍做回顾即可发现，类似的筹备组其实已经反复出现：为了应对2013年暴露出来的衡阳贿选案，湖南省人大常委会曾经在衡阳设立过筹备人大会议的筹备组；在海南省三沙市的组建过程中，海南省人大常委会曾经设立过筹备三沙市人民代表大会的筹备组；1997年，在重庆成立直辖市之际，设置过筹备重庆市第一届人民代表大会的筹备组；为了设立浦东新区，上海市人大常委会也曾设立类似的筹备组。可见，从中央到地方都设立过这样的筹备组，这样的筹备组已经成为我国宪法实施过程中的一种惯例，已经成为一种宪法现象，足以概括成为一种具有宪法意义的制度雏形或制度安排，那就是具有普遍意义和一般意义的人民代表大会筹备组。那么，作为一种制度的人民代

---

① 《全国人大常委会决定成立辽宁省十二届人大七次会议筹备组》，《检察日报》2016年9月14日第2版。

表大会筹备组到底涉及哪些法律问题，如何从宪法和法理的角度理解日渐成形的人民代表大会筹备组，就成为一个不容回避的新问题。

作为一项专门针对人民代表大会筹备组的初步研究，下文主要讨论以下几个问题：设立人民代表大会筹备组的宪法依据与法律依据是什么？人民代表大会筹备组的权力是一种什么性质的权力？人民代表大会筹备组如何处理与相关机构的关系？在人民代表大会筹备组的背后，值得索解的法理意蕴是什么？对于这些问题，可以分述如下。

一、设立人民代表大会筹备组的宪法依据与法律依据

与人民代表大会筹备组的设立相关的法，主要是宪法和相关的宪法性法律。但是，在中国现行宪法与组织法中，均没有关于人民代表大会筹备组的直接规定与明文规定。不过，宪法及相关的宪法性法律已经为人民代表大会筹备组的设立预留了一定的制度空间。

先看宪法。依据《宪法》第六十七条第一款，全国人大常委会有权“解释宪法，监督宪法的实施”。《宪法》第六十七条第二十一款又规定：全国人大常委会有权“决定全国或者个别省、自治区、直辖市进入紧急状态”。这两款内容都可以作为设立人民代表大会筹备组的依据。一方面，辽宁省人大、省人大常委会不能正常履行职责，可以归属于“宪法的实施”过程中出现的问题。这正是全国人大常委会“监督”的对象。全国人大常委会针对宪法规定的人民代表大会制度在辽宁省出现的实际问题，做出设立“筹备组”的决定，可以理解为一种因“监督宪法的实施”而采取的具体措施。而且，“解释宪法”本身也是全国人大常委会的职权，全国人

大常委会有权就“监督宪法的实施”做出上述解释。这样，全国人大常委会可以把《宪法》第六十七条第一款作为设立辽宁省人民代表大会筹备组的依据。

另一方面，针对辽宁贿选案引发的省人大不能履职的严重后果，《宪法》第六十七条第二十一款也是可以适用的。从法理上看，辽宁省人大、省人大常委会不能履职，直接导致人民代表大会制度在辽宁省的搁浅或触礁，如果进一步追溯，还可能涉及由省人大选举产生的“一府两院”以及整个省级地方政权的合法性问题。因为，辽宁贿选案虽然是2016年暴露出来的，但贿选行为却发生在2013年1月。从2013年至2016年，在三年多的时间里，辽宁省人大及其常委会做出的各种决定、决议，其合法性是否有必要深究，是一个既严峻又尖锐的问题，此处虽然暂不讨论，但这些相互关联的问题可以说明，辽宁贿选案对中国宪法与中国人大制度的冲击，在法理层面上已经把辽宁拖入了某种“紧急状态”。仅从法理上说，倘若全国人大常委会适用《宪法》第六十七条第二十一款，“决定辽宁省进入紧急状态”，也是有宪法依据的，因为一个省的人大不能履职，确实是一场地方性的、堪称紧急的宪法危机与政治危机。

在《宪法》第六十七条的第一款与第二十一款之间，哪一款是全国人大常委会应对辽宁贿选案、设立人民代表大会筹备组的更加适合的宪法依据呢？或者说，设立人民代表大会筹备组与哪一款具有更加紧密的联系呢？仅仅从法理的角度来说，第二十一款更具针对性、联系更密切。如果仅仅考虑法律效果，那么，全国人大常委会适用第二十一款，决定辽宁省进入紧急状态，随之设立辽宁省人民代表大会筹备组，以之处理、应对辽宁地方政权面临的宪法危机，是可以的。但是，从政治的角度来看，虽然辽宁省人大及其常委会不能履行职责了，但是，党的领导，或者说，党对辽宁的领导，是有效而稳定的。在党的领导下，辽宁的地方政权并没有因此而陷于混乱或无序，辽宁省政府、高级法院、检察院还在有效地履行职责。在这样的政治现实与政治格局下，倘若“决定辽宁进入紧急状态”，由此支付的政治成本可能大于政治收益。因此，在第一款与第二十一款之间进行政治权衡，全国人大常委会适用《宪法》第六十七条第一款，以之作为成立辽宁省人民代表大会筹备组的宪法依据，可能是更恰当的选择。

湖南省人大常委会设立衡阳市人民代表大会筹备组的情况又另当别论。由于设立衡阳市人民代表大会筹备组的决定是湖南省人大常委会（经过一定的程序）做出的，因此不涉及《宪法》第六十七条关于全国人大常委会职权的规定。湖南省人大常委会设立衡阳市人民代表大会筹备组的依据可以是《宪法》第一百零四条，该条款规定：“县级以上的地方各级人民代表大会常务委员会讨论、决定本行政区域内各方面工作的重大事项”。因衡阳贿选案而导致的衡阳市人大及其常委会不能履行职责，正好可以归属于湖南“行政区域内各方面工作的重大事项”。湖南省人大常委会依据这个宪法条款，可以设置衡阳市人民代表大会筹备组。《宪法》第一百零四条对地方人大常委会的这项授权性规定，还见于《中华人民共和国地方各级人民代表大会和地方各级人民政府组织法》（以下简称《地方组织法》）第四十四条第四款：地方各级人大常委会有权“讨论、决定本行政区域内的政治、经济、教育、科学、文化、卫生、环境和资源保护、民政、民族等工作的重大事项”。除此之外，《地方组织法》第五十三条还规定：地方人大“常务委员会根据工作需要，设立办事机构和其他工作机构”。这个条款为湖南省人大常委会设立衡阳市人民代表大会筹备组提供了更加直接的依据，因为设立这样一个筹备组，正好属于“工作需要”，而筹备组恰好也是一种“办事机构”。可见，湖南省人大常委会决定设立衡阳市人民代表大会筹备组，可以依据《宪法》第一百零四条，也可以依据《地方组织法》第四十四条与第五十三条。这几个条款都可以支持湖南省人大常委会的决定，构成了湖南省人大常委会设立衡阳市人民代表大会筹备组的宪法依据与法律依据。

至于全国人大常委会在重庆直辖之际设立的重庆市人民代表大会筹备组，较之于全国人大常委会决定设立的辽宁省人民代表大会筹备组，由于原因不同、针对性迥异，当然不可能适用《宪法》第六十七条第二十一款关于紧急状态的规定，只能适用《宪法》第六十七条第一款的规定。这就意味着，尽管都是全国人大常委会设立的省级人民代表大会筹备组，但在宪法上的依据却可能出现差异。不过，湖南省人大常委会设立衡阳市人民代表大会筹备组与海南省人大常委会设立三沙市人民代表大会筹备组，虽然原因、事由也不相同，但在宪法和法律上的依据则是相同的，都应当依据《宪法》第一百零四条与《地方组织法》第四十四条、第五十三条的规定。

从全面推进依法治国的要求来说，无论是全国人大常委会还是地方人大常委会，在为下一级地方政权设立人民代表大会筹备组之际，都应当坚持以宪法和法律为依据。进一步看，尽管都是设立人民代表大会筹备组，但由于层级不同、事由不同，设立筹备组的宪法依据、法律依据还可能出现差异，这是全国人大常委会和地方各级人大常委会在设立人民代表大会筹备组之际不能不加以考虑的。

二、人民代表大会筹备组的权力：性质与特征

作为一个机构，人民代表大会筹备组一旦依法设立，它就要履行相应的职责，也要行使相应的权力。那么，筹备组的权力到底是什么？人民代表大会筹备组是不是人民代表大会及其常委会的替代机构？它是否可以代行同级人民代表大会及其常委会的职权？如前文所述，虽然全国人大常委会在设立辽宁省人民代表大会筹备组的决定中，已经明确规定了这个特定的筹备组的几项职责，但是，我们还是有必要在理论上思考：人民代表大会筹备组作为一种具有普遍意义的制度安排，它的权力是一种什么性质的权力？有何特征？对此，无论是现行宪法还是地方组织法，都没有任何规定。现在，我们要讨论这个问题，一个理应完成的准备工作是到辽宁或衡阳去做一番实地调查研究，但是，限于各方面的条件，要完成这样的调查研究，也不是一件容易的事。因此，只能从理论上就这个问题做两个方面的讨论。

一方面，由于人民代表大会筹备组不是一个法律规定的常设机构，而是上级人大常委会设立的一个临时性机构，因此，它拥有的权力是派生性、临时性的权力，具有派生性与临时性的特征。

所谓派生性，是指筹备组是根据上级人大常委会的意志、决定而设立的，它的权力是上级人大常委会派生出来的。在现行的宪法和法律中，找不到“人民代表大会筹备组”这样的机构。因此，筹备组不可能独立地存在，它的权力也不可能独立地行使。所谓临时性，是指筹备组的权力是一种专项性的、短期性的权力。筹备组一经设立，即应当开展筹备人民代表大会的工作，等到人民代表大会成立，筹备组的职责就完成了。在这种情况下，上级人大常委会应

当明文宣告筹备组的终止，让筹备组有始有终。这个过程表明，筹备组是一种临时机构，其权力的临时性由此而产生。

进一步看，筹备组权力的临时性又可以分为两种情况。第一种情况见之于辽宁省、衡阳市的人民代表大会筹备组。这种筹备组的临时性权力还是一种应急性、非常性的临时性权力。因为，已经残缺的人民代表大会及其常委会不能履行职责了，地方政权出现了一个权力真空地带，宪法在地方的实施面临危机，筹备组是在这种紧急状态下产生的。因此，筹备组拥有的临时性权力，就具有应急权力或法理学上所说的紧急权力的特点。第二种情况见之于重庆直辖之际、三沙建市之际在重庆、三沙分别设立的人民代表大会筹备组，这种筹备组虽然也是临时性的机构，但却不是为了应对紧急状态、危机状态而设立，而是一种常规性、日常性的正常安排。因而，针对重庆直辖、三沙建市而设立的人民代表大会筹备组，其权力虽然也是一种临时性的权力，但却不具有应急性、非常性，而是一种常规性、日常性的临时性权力。这种常规性、日常性的临时性权力作为一种过渡性质、孵化性质的权力现象，是宪法学、法理学领域内值得研究的问题。

另一方面，筹备组既然旨在“筹备”人民代表大会，那么，它行使的权力主要是一种程序性的权力，而不是一种实体性的权力。筹备组不能完全拥有“看守议会”的权力，也不能以“看守议会”来看待。

循名责实，人民代表大会筹备组应该是一个筹备成立人民代表大会的机构，因而，筹备成立人民代表大会及其常委会是它的核心权力、核心职责。对于曾经的三沙市人民代表大会筹备组来说，它是在一张白纸上进行规划与筹建，这样的筹备是一个从无到有的过程。对于曾经的重庆（直辖）市人民代表大会筹备组来说，其实已有基础，那就是此前的作为计划单列市的重庆市人民代表大会，筹备组的职责就是以计划单列市的人民代表大会为基础，筹建直辖市的人民代表大会，这样的筹备其实是升级改建。对于衡阳、辽宁的人民代表大会筹备组来说，本质上是在一个垮塌了的废墟上进行重建，属于“灾后重建”，因为要清理废墟，所以筹备的难度系数还要大一些。无论属于哪种情况，筹备组的权力都是“筹建”“孵化”人民代表大会，而不是“充当”人民代表大会，不是对人民代表大会的取代。

人民代表大会筹备组行使的以“筹备”为核心的权力，虽然不同于人民代表大会及其常务委员会拥有的权力，但是，人民代表大会及其常委会拥有的某些程序性权力，却可以由筹备组来行使，甚至也必须由筹备组来行使。譬如，《地方组织法》第四十四条规定，地方人大常委会“领导或者主持本级人民代表大会代表的选举”，“召集本级人民代表大会会议”。这些权力，都是地方人大常委会行使的法定权力，但它也是人民代表大会筹备组应当拥有的权力。筹备组可以拥有这些权力，本质上就是因为这些权力是程序性的。此外，《地方组织法》授予地方人大常委会的其他程序性权力，筹备组也可以有限度地行使。譬如，《地方组织法》第四十四条第六款规定：地方人大常委会有权“监督本级人民政府、人民法院和人民检察院的工作，联系本级人民代表大会代表，受理人民群众对上述机关和国家工作人员的申诉和意见”。筹备组倘若要“监督本级人民政府、人民法院和人民检察院的工作”，可能还有一些难度，无论是筹备组的权力能力还是行为能力，可能都还有一些欠缺。但是，倘若是“联系本级人民代表大会代表，受理人民群众对上述机关和国家工作人员的申诉和意见”，则是可以的。筹备组可以“联系”代表，也可以“受理”相关的申诉与意见——至于“受理”之后，如何做出实质性的处理，应当是另一个问题，但“受理”则可以纳入筹备组的权力与责任范围。

综上所述，人民代表大会筹备组行使的权力主要是一种派生性、临时性、程序性的权力，它不是人民代表大会及其常委会的替代机构，但可以行使人大常委会拥有的部分程序性权力。它的权力将随着筹备任务的完成、新的人民代表大会的产生而终结。

三、人民代表大会筹备组与其他机构的关系

要全面理解人民代表大会筹备组的法律性质，就应当把它放在固有的权力关系、权力格局中进行透视。通过考察筹备组与其他机构的关系，可以更加准确地为人民代表大会筹备组做出法律上、政治上的定位。

首先是筹备组与残缺的人民代表大会及其常委会的关系。以辽宁省为例，虽然辽宁省十二届人大的大多数代表、多数人大常委会委员都失去了代表资格、人大常委会委员资格，但毕竟还有16%的人大代表以及39%的人大常委会委员依然具有正当性与合法性。这些“剩余代表”“剩余人大常委会委员”是否拥有某种制度性的权力？他们与筹备组的权力存在着一种什么样的关系？对此，可以得出的研究结论是：这些依然站立的“剩余代表”与“剩余人大常委会委员”即使作为一个群体、一个整体，也不能拥有省人大及省人大常委会作为地方国家权力机关的权力，因为会议已经无法举行。但是，他们作为个体化的人大代表、人大常委会委员，《中华人民共和国全国人民代表大会和地方各级人民代表大会代表法》第

三条列举的权利，依然可以享有；《中华人民共和国全国人民代表大会和地方各级人民代表大会代表法》第四条列举的义务，依然应当履行。特别是《中华人民共和国全国人民代表大会和地方各级人民代表大会代表法》第四章规定的“代表在本级人民代表大会闭会期间的活动”（从第十九条至第三十条），这些人大代表、人大常委会委员依然可以开展。那些涉及贿选的人大代表、人大常委会委员的违法或犯罪，不应当牵连到他们身上。而且，他们的代表资格、人大常委会委员资格依然是有效的。只要辽宁省十二届人大没有届满，他们始终都是人大代表或人大常委会委员。在新筹建的人民代表大会以及由此产生的人大常委会中，这些在“政治地震”之后依然站立的代表与人大常委会委员应当继续保留。而且，由于其他人大代表、人大常委会委员的违法犯罪，致使他们无法通过正常举行会议的法定方式履行自己的职责，意味着他们也是其他人违法犯罪的受害者。

其次是筹备组与选举委员会的关系。按照《中华人民共和国全国人民代表大会和地方各级人民代表大会选举法》第八条、第九条的规定，只有区县、乡镇人民代表大会代表的选举，才由选举委员会主持。而且，无论是区县还是乡镇的选举委员会，都由区县级人大常委会任命、组建。由此，我们发现，假如今后出现了区县、乡镇人民代表大会筹备组，那么，筹备组与区县、乡镇的选举委员会的职能就可能出现交叉或重叠。因为区县、乡镇的选举委员会是选举法规定的一种制度性安排，区县、乡镇人大代表的选举，只能由选举委员会主持。在这种情况下，有可能出现的区县、乡镇人民代表大会筹备组与同级选举委员会在职能上可能融为一体。由于省级、市州级人大代表都是由下级人大选举产生，省级、市州级没有选举委员会，因此，就辽宁、衡阳的人民代表大会筹备组来说，不会发生与同级选举委员会的关系。但是，人民代表大会筹备组作为一种制度性的安排，具有普遍意义。大面积的贿选既然可以发生在辽宁省人大、衡阳市人大，依照同样的逻辑，也不排除可能发生在区县人大、乡镇人大。这就是说，在无法预知的未来，人民代表大会筹备组也可能出现在区县甚至乡镇层级。因此，在一般意义上研究人民代表大会筹备组所涉及的权力关系，还应当考虑到筹备组与选举委员会的关系。

再次，还应当考虑筹备组与上级人大常委会的关系。由于人民代表大会筹备组是上级人大常委会决定成立的，因此，上级人大常委会与筹备组之间，具有领导与被领导的关系。换个角度来看，上级人大常委会决定设立人民代表大会筹备组，这个筹备组也可以理解为上级人大常委会的派出机构或“特使”，筹备组的工作，在相当程度上，就是在执行上级人大常委会的旨意。从法律依据来看，《地方组织法》第四十四条第一款规定：地方人大常委会“在本行政区域内，保证宪法、法律、行政法规和上级人民代表大会及其常务委员会决议的遵守和执行”，对于省级（譬如湖南省人大常委会）、市州级人大常委会来说，为下级政权设立人民代表大会筹备组，正是“保证宪法”在本行政区域内“遵守和执行”的活动。从这个角度来看，筹备组应当对决定成立它的上级人大常委会负责，应当按照上级人大常委会的要求完成预定的筹备任务。

最后，筹备组还会涉及与同级党委的关系。人民代表大会筹备组既要接受上级人大常委会的直接领导，同时还要接受同级地方党委的领导。譬如，辽宁省人民代表大会筹备组，在接受全国人大常委会的领导的同时，还要接受辽宁省委的领导。其法理依据是，筹备地方人民代表大会属于地方政权建设，地方同级党委对于地方政权建设应当负有主体性的政治责任。因此，对于人民代表大会筹备组来说，接受上级人大常委会和同级地方党委的“双重领导”，应当作为一个基本的格局。

四、人民代表大会筹备组与法理危机的应对

以上我们分析了人民代表大会筹备组的法律依据、权力性质、外部关系。希望这样的研究，有助于把人民代表大会筹备组的意义凸显出来。

回顾近年来的宪法实施过程，特别是人民代表大会制度的运行过程，可以发现，作为一种制度化安排的人民代表大会筹备组已经反复出现，只是没有引起法学界的足够关注。由于辽宁贿选案的发生，由于全国人大常委会对于辽宁贿选案的回应，特别是全国人大常委会决定设立的辽宁省十二届人大七次会议筹备组，才让“人民代表大会筹备组”这样一种创新性的宪制安排，更加醒目地出现在宪法与法理的视界里。以上几个方面的分析，主要立足于宪法的制度与技术层面，倘若从法理的角度来看，人民代表大会筹备组又蕴含着什么样的信息呢？我的回答是，最值得注意的信息就是要有法理危机的意识。

所谓法理危机，就是在法理层面出现问题，在合法性方面遭遇重大危机。全国人大常委会设立辽宁省十二届人大七次会议筹备组，就是针对辽宁省人民代表大会制度陷入法理危机之后的应对措施。筹备组就是救火组、消防组、危机处理组。客观地说，在党的领导下，辽宁地方政治并没有因为省人大、省人大常委会不能履职而出现明显而即刻的现实危机。但是，它在法理层面造成了明显而

即刻的危机——省人大的合法性危机以及由此牵连的整个省级政权的合法性问题：辽宁省的“一府两院”都是省人大产生的，省人大出了问题，“一府两院”受不受影响？辽宁省级政权面临的这种危机，正是法理危机。在当代中国，政治的法理基础是人民当家做主，人民当家做主在宪法上的制度表达是人民代表大会制度，辽宁省人大的瘫痪意味着人民代表大会制度的局部性瘫痪。这样的瘫痪，足以导致一次法理危机。

性质相同、情况类似但程度较轻、影响稍小的法理危机还见于衡阳贿选案。倘若往前追溯，还有2001年辽宁省沈阳市中级人民法院遭遇的法理危机：在2001年2月14日闭幕的沈阳市第十二届人大四次会议上，由市中级人民法院副院长所做的2000年沈阳市中级人民法院工作报告未获得会议通过。据当时的报道，“在所有的508名代表中，出席今天闭幕会议的代表474人，只有218人对法院的报告投了赞成票，反对的162人，弃权82人，未按表决器的9人，赞成票没有超过半数未被通过。而沈阳市人民检察院的工作报告也仅仅以270人的微弱多数过关”①。中级人民法院的报告没有得到人民代表大会的通过，就意味着中级人民法院的工作没有得到人民的认可。人民不认可，就是合法性危机，就是法理危机。只不过，沈阳市中级人民法院较之于辽宁省人大，法律地位不同；法院工作不被认可与人大不能开会履职，法律性质有异。但就法理上说，其实都是法理危机。

法理危机需要在法理的高度上予以应对，要有法理危机的防范

---

① 《沈阳中级法院报告未获市人大通过》，《人民日报》（海外版）2001年2月15日第4版。

意识与应对意识。在辽宁贿选案中，针对省人大不能履职而设立人民代表大会筹备组，确实是一种应对措施，尽管它是一种事后的补救措施。与此同时，还应当注意事前与事中的防范。前车之覆，后车之鉴。应当针对辽宁贿选、衡阳贿选导致人大瘫痪的发生机制，优化与改进现有的选举制度，以填补选举制度中可能存在的漏洞。更加重要的是，与20世纪80年代相比，更不用说与20世纪50、60年代相比，虽然以党的领导和人民当家做主为核心的基本政治制度没有发生变化，但是，选举的社会环境已经发生了剧烈而深刻的变化。其中尤其值得注意的是资本对于选举过程的影响、冲击甚至左右——在辽宁、衡阳一度体现为“左右”，在其他地方难免有不同程度的“影响”。这种影响，其实就是经济对政治的影响。如何评估这种影响，人民代表大会制度，特别是选举制度如何与时俱进地回应这样的深刻变化，是另一个值得专题研究的重大问题，这里不再展开。

第三节 《宪法》第一百三十一条中的“独立行使审判权”研究

在越来越强调“专业槽”的中国法学界①，依然有一些各个二

① 陈兴良说：“刑法学虽然是我国法学中的一门显学，但又仍然是幼稚的，这种幼稚性的突出表现是没有建立起严谨科学的刑法理论的‘专业槽’。”详见陈兴良：《刑法哲学研究论纲》，《中外法学》1992年第3期。

级分支学科共同关注的跨学科问题。其中，《宪法》第一百三十一条规定的“人民法院依照法律规定独立行使审判权”，堪称最令人瞩目的跨学科问题之一。在当前，它既是宪法实施过程中的一个现实问题，也是法治中国建设中的一个现实问题。多年来，这个问题已经催生出数量较多的法学文献。在这些文献中，张新宝先生的《对“人民法院独立审判”的全面理解》（载《法学》2012 年第 1 期，以下简称“张文”）一文，属于较晚近的、较有代表性的一篇。在这篇论文中，张新宝先生鉴于法学界关于这个问题所存在的“认识上的分歧”，希望“结合当前社会现实，正确厘定‘人民法院独立审判’这一原则的内涵”。按照张文的“全面理解”，“人民法院独立审判”主要包括五个方面的内涵：第一，就“党的领导与人民法院独立审判”而言，人民法院“应该自觉接受党的领导”，但是，“以党委的名义干涉个案的司法判决的做法都是违犯宪法、法律和党章的”。第二，“人民法院独立审判首先要排除行政干预”。第三，“人民法院独立审判的核心是法官独立断案”。第四，人民代表大会对人民法院独立审判的监督在正式制度层面显得乏力，非正式的“人大监督”却层出不穷，严重影响了司法独立。第五，“舆论监督不是舆论审判”。

以上五个方面，就是张文旨在追求的对于人民法院独立审判的“全面理解”。但在我看来，这些对于人民法院独立审判的理解并不全面，与“全面理解”的预期目标还有较大距离；张文在以上五个方面所做的一些具体论断，也值得商榷。分而述之，我的商榷性意见包括以下几点。

第一，概括地说，虽然张文论述了人民法院独立审判所涉及的五个方面，但是这五个方面的观点都是站在法院的立场和视角观察问题的结果，所以就不全面了。由于这种单一的立场与视角，论文的作者身不由已地充当了法院尤其是法官的辩护人，让这篇论文在不知不觉中就变成了法院立场的辩护词。在审判实践中，法官作为裁判者，应当在原告与被告之间保持中立，不能站在原告或被告一方说话；同理，对于人民法院独立审判这个主题，学术研究者也不宜完全固守法院的立场，而应当同时兼顾党委、人大、行政以及舆论等多种立场。因为每一种立场都有它的合理性，都有它的正当理由。法院或法官固然可以代表法律，是法律的代言人，但是，人大不也是法律的制定者与宣告者吗？因此，既要承认从法院的角度理解独立审判这个问题的正当性，也应当承认从其他的角度理解独立审判这个问题的正当性。不能因为宪法和法律规定了人民法院独立行使审判权，就从学理上排斥理解这项法律原则、这个学术问题的其他立场、其他视角。否则，就只能形成对于人民法院独立审判的片面理解，而不大可能形成对于人民法院独立审判的全面理解。

第二，在党的领导与人民法院独立审判的关系问题上，张文认为："党的领导不是对个案的具体干涉，因此以党委会甚至常委会的决议形式否决法院已经生效的判决，或者以党委的名义干涉个案的司法判决的做法都是违反宪法、法律和党章的。"这个判断的前半部分虽然没有什么问题，但是，"或者"之后的论断却值得商榷。一方面，"以党委的名义干涉个案的司法判决的做法"并没有"违犯宪法、法律和党章"。因为，任何一条"宪法、法律和党章"，都未明确禁止"以党委的名义干涉个案的司法判决"；现行的"宪法、法律和党章"并没有这样的明确规定。另外，在实践中，党委确实"影响"了个别案件的判决，但是，党委对个别案件施加的"影响"并不是以"干涉"的名义进行的，而是以"协调"的名义展开的。按照正式制度，党委内部的政法委“研究和协调有争议的重大疑难案件”，正是政法委（同时也是党委）承担的重要职能之一。[①] 这就是说，党委政法委有职责“协调”某些重大疑难案件。然而，这里的“协调”与“干涉”实为一体之两面：站在法院的立场上，容易把它理解为“干涉”；但是，站在党委政法委的立场上，那就是“协调”，并不是“干涉”。能把“干涉”与“协调”完全切割开来吗？

第三，在法院与行政的关系上，张文认为，“人民法院独立审判首先要排除行政干预”。但是，“行政干预”事实上能够排除吗？我认为不能，因为行政对法院的“干预”永远都是存在的。张文列举了一些“行政干预”司法的劣迹，譬如，“政府在给法院的函件中竟然能判定涉案合同是否有效力，并且还能以政府部门‘协调会’的方式否认已经生效的判决，并决定不予执行”。这当然是比较极端的做法。“叫停”这种比较极端的做法，是可能的，也是必要的。但是，试图彻底“排除行政干预”则是不可能的，也是不必要的。因为，正如科斯从“问题的相互性”入手所论证的“权利的相互性”一样，[②] 权力也有相互性，权力与权力之间也是相互纠缠、相互嵌入、相互“干预”的。如果一种权力主体对另一种权力主体产生了某种作用力，那么，后者发出的反作用力一定也会指向前者。譬如，以前的君主可以统治臣民，但臣民也可以揭竿而起，

---

① 转引自李先伟：《政法委的级别与个案协调差异研究》，《山东警察学院学报》2011 年第 4 期。

② ［美］科斯：《社会成本问题》，载［美］科斯等：《财产权利与制度变迁：产权学派与新制度学派译文集》，上海三联书店 1994 年版，第 4 页。

把君主推翻。同理，法院可以通过行政诉讼等方式影响（或“干预”）政府，但政府也可以通过人事权、财政权等方式影响（或“干预”）法院，[①] 政府对法院的这种影响（或“干预”）正是现行的由宪法所安排的政治体制的产物。在这种持续不断地相互交往、相互作用的“行政—司法”关系中，怎么可能“排除行政干预”？如果彻底排除了相互之间的“干预”，政治和法律还能运转吗？

第四，在法院内部，张文主张：“人民法院独立审判的核心是法官独立断案”。张文的意思是，要排除审判长、庭长、院长、审判委员会、上级法院对于法官断案的干预。我认为这样的观点过于简单化。因为，法院内部的微观权力结构是一个相当复杂的问题，它涉及多个方面的斟酌与权衡。譬如：司法判决本质上是法官做出的判决还是法院做出的判决？履行司法职责的主体到底是法官还是法院？是独任法官或合议庭内多个法官不容易腐败，还是人数较多的审判委员会更不容易腐败？以及，未亲临庭审过程的“书面审判”与“合议”能否作为“开庭审判”的有益补充？对诸如此类的问题，我们都很难轻易地做出判断。尤其是，在当前的法官并未实现与当事人有效分隔的背景下，把人民法院独立审判理解为法官个人独立断案，利弊得失到底该如何衡量？法官独立断案引发的弊端，是否就一定小于分管副院长、庭长、审判长签发判决书式的法院断案所导致的弊端？在这些问题没有得到全面的、严格的论证之前，恐怕还不能简单地断定：法官个人独立断案一定就是更优的选择。

---

① 就算在省级司法垂直管理体制下，省级政府同样可能“干预”全省的司法。

第五，关于人大对人民法院独立审判的监督，按照张文的论述，主要存在两个方面的问题：一方面，“即使法院的报告未获通过，人大并无权采取进一步的措施，法院方面也不必为此承担任何实质责任，充其量只是‘没面子’。因此，导致此项监督条款成为具文”。另一方面，则是“很多非正式的‘人大监督’层出不穷，严重影响着司法独立”。这就是说，正式的“人大监督”没有发挥效果，没有对法院产生有效的监督；但有些人却在利用人大制度中的某些缝隙损害司法独立。对于张文描述的这两种现象，我有不同的看法。就前一个方面的现象来说，人大对法院工作报告的审议与批准，既具有监督的性质，同时还在于强化宪法所确认的人民代表大会制度。这种报告、审议、批准的过程与仪式，既有法律监督的功能，同时还具有强烈的政治功能，① 因而是有意义的，并非毫无意义的“具文”。就后一个方面的现象来说，在实践中，能够利用人大制度的缝隙来影响法院、为自己谋取私利的当事人毕竟只是极个别的，而且，这样的当事人还算不上是真正的特权者，真正的特权者会“不战而屈人之兵”，根本就不会让自己卷入法官主持的诉讼过程。再说，任何一项正式制度，就像任何一场宏大的社会运动一样，都会有漏洞，都会有缝隙。指望一种好的正式制度永远不给任何投机分子提供任何可乘之机，无异于痴人说梦。那不是在讨论人世间的法律制度，那是在想象童话中的水晶宫。

第六，关于舆论监督与独立审判的关系问题，张文的意思是，不要让舆论监督异化成为舆论审判。但问题是，舆论监督怎么可能成为真正的舆论审判？事实上，媒体、舆论无论如何都不可能代替

① 喻中：《象征性法律及其意义》，《社会科学研究》2004 年第 6 期。

法院做出判决。当前出现的“舆论审判”“媒体审判”等说法，只不过是一种比喻、一种修辞。对于法院来说，某种呼声较高的舆论导向，只不过是提醒法院，关于某个案件，某些媒体表达了某种态度，仅此而已。媒体表达的某种态度或某几种态度，可以充当法院做出判决时全面考虑的诸多因素之一。怎么看待各种舆论观点，最终还是取决于法院自己。因此，舆论监督异化为舆论审判的问题，在很大程度上，其实是一个虚构的问题。与此同时，我们还应当注意到，在媒体越来越市场化的今天，一些媒体的出发点就在于让自己的观点产生影响，以吸引更多的注意力，本质上是在追求舆论市场中的最大份额。从这个角度来看，不必过分夸大舆论对人民法院独立审判的影响。而且，相对于众多法院每天都在处理的成千上万起案件来说，真正受到媒体强烈关注的案件，所占的比例实在太小，只能作为特殊的例外情况来研究，在相当程度上并不具有普遍意义。

如果说，以上几点是针对张文的商榷性意见，那么，以此为基础，还有必要正面表达本书关于“人民法院独立审判”的不同理解。我认为，要全面理解“人民法院独立审判”，应当着眼于以下四个方面。

首先，从思维方式来看，不能把“人民法院独立审判”当作一个孤立的事物，不能只看到“人民法院”及其“独立审判”，相反，要看到人民法院永远都是政权体系、法治中国的一个组成部分，因此，一定要有整体思维、系统思维。人民法院的独立审判，就相当于一个零部件在一个机械系统中按照自己的轨道、频率、方向独立地运转，而且，这个零部件总是与其他的零部件相互咬合、相互嵌入、相互联动的，它必然要与机械系统中的其他零部件不停地相互作用；只有这样，这个整体性的机械系统才能正常运行，这个零部件才可能成为机械系统中的有机组成部分。人民法院的独立审判，其实就是这个意思：它必然要嵌进政权体系、政治系统、社会系统中，它总是要与党委、人大、政府、检察院、新闻媒介等相关主体进行交往。这些主体在交往过程中，相互之间的影响、触动、牵引、作用都是不可避免的——或者说，相互之间的"干预"总是不可避免的。因此，人民法院的独立，绝不是静止的、孤立的、无牵无挂的独立，绝不能机械地、孤立地理解人民法院独立审判。

其次，从理论依据来看，在政权体系、政治系统内部，在各个分支机构相互交往的过程中，一方面，人民法院在监督政府，政府也在"干预"人民法院，人民法院在审判过程中要考虑舆论倾向，人民法院也在通过自己的判决引导着舆论倾向，诸如此类的相互作用，正好体现了学界所期待的权力相互制衡或权力相互制约的精义。另一方面，人民法院要接受党的领导，要接受人大的监督，这就说明，人民法院的独立审判权不是绝对的，它也是一种受约束的权力。这样的情形，按照阿克顿提出的"权力导致腐败，绝对的权力绝对导致腐败"的信条，正好可以让司法权力不至于因成为"绝对权力"而走向"绝对腐败"。因此，无论是政府、媒体对法院的"干预"，还是党委对法院的领导、人大对法院的监督，都可以找到相应的理论依据。

再次，从法律规定来看，按照《宪法》第一百三十一条，"人民法院独立审判"是指人民法院"依照法律规定"独立行使审判权。这就是说，人民法院独立行使审判权必须"依照法律"。在这里，对于"依照法律"也应当全面理解。而法学界理解的"依照法律”，主要是依照民法、刑法、诉讼法等法律，这些法律有一个共同的特点：都可以成为法律文书引用的对象。在很多人的潜意识里，人民法院“依照法律”独立行使审判权，指的就是这个意思。但是，这并不是对“依照法律”的全面理解。因为，人民法院不仅应当“依照”法律文书中引用的法律，还应当“依照”法律文书中不可能引用的法律：宪法正文中关于法院与人大、政府、检察院等机构之间的相互关系的规定，宪法序言中关于“党的领导”的规定，还有很多“政治习惯法”以政治惯例的方式对法院与其他机构之间相互关系所做出的规定，① 等等。这样一些规定，也是人民法院独立行使审判权应当“依照”的“法律”。换言之，人民法院独立行使审判权所“依照”的“法律”，并不仅限于法律文书中引用的“法律”，那些没有被法律文书引用的“法律”，同样也是人民法院在独立审判的过程中必须遵循的“法律”——正是这些“法律”，既为人民法院的独立审判搭建了平台、提供了框架，同时也规定了人民法院独立审判的真实意义。

最后，从合理预期来看，还应当理性地看待人民法院在履行独立审判职责的过程中出现的问题。譬如，有一些极端的极少数个案，对人民法院独立审判造成了比较明显的冲击，这样的冲击也影响了整个政权体系的有效运转，妨碍了法治中国建设，这样的现象确实应当矫正。虽然在情感上，我们不愿意看到这样的极端现象，但在理智上，我们应当明白，没有一个十全十美的制度，因为历史已经表明，对于乌托邦的没有节制的迷恋恰恰构成了人类灾难的主

① 喻中：《政治惯例：成文宪法之外的政治习惯法》，《政治与法律》2009 年第 11 期。

要诱因；在社会实践中，规则对主体的约束与主体对规则的突破总是难解难分，正义与非正义总是结伴而行。因此，按照合理的预期，“人民法院独立审判”只是一条世俗的原则，它充满了烟火气息，它不可能晶莹剔透、美轮美奂、纯洁无瑕，它既然要在一个日常性的机械系统中不停地运转，就难免沾上一星半点儿的灰尘与污垢。

后 记

这部书的写作，跨越了十多年，是在十多年的时光中，缓慢地孕育而成的。这部书的写作，辗转于三地：重庆、成都、北京。譬如“中国宪法文本中‘可以’一词的研究”一节写于重庆的歇台子，时间大约是2003年。“和谐秩序原理”与“信托政治理论”两节，写于成都的郭家桥。更多的章节，则是在北京的樊家村完成的。这就是说，这部书是我长时间、多地域观察“中国法的精神”之所获，尽管它微不足道，我还是希望它比较真切地反映中国法在这个时代的精神风貌，因此命名为《论中国法的精神》。

这部书的出版，得到了陕西人民出版社宋亚萍总编辑的支持和帮助，原稿中多有谬误之处，亦经她纠正。文博编辑细心周到，为本书操劳不少，在此一并致谢。

喻 中

2018年6月

图书在版编目（CIP）数据

论中国法的精神／喻中著．—西安：陕西人民出版社，2019

ISBN 978－7－224－13147－5

Ⅰ．①论… Ⅱ．①喻… Ⅲ．①法律—研究—中国
Ⅳ．①D920.4

中国版本图书馆 CIP 数据核字（2019）第 045240 号

总 策 划：宋亚萍
责任编辑：宋亚萍　王亚嘉
文　博　姜一慧
封面设计：哲　峰　白　剑

论中国法的精神

作　　者　喻　中
出版发行　陕西新华出版传媒集团　陕西人民出版社
（西安市北大街 147 号　邮编：710003）
印　　刷　西安市建明工贸有限责任公司
开　　本　787mm×1092mm　1/16
印　　张　19
插　　页　4
字　　数　290 千字
版　　次　2019 年 6 月第 1 版
印　　次　2019 年 6 月第 1 次印刷
书　　号　ISBN 978－7－224－13147－5
定　　价　58.00 元
